国家出版基金项目

NATIONAL PUBLICATION FOUNDATION

新时代社会主义核心价值体系研究丛书

总主编 韩 震

中国价值

话语建构与国际传播

韩 震 著

中国人民大学出版社

·北京·

总　序

自党的十八大报告提出关于社会主义核心价值观的“三个倡导”以来，我国在培育和弘扬社会主义核心价值观方面取得了很大成绩。这首先表现在有关理论的构建与阐发方面，譬如，通过一系列理论阐释，明确了社会主义核心价值观的基本内容、结构和层次，对价值观的内涵进行了具有时代性、民族性的科学阐发，从而构建了比较完整的社会主义核心价值体系。另外，我们提出了全人类共同价值，破解了西方所谓“普世价值”的魔咒，让中国获得了处理国际关系的道德制高点和话语力量。正因为在理论研究和阐释方面取得的可喜成果，党的二十大提出今后努力的方向是“广泛践行社会主义核心价值观”。也就是说，今后的工作主要是在方方面面践行社会主义核心价值观。价值观的意义就在于自觉信仰和日常践行。

其次，宣传教育领域在培育和弘扬社会主义核心价值观方面发挥了极为重要的作用：一是在全国范围内，“社会主义核心价值观广泛传播”，上上下下有关社会主义核心价值观的宣传和学习强度、影响广度及理解深度都是空前的，社会主义核心价值观已经深入人心；二是社会主义核心价值观融入国民教育全过程，在培养德智体美劳全面发展的社会主义建设者和接班人方面充分发挥了引领作用，社会主义核心价值观已经全面系统深入地融入大中小学的教材，进入各级各类学校课堂，进入广大学生的头脑。

最后，更为重要的是，培育和弘扬社会主义核心价值观在实践方面取得了很大成效。一是通过与群众活动相结合，把抽象的价值观念与具体的生活世界联系起来，让大道理落细、落小、落实，创新弘扬价值观的载体，让人们在日常践行中弘扬社会主义核心价值观；二是把社会主义核心价值观与道德建设结合起来，不仅让价值观落地找到最切实的载体，而且深刻体现了道德规范的时代性要求，如在《新时代公民道德建设实施纲要》中，社会主义核心价值观的引领明显提升了公民道德建设的政治站位，拓展了公民道德建设的历史视野；三是将社会主义核心价值观融入经济制度、政治规范、社会政策、文化建设和生态文明建设之中，让社会主义核心价值观机制化，使价值理想熔铸成现实的历史进程；四是逐渐将社会主义核心价值观入法入规，从而使价值观的软要求变成社会的硬约束；五是在培育和践行社会主义核心价值观方面，抓住关键少数，要求党员领导干部、社会公众人物在弘扬和践行社会主义核心价值观方面起模范带头作用，从而使社会风气得到明显改观。

这些成效的取得，主要有两方面的原因。一方面，我们所倡导的社会主义核心价值观是建立在社会主义核心价值体系的基础之上的，这为培育和弘扬社会主义核心价值观奠定了哲学基础、社会主义性质和中华价值传统的理论框架。我们倡导的社会主义核心价值观，是在马克思主义的世界观和方法论指导下开展的。根据唯物史观，我们认为价值观是以一定的社会生产关系为基础的，也必然伴随着社会发展而发展或升华。社会主义核心价值体系规定了社会主义核心价值观的社会主义性质。我们在谈自由、民主、平等等价值概念的时候，是完全超越西方资本主义社会所理解的那种抽象范畴的。另一方面，有中华优秀传统文化作为深厚的历史根基。作为注重伦理道德的民族，中华民族悠久灿烂的文化成为涵养社会主义核心价值观的宝贵资源，文化自信有力支撑了中国人民的价值观自信。

这些经验给我们今后深入研究和广泛践行社会主义核心价值观提供了坚实的新起点。正因如此，习近平总书记在党的二十大报告中明确指出："我们要坚持马克思主义在意识形态领域指导地位的根本制度，坚持为人民服务、为社会主义服务，坚持百花齐放、百家争鸣，坚持创造性转化、创新性发展，以社会主义核心价值观为引领，发展社会主义先进文化，弘扬革命文化，传承中华优秀传统文化，满足人民日益增长的精神文化需求，巩固全党全国各族人民团结奋斗的共同思想基础，不断提升国家文化软实力和中华文化影响力。"这为我们深入研究和广泛践行社会主义核心价值观提供了根本遵循。

中华民族伟大复兴进入关键时期。一方面，我国的发展已经站在新的历史起点上，社会主要矛盾发生了历史性变化，人民对美好生活有了新期待。另一方面，世界百年未有之大变局加速演进，国际力量对比正经历深刻调整，世界进入新的动荡变革期，我国发展的国际环境不断出现新矛盾和新挑战。我们既有比过去有利的发展基础和条件，也面临许多前所未有的困难和问题，战略机遇和风险挑战并存，不确定性和难预料的因素明显增多。所有这些都需要我们进一步研究、阐释、传播社会主义核心价值观，用社会主义核心价值观凝聚人心、汇聚民力。呈现给读者的这套书，力求在党的十八大以来关于社会主义核心价值观研究成果的基础上有所推进、有所深入、有所拓展，为深入研究、阐释和传播社会主义核心价值观尽我们的绵薄之力。

当然，限于学识和理论水平，可能力有不逮，甚至有不少错谬之处，敬请广大读者批评指正。

韩　震

2023 年 9 月 1 日

于北京师范大学哲学思维与发展战略研究中心

序言：民族复兴的价值观崛起

自改革开放以来，经过 40 多年的发展，中国社会发生了翻天覆地的变化，经济社会建设取得了举世瞩目的成就。中国的发展在规模和速度上都令人叹为观止，因而被称为“中国奇迹”。要理解中国奇迹，就必须理解中国的社会现实，同样也要理解中国人的精神世界。要理解中国人的精神世界，就必须理解中国人的价值理念和价值追求。理解了当代中国人的价值观，才能更好地理解当代中国。

党的十八大以来，“我们确立和坚持马克思主义在意识形态领域指导地位的根本制度，新时代党的创新理论深入人心，社会主义核心价值观广泛传播，中华优秀传统文化得到创造性转化、创新性发展，文化事业日益繁荣，网络生态持续向好，意识形态领域形势发生全局性、根本性转变”。习近平总书记在党的二十大报告中指出：“社会主义核心价值观是凝聚人心、汇聚民力的强大力量。”一方面，我们必须“以社会主义核心价值观为引领，发展社会主义先进文化，弘扬革命文化，传承中华优秀传统文化，满足人民日益增长的精神文化需求，巩固全党全国各族人民团结奋斗的共同思想基础，不断提升国家文化软实力和中华文化影响力”[①]。另一方面，我们更要“广泛践行社会主义核心价值观”，“把社会主义核心价值观融入法治建设、融入社会发展、融入日常生活”[②]。不断巩固全国各族人民大团结，加强海内外中华儿女大团结，同心合力，以中国式现代化推进中华民族伟大复兴。

一个国家的发展，也是这个国家价值观的发展；一个民族的振兴，也是这个民族价值观的振兴。中国价值观的崛起，是中国革命、建设、改革历史与现实发展的必然要求，也是应对国际变化及科学技术革命提出的挑战的需要。

第一，改革开放使中国社会结构发生了巨大变化。过去，中国是一个熟人社会，仅靠风俗习惯就可以保障社会的秩序。现在是一个社会流动的时代，集中表现为社会分化、利益多元化和思想的多样化，凝聚共识就得靠核心价值观。

第二，冷战结束与全球化进程凸显了价值观竞争的作用。随着东欧剧变和苏联解体，世界掀起经济全球化浪潮，国与国之间的边界越来越不作为“边界”而限制人们的跨国流动，各种文化相互交融、相互激荡。正因如此，价值观问题才被提上议事日程。价值观已经成为一个国家、一个民族保持精神独立的关键，是一个国家软实力的精髓。我们再也不能关起门来自说自话了，价值观是否具有吸引力，需要在国际竞争中检验。

第三，信息技术和知识经济强化了独立思考和观念创新的重要性。

① 习近平．高举中国特色社会主义伟大旗帜 为全面建设社会主义现代化国家而团结奋斗：在中国共产党第二十次全国代表大会上的报告．北京：人民出版社，2022：43.

② 同①44.

信息技术使世界变得扁平了，全球信息可以说是压缩式地并置在我们眼前，人们随时随地需要做出判断和选择，越来越具有独立思考的能力和意愿。在差异性信息的环境下，人们乐于接受新生事物，有利于创新文化的形成，但也容易出现文化的断裂、碎片化。正因为思想多样了，价值多样了，我们才需要有核心价值观。

中国的发展需要正确的价值观支撑。中国的影响力不仅关乎中华民族本身的福祉，同时也与整个人类社会相关。我们既不能妄自菲薄，也不能自高自大。

第一，国家和平发展需要价值观的方向引导。中国作为一个大国，不能盲目发展，要有方向，需要价值观的引导。价值观是动员中国人民走中国特色社会主义道路、建设中国特色社会主义的力量源泉。重建中国人民的精神世界，我们的道路自信、理论自信、制度自信、文化自信，归根结底是价值观自信。美国的李湉（Ann Lee）就曾在《美国能向中国学什么》一书中提到中国独立自主的发展意识："中国历史的发展有赖于中国人的独特性及其他各种因素，但是中国能取得如此巨大的成就，最主要的原因还在于长期形成的价值观和方法论。这些价值观和方法论已经制度化，并指导了几代中国人的行为方式。"[①] 苟日新，日日新，自强不息、与时俱进的进取精神正是中华民族精神的宝贵之处。

第二，构建和谐社会需要核心价值观。每个人都是一个独立的个体，都希望获得承认，实现自身价值。但在实现自身价值时，如果彼此发生冲突，就需要用道德和法律规范化解。而道德、法律规范的基础就

① 李湉．美国能向中国学什么．北京：红旗出版社，2012：4.

是价值观。习近平总书记说，“如果一个民族、一个国家没有共同的核心价值观，莫衷一是，行无依归，那这个民族、这个国家就无法前进”[①]。构建和谐社会，必须需要价值观的规范。

第三，提高国民素质需要道德价值观的升华。人是要有梦想的，中国人的梦想是什么？1945 年前是为了民族独立，1949 年前是为了人民解放，1978 年前是为了吃饱，1978 年后是为了吃好，吃好了之后我们为了什么呢？这是我们必须思考的！价值观决定了一个历史阶段的特征，也决定了每个人的境界，是引导人们走向未来的方向。

第四，增强文化软实力需要先进价值观的支撑。从历史角度讲，任何一个具有世界历史意义的民族的崛起，都伴随着新价值观的崛起。从现实角度讲，价值观是一个民族文化独立和文化软实力的根基。从传播角度讲，价值观是一个国家或社会的根本标识，因此先进的核心价值观是提高当代中国文化软实力的根本基石。

总之，富强、民主、文明、和谐，自由、平等、公正、法治，爱国、敬业、诚信、友善，传承着中华优秀传统文化的基因，寄托着近代以来中国人民上下求索、历经千辛万苦确立的理想和信念，也承载着我们每个人的美好愿景。我们要在全社会牢固树立社会主义核心价值观，齐心协力，通过持之以恒的奋斗，把我们的国家建设得更加富强、更加民主、更加文明、更加和谐、更加美丽，让中华民族以更加自信、更加自强的姿态屹立于世界民族之林。

---

① 习近平．习近平著作选读：第 1 卷．北京：人民出版社，2023：239.

目　录

第一章

新时代中国精神力量的体现

第一节

伟大建党精神和中国共产党人的精神谱系

一、伟大建党精神奠定了中国共产党人精神谱系的基因结构

根据唯物史观，人类创造历史的实践活动之所以超越其他物种的活动，是因为人的实践是自觉的有意识、有目的的活动。因此，在某种程度上，人在意识上的自觉程度、精神上的境界高低、视野上的广度差异，就决定了其实践活动的内在品质和特质。习近平总书记在庆祝中国共产党成立 100 周年大会上的讲话中指出："一百年前，中国共产党的先驱们创建了中国共产党，形成了坚持真理、坚守理想，践行初心、担当使命，不怕牺牲、英勇斗争，对党忠诚、不负人民的伟大建党精神，这是中国共产党的精神之源。"[①] 正是伟大建党精神使我们党得以摆脱以往历史上一切政治力量追求自身特殊利益的局限，以唯物辩证的科学精神、无私无畏的博大胸怀领导和推动中国革命、建设、改革和新时代社会主义现代化实践，不断坚持真理、修正错误。在一定意义上，中国

① 习近平．在庆祝中国共产党成立 100 周年大会上的讲话．北京：人民出版社，2021：8.

共产党之所以能从小到大、从弱到强，克服一切困难、战胜一切险阻，都是因为中国共产党人有着高远的精神境界、坚定的理想信念、广阔的思想视野和正确的目标追求。

“问渠哪得清如许，为有源头活水来。”作为精神之源，伟大建党精神就是中国共产党百年来构建自己精神谱系的活水源头。100 多年来，我们党在不同历史时期围绕不同历史任务进行的伟大实践中，不断弘扬伟大建党精神，形成了一系列伟大精神，“构建起中国共产党人的精神谱系，锤炼出鲜明的政治品格”[①]。在新民主主义革命时期，形成了井冈山精神、老区精神、苏区精神、长征精神、遵义会议精神、东北抗联精神、延安精神、抗战精神、太行精神（吕梁精神）、大别山精神、红岩精神、沂蒙精神、西柏坡精神、照金精神、南泥湾精神、张思德精神等；在社会主义革命和建设时期，形成了抗美援朝精神、北大荒精神、塞罕坝精神、红旗渠精神、大庆精神（铁人精神）、雷锋精神、焦裕禄精神、王杰精神、“两弹一星”精神、“两路”精神、老西藏精神（孔繁森精神）、西迁精神等；在改革开放和社会主义现代化建设新时期，形成了改革开放精神、特区精神、女排精神、抗洪精神、抗击“非典”精神、载人航天精神、抗震救灾精神、劳模精神（劳动精神、工匠精神）、青藏铁路精神等；在中国特色社会主义新时代，形成了探月精神、新时代北斗精神、抗疫精神、脱贫攻坚精神、“三牛”精神、科学家精神、企业家精神、丝路精神等。所有这些精神都是伟大建党精神在不同历史时期的突出表现和具体体现，都是伟大建党精神在各个历史时期的延续和发展，

① 习近平．在庆祝中国共产党成立 100 周年大会上的讲话．北京：人民出版社，2021：8.

也彰显了中华民族和中国人民长期以来形成的伟大创造精神、伟大奋斗精神、伟大团结精神、伟大梦想精神，表现了一代又一代中国共产党人“为有牺牲多壮志，敢教日月换新天”的奋斗精神。

作为精神之源，伟大建党精神奠定了中国共产党人100多年来精神谱系的基因结构。正像宇宙间不同星球因构成元素的区别产生了不同的光谱，不同的精神基因结构也就塑造了人们不同的人生追求。人们常说“共产党人是特殊材料制成的人”，就是因为中国共产党人有着特殊的精神基因与精神品质。伟大建党精神有四个基本的维度，形塑了中国共产党人的精神结构，其中“坚持真理、坚守理想”，奠定了以坚定的理想信念为特征的思想维度；“践行初心、担当使命”，奠定了以持之以恒的责任担当为特征的政治维度；“不怕牺牲、英勇斗争”，奠定了以大无畏的奋斗意志为特征的实践维度；“对党忠诚、不负人民”，奠定了以甘于奉献的高尚品格为特征的道德维度。这个四维度精神基因结构，既相互连接又相互助力。其中，理想信念是中国共产党人的灵魂，责任担当是中国共产党人的脊梁，实践奋斗是中国共产党人的意志，高尚品格是中国共产党人的情操。在四个维度中，作为灵魂的理想信念处于核心位置，起着关键作用。100多年的奋斗史充分证明，中国共产党人的理想信念是有高度、有力量、有温度的。“革命理想高于天”，中国共产党人的理想信念之所以有高度，是因为其建立在马克思主义科学真理的基础之上；“心中有信仰，脚下有力量”，中国共产党人的理想信念之所以有力量，是因为其建立在马克思主义揭示的人类社会发展规律的基础之上；“理想信念之火一经点燃，就永远不会熄灭”，中国共产党人的理想信念之所以有温度，是因为其建立在为最广大人民谋利益的崇高价值的基础之上。辩证唯物主义和历史唯物主义世界观赋予中国共产党人在理想信念上特有的坚定，正如习近平总书记指出的，“理想信念的坚定，来自思想理论的坚定。认识真理，掌握真理，信仰真理，捍卫真理，是坚定理想信念的精神前提”①。正是建立在科学真理基础上的理想信念，给中国共产党人以植根于历史和现实的真实而深刻的使命感，让中国共产党人具备了泰山压顶也不动摇的坚定信念，义无反顾、前赴后继地承担起为人民谋幸福、为国家谋富强、为民族谋复兴、为世界谋大同的历史使命。在100多年的风雨兼程的奋斗中，有了坚定的理想信念，中国共产党人的责任担当、实践奋斗、高尚品格就有了不竭的力量源泉，中国共产党人的责任担当、实践奋斗、高尚品格又进一步确证了中国共产党人的理想信念的坚不可摧。

伟大建党精神具有的理想信念、责任担当、实践奋斗、高尚品格这一四维度精神基因结构，不仅形塑了中国共产党人的精神谱系，而且也赋予其强大的传承动力；这一四维度精神基因结构不仅像四根柱子支撑起中国共产党人的精神谱系，而且作为精神支柱也支撑起中华民族伟大复兴的事业平台。历史的车轮滚滚向前，社会不断发展变化，但起源于伟大建党精神的精神基因却代代相传。

我们说伟大建党精神是中国共产党人精神谱系的源和本，就是因为中国共产党人在不同历史条件下所体现出来的精神都是伟大建党精神的传承延续，都带有伟大建党精神的基因密码，都闪耀着伟大建党精神的

① 习近平．习近平谈治国理政：第2卷．北京：外文出版社，2017：50.

光谱。有时候，四个维度以不同的方式交织，如作为井冈山精神的“坚定信念、艰苦奋斗，实事求是、敢闯新路，依靠群众、敢于胜利”，其中“坚定信念”是建立在“实事求是”和“依靠群众”的马克思主义世界观基础上的，而“艰苦奋斗”既表现了中国共产党人的道德品质，也与“敢于胜利”一起体现了中国共产党勇于实践的政治意志，“敢闯新路”则体现了中国共产党人的责任担当；作为苏区精神的“坚定信念、求真务实、一心为民、清正廉洁、艰苦奋斗、争创一流、无私奉献”，其中“坚定信念”是建立在“求真务实”的马克思主义世界观基础上的，“艰苦奋斗”表现了中国共产党人的道德品质，“争创一流”则体现了中国共产党使命担当的政治意志，“一心为民”、“清正廉洁”和“无私奉献”都彰显了中国共产党人崇高的道德品质。有时候，因时代、环境和任务的特殊性，有些精神更加突出四个维度中的几个，如作为兵团精神的“热爱祖国、无私奉献、艰苦创业、开拓进取”，更多地用“艰苦创业、开拓进取”表现了中国共产党人不懈奋斗的实践意志和舍我取谁的责任担当，而“热爱祖国、无私奉献”则主要表现了中国共产党人高尚的道德品质；作为“两弹一星”精神的“热爱祖国、无私奉献，自力更生、艰苦奋斗，大力协同、勇于登攀”，其中也是更多地彰显了中国共产党人不懈奋斗的实践意志、舍我取谁的责任担当和忘我奉献的道德品质，尽管这些精神似乎没有提到理想信念，但其坚定的理想信念已经潜在于“热爱祖国”“无私奉献”的思想境界之中了，其维度不是没有体现，而是隐性地潜存于其中。有时候，四个维度的精神会有特殊的表达方式，如作为女排精神的“祖国至上、团结协作、顽强拼搏、永不言败”与体育的特殊话语紧密相关；作为载人航天精神的“特别能吃苦、特别能战斗、特别能攻关、特别能奉献”则体现了科学技术人员在特别艰苦的条件下，进行科学攻关所表现出的特殊精神气质，因为一般情况下，发达国家的科学研究都是在相对较好的条件下展开的，而中国科学家和技术人员为了国家利益和民族复兴的前景，却在异常困难的条件下奋力攻关，打破了美西方在科学技术上对我国的封锁，大长了中国人民的志气，给中华民族带来了无限荣光。

总之，有了基于伟大建党精神的精神谱系的赓续，中国共产党就获得了不可战胜的精神力量。忆往昔，有了这种精神力量，中国共产党团结带领中国人民取得了革命、建设、改革的巨大成功。中国共产党之所以能够完成近代以来各种政治力量不可能完成的艰巨任务，就在于中国共产党人始终弘扬伟大建党精神，无论是处于顺境还是逆境，中国共产党人从未动摇自己的初心和使命，以坚定不移的理想信念、舍我其谁的担当意识、不怕牺牲的奋斗意志、无私奉献的高尚品格，团结带领中国人民进行了波澜壮阔的革命、建设、改革事业。看今朝，我们须在建设社会主义现代化国家的新征程中，继续发扬我们党的光荣传统，一代又一代地赓续红色血脉，永远把伟大建党精神传承下去，为实现中华民族伟大复兴的中国梦而努力奋斗！

二、推动当代中国社会历史发展的精神力量

任何精神都必须有客观的物质基础，但是精神对客观事物的发展进程有着极为能动的作用。基于伟大建党精神而发展起来的中国共产党人

的精神谱系，就是中国共产党带领中国人民积极主动改变中国历史发展进程伟大实践的精神结晶。中国共产党人的精神谱系是基于中国革命、建设、改革和新时代的伟大实践基础，在马克思主义真理和共产主义远大理想的引导下孕育的，并且扎根于中华优秀传统文化，在践行为中国人民谋幸福、为中华民族谋复兴的初心和使命中得到淬炼和升华。中国共产党人的精神谱系是为中华民族伟大复兴进程赋能的强大精神力量。

中国哲学中有一个重要的传统，主要讲究修身养性，强调心灵对人的道德言行的统摄作用。类似的研究，在西方被称为心灵哲学（philosophy of mind）。中国共产党强调理想信念、精神追求和道德品格修养，但又是建立在客观的社会历史运动基础之上的。这种精神源于改造社会的伟大社会实践，又通过引领、激励给伟大的社会实践以不竭的动力。

（一）精神力量的理论根据

研究精神的力量要从人与其他所有动物的区别开始谈起。人与动物的区别，也许就在于精神的有无。人是一个物种、一种动物，但却是一个非常独特的物种、一种有思想的动物。一般人们都认为，人类之所以有思想，是因为人类有自主自觉的意识，问题在于这种自主自觉的意识是如何从动物意识发展而来的。

当然，动物意识与人的思想或精神之间，肯定不存在完全断裂的鸿沟；人类永远是动物中的一个物种，人类的进化是建立在动物性基础之上的，而且无论人类进化到什么程度，恐怕也永远无法超越这个基础。但是，在漫长的进化史中，是什么让人逐渐远离了一般动物的层次？笔者认为，这可能是基于人类运用语言的缘故。人类的语言能力让人的意识可以借助符号中介来运思，人的意识逐步变成某种符号化操作的过程，从而使人的欲望、情感、冲动、想象都在意识中获得了符号化的标识，有了这些标识，人们就可以基于零碎的、分散的意识形成某种系统的、连贯的思想和精神意向性。

在动物那里，比如鹿，看到的是作为食物的各种各类的草本身——苜蓿、野韭菜或其他任何一种野草，但人则可以通过用词语给草命名——“苜蓿”、“野韭菜”甚至“草”这个词语来表达并理解各种具体的草本身，就像用“鹿”这个词语来理解鹿本身一样。显而易见，人在意识中淡化甚至失去了与世界的直接性关联，但却获得了超越具体性实体存在的抽象能力。正是这种抽象能力让人获得了越来越大的思想空间和运思深度，从而让人构建起了精神世界或心灵世界。

由此，我们不难理解，在动物的意识中或动物的眼中，世界是完全客观可见的存在，如食物、水源、配偶、天敌等。而在人的意识中或人的眼中，世界不仅是完全客观可见的存在，更重要的是那些主观构建起来的东西，人类通过对符号的解读和理解构筑了一个内在的、观念的或意识中的世界。譬如，人们对“鬼神”的想象、对生活意义的理解、对价值观的把握、对未来的期望，等等。这就让人们逐渐构筑了一系列的理想观念、思想理念、价值观等等，这些观念性的“意义”存在不仅是人对人类生活的理解，也是人对客观世界的把握，但却是以精神形态把握的世界。这就是说，这种语言符号化的进程也影响到人对自然世界的理解，如古代对自然现象的各种解释（中国的“五行”理论及古希腊的“理念论”“原子论”等），再如近代以来的自然科学理论所表达的那些

"规律"。人有了这种精神上把握世界的能力，就让人超越了其他动物。当把内在的精神运思转化为改造自然的力量时，就是劳动实践、科学技术，就是自然科学；当把内在的精神运思转化为改造社会的力量时，就是社会活动、社会管理，就是社会科学。

综上所述，"精神"，如"心""理想""信念""意志"等，就成为绕不开的关节或概念。这就是为什么在马克思主义产生之前，历史上的唯心主义者往往在"精神的"或"主观的"层面上做出了许多贡献，他们的思想似乎显得比许多唯物主义者更为深刻，这也是为什么马克思批评费尔巴哈没有"从主体方面去理解"。马克思在《关于费尔巴哈的提纲》中指出："从前的一切唯物主义（包括费尔巴哈的唯物主义）的主要缺点是：对对象、现实、感性，只是从客体的或者直观的形式去理解，而不是把它们当做感性的人的活动，当做实践去理解，不是从主体的方面去理解。因此，和唯物主义相反，唯心主义却把能动的方面抽象地发展了，当然，唯心主义是不知道现实的、感性的活动本身的。"[①] 从马克思的这段话我们可以知道，辩证唯物主义应该有自己的"主体的"方面的内容，而要研究主体性就必须研究"精神的"层面在主体性中发挥的不可或缺的作用，唯有这样才能超越旧唯物主义。问题是，这种精神性问题的研究必须建立在现实的感性活动本身之上。

（二）中国共产党人的精神谱系及其功能

在庆祝中国共产党成立 100 周年大会上，习近平总书记满怀深情地

① 马克思，恩格斯．马克思恩格斯选集：第 1 卷．3 版．北京：人民出版社，2012：133.

指出：“一百年前，中国共产党的先驱们创建了中国共产党，形成了坚持真理、坚守理想，践行初心、担当使命，不怕牺牲、英勇斗争，对党忠诚、不负人民的伟大建党精神，这是中国共产党的精神之源。”伟大建党精神奠定了中国共产党的思想根基和精神基因，成为中国共产党之后一切精神追求的源头。“一百年来，中国共产党弘扬伟大建党精神，在长期奋斗中构建起中国共产党人的精神谱系，锤炼出鲜明的政治品格。”① 显然，从伟大建党精神这个源头涌出涓涓精神泉流，汇聚为在人民历史活动中形成的精神溪流，并且在代代相传中汇合成为磅礴的精神洪流。

显然，中国共产党能够带领中国人民经过艰苦卓绝的奋斗取得民族独立、人民解放、社会发展等一系列辉煌成就的原因，除了马克思主义科学理论的指导以及人民群众的全力支持之外，还有中国共产党人的理想信念、思想意识、政治品格和意志品质等构成的精神谱系。正是有了这种不断传承的精神谱系，中国共产党人才能有坚不可摧的意志，才能克服一切困难、战胜一切敌人，不断走向胜利；也正是有了这种不断传承的精神谱系，才让中国共产党人在正确的理论引领下，在异常艰苦的条件下进行了不懈的浴血奋斗，成功探索出一条符合中国实际的发展道路；也正是有了这种不断传承的精神谱系，中国共产党人才能够初心不变、使命永记，在为人民谋幸福、为民族谋复兴的奋斗过程中得到中国人民持续的支持和信任，从而凝聚起中华民族伟大复兴的磅礴力量。

---

① 习近平．在庆祝中国共产党成立100周年大会上的讲话．北京：人民出版社，2021：8.

中国共产党人的精神谱系是怎样锻造、如何形成的呢？首先，中国共产党人的精神谱系是建立在中国革命、建设、改革和新时代的客观实践基础上的。伟大的精神产生于伟大的历史运动过程，并且赋予历史过程以动力和时代特征。历史唯物主义告诉我们，精神的力量来自其历史实践的客观需要，精神上的追求必须有坚实的客观基础方能具备现实性的品格。人类历史是人类实践活动的产物。但是，人类实践是主观见之于客观的活动。这种主观性有以下四个特征：一是实践活动的目的性，人的实践活动不是盲目的，也不是本能支配的活动，而是按照自己的意图展开的；二是认识世界、发现规律的主动性，人的实践活动不是被动地适应环境，而是根据自身的需要主动改变环境；三是基于规律性认识改造世界的能动性，人的实践活动不是消极地适应环境，而是按照客观规律能动地改造环境；四是实践活动的创造性，人的实践活动不是简单地利用客观环境，而是通过技术的介入创造性地改变客观事物的形态来为我所用，实现所谓“自然的人化”。这四个特征都与人的思想意识和精神状态有关。在以往的历史中，人们也知道精神的作用，但是无法将其放在合理的且具有现实性的意义上加以理解。一方面，有些人将精神看作完全独立于现实社会且能够“天马行空”的力量，这往往会犯主观主义的错误，其后果就是任何精神性追求都停留在虚无缥缈的空中楼阁之中，成为“不结果实的花朵”；另一方面，也有些人把精神只看作人的生理机能或对物质世界的消极反映，看不到人的意识和精神的自觉性、主动性、能动性、创造性，从而在困难面前踟蹰不前，贻误历史机遇。把精神力量和物质力量、主观和客观两个方面结合起来的是现实的人的实践活动，唯有实践才能激发精神并且把精神转化为改造世界的物质力量。没有精神的现实活动是盲目的，没有现实活动的精神则是空洞的。我们既要反对主观主义，也要反对消极的客观主义；我们既要反对唯意志论，也要反对“无意志论”。我们党强调理想信念的精神力量，但是又主张实事求是的原则，强调社会实践，要求在尊重客观规律的基础上发挥人们的自觉性、主动性、能动性、创造性，积极推动客观历史的发展进程，掌握社会发展和历史进步的主动。

中国共产党人的精神谱系是由马克思主义科学理论引领的。精神的力量来自其先进性，唯有先进的思想才与历史发展的方向相一致，才能够与历史的发展成正比。马克思主义是我们党立党立国的根本指导思想，是我们党的灵魂、旗帜和行动指南。作为人类历史上最先进的科学理论，马克思主义让中国共产党人在思想意识上坚守探索真理的目标。中国共产党坚持辩证唯物主义和历史唯物主义的世界观、方法论，坚持实事求是，从中国社会实际出发，洞察世界历史的发展规律和时代大势，积极把握历史主动，以高昂的奋斗姿态进行艰辛探索，不断推进马克思主义中国化时代化，引导中国人民不断推进伟大社会革命。有了中国共产党，中国的历史就发生了根本性变化，是因为中国共产党有马克思主义真理的引领。这就是“主义”的力量。就像毛泽东在建党前所说的，“没有主义，是造不成空气的。……不可徒然做人的聚集，感情的结合，要变为主义的结合才好。主义譬如一面旗子，旗子立起了，大家才有所指望，才知所趋赴”①。100 多年的历史已经证明：中国共产

① 中共中央文献研究室．毛泽东年谱（1893—1949）．北京：人民出版社，1993：71.

党为什么能，中国特色社会主义为什么好，归根到底是因为马克思主义行！

中国共产党人的精神谱系是扎根于中华优秀传统文化并且在历史延续中不断升华的。精神力量的恒久和持续来自其根基的深厚性。与注重“力”或“实力”的欧美文化相比，中国自古更注重“心”的积极能动作用。在西方，超越性力量往往是外在于人的“上帝”或“神”的恩赐，甚至在古希腊神话中对人类文明至关重要的火，也是天神普罗米修斯为人类从天庭盗来的。但是，在中国的神话中，不仅有燧人氏“钻木取火”，还有“女娲补天”“后羿射日”等体现人的能动性且非常有想象力的故事。中国人在精神上不是等或靠神的救赎，而是执着于自省、修养和劳作。在这种分野中，西方人认为人类文明是上帝的事业，人类的一切是神圣计划的一部分，因而人在其发展中更多的是按照上帝的旨意统治大地之上的万物，并且因为这种权利来自上帝，因而对自己的行为变得缺乏自省；中国人则认为人类文明是人类自己的发明，因而必须为生活不断地去劳作，与此同时，既然人类的事情是人类自己的发明，因而就需要对自己的行为负责任。如果说西方人的内心活动更多的是由人对上帝的“忏悔”构成的，那么中国人的内心世界则是由人对自身内在性活动的反思构成的。儒家从一开始就特别重视养心，如孔子就认为，“君子谋道不谋食”，“忧道不忧贫”。人应该有志向，因为“人能弘道”。孟子在《尽心上》中指出：“存其心，养其性，所以事天也。”在《离娄下》中则说：“君子所以异于人者，以其存心也。”这就是说，只有注重精神修养才能获得超人“浩然之气”，做到“富贵不能淫，贫贱不能移，威武不能屈”，从而才能“无敌于天下”。张载则提出“心统性情”，认为人必须通过内省体验，去除气禀之恶而让“天地之性存焉”。朱熹进一步阐发张载的“心统性情”论：“性是体，情是用。性情皆出于心，故心能统之。统，如统兵之‘统’，言有以主之也。”到明代，王阳明在《答季明德》中认为，“人者，天地万物之心也；心者，天地万物之主也。心即天，言心则天地万物皆举之矣”[①]。因为“盖天地万物与人原是一体，其发窍之最精处，是人心一点灵明”。他把“致良知”说成是“理之灵处，就其主宰处说，便谓之心”，由此他指出：“身之主宰便是心，心之所发便是意，意之本体便是知，意之所在便是物。”在这个推论基础上，王阳明提出“知行合一”的思想。知行合一的思想对中国共产党的理论产生了重要的影响，正是这一思想不断推动我们党在不同的历史阶段实事求是地进行重大实践和理论的探索。

中国共产党人的精神谱系是由共产主义崇高追求所激励的。精神的力量来自其崇高性。人的精神高度是由其追求的高度所决定的，人的境界是由其理想的境界所决定的。作为人类文明的最高成果，马克思主义以最为先进的理念和眼光让中国共产党人和中国人民理解了世界发展的潮流和大势，不仅促进了中华优秀传统文化的创造性转化和创新性发展，而且大大提升了中华文明的思想境界，推进了中国社会与世界文明的融合发展。作为实现全人类解放的理论，马克思主义的主旨就是为了推动人类社会在物质基础和精神文明上都有巨大的进步，以便建设一个没有阶级、没有剥削、没有压迫的社会，在这种未来社会中人人平等，

① 王阳明．王阳明全集：新编本：第1册．杭州：浙江古籍出版社，2010：228.

每个人都得到自由而全面的发展。中国共产党人不怕牺牲而为人民解放不懈奋斗的精神追求，是那些只热衷于个人精神愉悦和物质利益的人无法理解的，正可谓“燕雀安知鸿鹄之志哉”。中国共产党人的精神世界不仅已经远远超越了实现个人价值的精神追求，而且超越了历史上所有的杰出人物。过去的历史人物，其境界再高都是为了统治阶级的利益，因而无法超出其阶级局限性的藩篱。无产阶级则是要解放全人类，在这个宏大目标的推动下，中国共产党人的精神谱系才凸显了其超拔作用和翘楚地位。譬如，秋收起义失败后，毛泽东仍然自信地说：我们是块小石头，蒋介石集团则是大水缸。“总有一天，我们这块小石头，要打烂蒋介石的大水缸。”毛泽东为什么有这样的自信和底气，就是因为在毛泽东的精神世界里，国民党统治者的思想境界和价值追求不可能达到共产党的高度。中国共产党的精神境界和理想信念的力量，让中国共产党人具有了无私无畏英雄气概的群体力量，这种力量不仅支撑红军粉碎了敌人的“围剿”、走过了长征、赢得了抗日战争和解放战争的胜利，而且仍然支撑着中国共产党带领中国人民推动实现中华民族伟大复兴的历史进程。正如周恩来早就指出的，“理愈明，信愈真，感愈切，革命的精神遂能愈久而愈坚”[①]。在探索中国特色社会主义道路的过程中，邓小平也曾经说，人是要有点精神的！“我们共产党人的最高理想是实现共产主义，在不同历史阶段又有代表那个阶段最广大人民利益的奋斗纲领。因此我们才能够团结和动员最广大的人民群众，叫做万众一心。有

① 中共中央文献研究室．周恩来早期文集（一九一二年十月——一九二四年六月）：下卷．北京：中央文献出版社，1998：464.

了这样的团结，任何困难和挫折都能克服。”[①]

中国共产党人的精神谱系是在全心全意为人民服务的奉献中得到持续淬炼的。人的精神广度是由其胸怀的广度所决定的。唯有胸怀天下，方能“心系苍生”。在中国共产党的词典中，所谓“胸怀天下”，应该是胸怀最广大人民群众的利益。正如习近平总书记指出的：“江山就是人民、人民就是江山，打江山、守江山，守的是人民的心。”[②] 习近平总书记说守江山就是守人民的心，这是对我党执政规律认识的新境界。守人民的心，就必须有全心全意为人民服务的心。为中国人民谋幸福，为中华民族谋复兴是中国共产党人的初心和使命，正是这种初心和使命保证了中国共产党人的情感胸怀和精神格局。中国共产党根基在人民、血脉在人民、力量在人民。作为无产阶级的先锋队和中国人民、中华民族的先锋队，中国共产党始终代表最广大人民根本利益，与人民休戚与共、生死相依，没有任何自己特殊的利益，从来不代表任何利益集团、任何权势团体、任何特权阶层的利益。人民群众的追求，就是中国共产党人的奋斗目标；人民群众急难愁盼的问题，就是中国共产党人必须解决的问题。正是这种全心全意为人民幸福而奋斗的精神，让中国共产党人保持对人民的赤子之心，为了人民的利益，不仅能够做到先公后私，而且能够做到公而忘私、大公无私，甚至在关键时刻能够为了人民的利益而抛头颅、洒热血。在战争年代如此，在和平时期也是如此。正如邓小平指出的，我们过去的艰苦奋斗，“就是靠用坚定的信念把人民团结

① 邓小平．邓小平文选：第3卷．北京：人民出版社，1993：190.

② 习近平．在庆祝中国共产党成立100周年大会上的讲话．北京：人民出版社，2021：11.

起来，为人民自己的利益而奋斗。没有这样的信念，就没有凝聚力。没有这样的信念，就没有一切”[①]。由此，我们就可以理解，为什么中国人民这么信任中国共产党，为什么中国共产党具有如此强大的领导力和执行力。美国哈佛大学肯尼迪政府学院发布的《理解中国共产党韧性：中国民意长期调查》表明：2003 年以来，中国民众对政府的满意度全面提升，至调查结束的 2016 年，民众对各级政府的满意度保持在 70% 以上，其中对中央政府的满意度高达 93.1%。这显然得益于中国数十年改革开放和经济社会发展的成果，同时也是中国通过社会治理推动减贫事业、保障弱势群体利益、全面有效地促进社会公平的反映。研究人员通过对 2003—2016 年 13 年的数据分析发现两个重要的趋势：一是收入较低居民的满意度增幅高于高收入居民，二是内陆地区居民满意度的提升高于东部沿海地区。这是对政府持续扶贫和促进社会公正政策和效果的认可[②]。由此可见，中国共产党与人民之间的密切关系，是任何人都无法否认的。中国共产党执政的合法性就是建立在中国共产党人为中国人民谋幸福，为中华民族谋复兴的初心和使命之上的。中国共产党与人民不是水和舟的关系，而是鱼和水的关系；或者说，中国共产党掌舵的舟，实则就是人民之舟，中国共产党是人民之舟的“船夫”。中国共产党的成功来自其全心全意为人民服务的无私奋斗。

（三）开创未来需要弘扬中国人民的主体性精神力量

习近平总书记指出：“以史为鉴、开创未来，必须进行具有许多新

① 邓小平．邓小平文选：第 3 卷．北京：人民出版社，1993：190.

② 陈禹同．美调查报告显示：中国民众对政府满意度高．中国社会科学报，2020－07－31.

的历史特点的伟大斗争。敢于斗争、敢于胜利，是中国共产党不可战胜的强大精神力量。实现伟大梦想就要顽强拼搏、不懈奋斗。”① 显然，中华民族日益走近世界舞台的中央，中华民族伟大复兴的进程让中国人民的历史创造活动的空间范围更为广阔，也让中国人民的历史创造活动的环境要素更加复杂、影响所及更有广度和深度。“我们比历史上任何时期都更接近、更有信心和能力实现中华民族伟大复兴的目标，同时必须准备付出更为艰巨、更为艰苦的努力。”②有信心，是因为我们已经有了坚实的基础，但信心必须建立在实实在在的顽强拼搏和不懈的奋斗实践之上。在建设社会主义现代化国家的新征程中，我们必须进一步增强忧患意识，始终做到居安思危，切实贯彻总体国家安全观，统筹发展和安全，统筹中华民族伟大复兴战略全局和世界百年未有之大变局，根据我国社会主要矛盾的变化所带来的新特征新要求，直面错综复杂的国际环境所带来的新矛盾新挑战，发扬顽强拼搏、不懈奋斗的光荣传统，既要敢于斗争，又要善于斗争，不惧任何狂风恶浪，勇于战胜一切风险挑战，将中华民族伟大复兴的航船驶向胜利的彼岸！

中华民族是一个非常注重理想追求、责任奉献和精神能动性的民族。中国共产党把中华民族的民族精神提高到一个崭新的高度和境界。在新时代，弘扬中华民族伟大的民族精神，首先要弘扬伟大建党精神。只有在弘扬伟大建党精神的过程中，我们才能把中华民族的民族精神推向新的时代高度；只有在弘扬伟大建党精神的过程中，我们才能在新时

①② 习近平．在庆祝中国共产党成立100周年大会上的讲话．北京：人民出版社，2021：17.

代永葆精神活力，以顽强拼搏、不懈奋斗的意志，追求中华民族伟大复兴的光荣与梦想。

习近平总书记指出：“中国人民是崇尚正义、不畏强暴的人民，中华民族是具有强烈民族自豪感和自信心的民族。”面对中华民族伟大复兴战略全局和世界百年未有之大变局，尤其是面对美国霸权主义的打压和遏制，我们有足够的信心、意志和韧性，以一往无前的精神克服一切困难、战胜一切险阻。我们是有理想境界和精神追求的民族，我们绝不会欺负、压迫、奴役其他国家人民，但是“同时，中国人民也绝不允许任何外来势力欺负、压迫、奴役我们，谁妄想这样干，必将在 14 亿多中国人民用血肉筑成的钢铁长城面前碰得头破血流!”[①]

青年强则国强。青年精神强，青年才会强。中华民族的未来属于青年，中华民族的希望也寄予青年。新时代的中国青年应该以实现中华民族伟大复兴为己任，继续弘扬中国共产党人的光荣传统、赓续中国共产党的红色血脉，永远把伟大建党精神世世代代传承下去，让中国共产党人的精神谱系不断发扬光大。只要有了崇高的理想、坚定的信念、高远的精神，青年人就一定能够增强做中国人的志气、骨气、底气，不负时代，不负韶华，不负党和人民的殷切期望，把社会主义现代化强国的宏伟蓝图变成现实。任何民族的振兴，都是一代人精神上的勃发；任何民族未来的振兴，都必须是其青年人精神上的勃发。在这个意义上，中华民族伟大复兴的光荣与梦想，其希望就在于青年人的精神状态。

① 习近平．在庆祝中国共产党成立 100 周年大会上的讲话．北京：人民出版社，2021：17.

第二节

在守正创新中坚定文化自信

一、中国共产党是中华民族伟大复兴的担当者

中华人民共和国已经走过了 70 多年的风雨历程。1949 年 10 月 1 日中华人民共和国的成立，洗刷了近代以来列强蹂躏带给中华民族的耻辱，实现了中国从几千年封建专制政治向人民民主的伟大飞跃，也为中华优秀传统文化的创造性转化、创新性发展开辟了广阔的道路。正如习近平同志指出的，“70 年砥砺奋进，我们的国家发生了天翻地覆的变化，……无论是在中华民族历史上，还是在世界历史上，这都是一部感天动地的奋斗史诗”①。

中华民族有 5 000 多年的文明历史，创造了灿烂辉煌的中华文明，为人类做出了卓越贡献，成为世界上伟大的民族。然而，自鸦片战争开始，列强凭借坚船利炮轰开了清朝的国门，中国逐步沦为半殖民地半封建国家，西方思想文化和科学知识随之涌入。自那以后，中华民族经历了刻骨铭心的惨痛历史，中华传统思想文化经历了剧烈变革的阵痛。一

① 习近平．习近平谈治国理政：第 3 卷．北京：外文出版社，2020：326.

方面是西方文化借强势的贸易和武力向我们涌来，另一方面为了寻求救亡图存之策，中国许多仁人志士也把眼光转向西方，从“师夷长技以制夷”到“中体西用”，从洋务运动到新文化运动，中国在文化自救的过程中也不同程度地失去了往日的自信。从过去“洋钉子”“洋布”“洋油”的说法，到改革开放初期对“原装洋货”的崇拜，无不体现了这种文化上的自信心不足。

然而，中华民族在最深层的根基和最内在的精神上，从来都有振兴中华的决心和自信。中华民族历经磨难却总能凤凰涅槃般浴火重生，其根本原因就在于中华民族自强不息的文化基因。鲁迅在《中国人失掉自信力了吗》中指出：中华民族“自古以来，就有埋头苦干的人，就有拼命硬干的人，就有为民请命的人，就有舍身求法的人”。他们是“中国的脊梁”①。面对西方列强入侵和中西文化碰撞造成的“千年未有之大变局”，在经历君主立宪制、议会制、总统制等的失败尝试后，中国最终选择了社会主义道路。这是历史的选择、人民的选择。中国共产党成为中华民族伟大复兴这一历史使命的担当者。

二、中国共产党让中华文化重新焕发了勃勃生机

中国共产党带领中国人民进行艰苦卓绝的奋斗，通过社会主义革命、建设和改革开放的洗礼，让中华民族迈开坚实的步伐一步步走上复兴之路，中华民族不仅重新站立起来、富裕起来，而且也迎来了强盛起来的伟大飞跃，让古老的中华文明重新焕发了无限的生机活力。当代中国的

① 鲁迅．鲁迅全集：第 6 卷．北京：人民文学出版社，2005：122.

成功，一方面是中华民族自强不息民族精神的时代体现，另一方面也是因为中国共产党带领中国人民选择了正确的发展道路。中国发展道路的成功就在于，中国共产党人既坚守着中华民族的文明血脉，同时又创造性地把中华文明推向了时代发展的康庄大道。正是在这种守正创新的历史进程和伟大实践中，我们才迎来了实现中华民族伟大复兴的光明前景。

中国共产党是中华民族文化传统和民族精神的真正继承者，只有真正的继承者才能够对中国的文化传统进行创造性转化和创新性发展。习近平总书记指出："一个国家、一个民族不能没有灵魂。"一个国家的文化就是这个国家的灵魂，一个民族的文化就是这个民族的灵魂。一个民族只有对本民族的文化传统、文化理念和价值体系满怀信心，对民族文化的发展活力、创造潜力和韧性充满信心，才能坚持自己的文化传统，坚守自己的文化立场。"问渠哪得清如许，为有源头活水来。"不坚守自己的文化传统，就会成为无源之水、无本之木。实际上，守正创新本身就是中国传统文化的基因，我们的先辈自古就主张"天行健，君子以自强不息"。正像《诗经》中所说，"周虽旧邦，其命惟新"。正因为中华民族有"苟日新，日日新，又日新"的理念和追求，中华文化才得以绵延不绝 5 000 多年，不仅在历史中得以绵延不绝，而且总是能够在历史变化中不断创造文化的繁荣。当代中国走上社会主义道路以及改革开放的成功，就是对中国自强不息精神的历史性坚守和时代性创新。

中国共产党是真正坚持马克思主义的政党，只有真正坚持马克思主义的政党，才能把马克思主义基本原理同中国具体实际相结合、同中华优秀传统文化相结合，创造性地实现马克思主义的中国化时代化。中国之所以接受马克思主义，就在于这种主义内在地吻合了中国通过救亡而启蒙与通过启蒙而救亡的双重历史变奏。马克思主义的产生是基于资本主义的发展，又是对资本主义的反思与批判；马克思主义承认资本主义相对封建主义的历史进步性，又前瞻性地指出了其未来发展的局限性。这恰恰给中国提供了重要的理论启示：中国要赶上历史发展的潮流，一方面必须摆脱封建主义及其自然经济体系，另一方面必须寻求保持民族独立，避免成为帝国主义列强的附庸。中国共产党以马克思主义作为自己的指导思想，但又创造性地将马克思主义基本原理同中国具体实际相结合、同中华优秀传统文化相结合。我们党没有拘泥于城市革命的先例，而是团结带领人民找到了一条“农村包围城市、武装夺取政权”的正确革命道路，经过28年的浴血奋战，推翻了压在中国人民头上的帝国主义、封建主义、官僚资本主义三座大山，完成了新民主主义革命，实现了民族独立、人民解放、国家统一、社会稳定，完成了中华民族有史以来最为广泛而深刻的社会变革，为当代中国一切发展进步奠定了根本政治前提和制度基础，实现了中华民族由近代不断衰落到根本扭转命运、持续走向繁荣富强的伟大飞跃。可见，只有推进马克思主义的不断创新，才是对马克思主义的坚守。马克思主义是开放的发展着的理论，与时俱进是其理论品格。

中国共产党是民族文化自觉和文明交流互鉴的真正践行者，而这种践行恰恰是中华民族“协和万邦”“天下大同”传统的时代性体现。我们党深刻认识到，实现中华民族伟大复兴，必须合乎时代潮流、顺应人民意愿、勇于改革开放，让党和人民事业始终充满奋勇前进的强大动力。文明因交流而多彩，文明因借鉴而丰富。我们党团结带领人民进行改革开放新的伟大革命，破除阻碍国家和民族发展的一切思想和体制障碍，开辟了中国特色社会主义道路，使中国大踏步赶上时代。不同文明之间的交流互鉴本来是文明发展进步的常规路径。但是，真正的交流互鉴，应该是自主文化之间的平等互动。当一种文化因缺乏自信而失去了自主能力时，那就变成一种文化对另一种文化的遮蔽或覆盖，也就不存在真正的交流互鉴了。所以，我们要做到文化上的守正创新，就必须坚定文化自信。

三、唯有自信者，才有光明的未来

一个没有灵魂的人必定是盲目的人，一个缺乏灵魂的民族是必定是没有发展方向的民族。由此可见，培植文化根基、铸造民族魂魄的工作，在党和国家全局工作中居于十分重要的地位，在新时代坚持和发展中国特色社会主义中具有十分重要的作用。文化兴则国运兴，文化强则民族强。没有高度的文化自信，没有文化的繁荣兴盛，就没有中华民族伟大复兴。中国特色社会主义道路自信、理论自信、制度自信，说到底是要坚定文化自信。文化自信是更基本、更深沉、更持久的力量。历史和现实都表明，一个抛弃了或者背叛了自己历史文化的民族，不仅不可能发展起来，而且很可能上演一场历史悲剧，丧失民族文化发展的机遇。

要坚定文化自信，就必须坚守中国特色社会主义道路。中国特色社会主义文化，源自中华民族 5 000 多年文明历史所孕育的中华优秀传统文化，熔铸于党领导人民在革命、建设、改革中创造的革命文化和社会主义先进文化，植根于中国特色社会主义伟大实践。伟大的文化来自伟大的实践，中国特色社会主义文化必定以中国特色社会的实践为基础。中国特色社会主义既代表了中国历史发展的未来方向，也代表了人类文明发展的方向。历史已经且将继续证明，只有社会主义才能救中国，只有中国特色社会主义才能发展中国。历史还将继续证明，只有社会主义才能让中华文化赶上时代发展的潮流，只有中国特色社会主义才能让中华文化得到繁荣发展。

要坚定文化自信，就必须坚持马克思主义的指导地位。马克思主义是科学的世界观，掌握了马克思主义理论的精髓，也就能够理解世界发展的大势，自觉地与人类文明的发展趋势相适应，创造代表人类文明发展方向的先进文化，从而为社会发展和文明进步做出贡献。因此，发展中国特色社会主义文化，就必须以马克思主义为指导，立足当代中国现实，结合当今时代条件，发展面向现代化、面向世界、面向未来的，民族的科学的大众的社会主义文化，推动社会主义精神文明和物质文明协调发展。以马克思主义为指导，就必须坚持以人民为中心的立场。要坚持为人民服务、为社会主义服务，坚持百花齐放、百家争鸣，坚持创造性转化、创新性发展，不断铸就中华文化新辉煌。

要坚定文化自信，就必须坚守中华文化立场，在传承中发扬光大中华优秀传统文化。中华民族有着深厚的文化传统，形成了富有特色的思想体系，体现了中国人几千年来积累的知识智慧和理性思辨。这是我国文化发展的独特优势。中华文明延续着我们国家和民族的精神血脉，既需要薪火相传、代代守护，也需要与时俱进、推陈出新。要加强对中华优秀传统文化的挖掘和阐发，使中华民族最基本的文化基因与当代文化相适应、与现代社会相协调，把跨越时空、超越国界、富有永恒魅力、具有当代价值的文化精神发扬光大。要推动中华文明创造性转化、创新性发展，激活其生命力和创造力，让中华文明同各国人民创造的多彩文明一道，为人类提供正确的精神指引。

要坚定文化自信，就必须继续推进改革开放和全面深化改革。改革开放以来，中国已经发生了翻天覆地的变化，历史性地改变了原来的国家和社会面貌，同时也大大改变了世界格局。中国从一个非常落后的国家一跃而成为世界第二大经济体、第一大货物贸易国。中国的经济社会发展，为中国文化的繁荣发展创造了经济基础和前提条件。习近平总书记指出："改革开放铸就的伟大改革开放精神，极大丰富了民族精神内涵，成为当代中国人民最鲜明的精神标识!"① 中国特色社会主义进入新时代，新目标昭示新使命，新使命开启新征程。正如《易传》指出的，"富有之谓大业，日新之谓盛德"。要实现中华民族伟大复兴中国梦，我们还要继续全面推进改革开放。一种先进的文化必定是推动生产力发展的文化，这种文化既是历史发展进程的反映和升华，又是历史进一步发展的动力和引导。正是改革开放和中华民族的广博气度，让我们走上了现代化建设的快车道，创造了人类发展史上的"奇迹"，让中华民族成为当代具有世界历史意义的民族。当然，中国的改革开放是有自己的方向和定力的。我们任何时候都不能忘记改革的初心。中国的改革

① 习近平．在庆祝改革开放40周年大会上的讲话．北京：人民出版社，2018：14.

开放，不是为了让中国变成“他者”，而是要建设一个更加美好的中国；不是让社会主义变成资本主义，而是要建成富强民主文明和谐美丽的社会主义现代化强国。

总之，要坚定文化自信，就必须坚持中国特色社会主义文化发展道路，激发全民族文化创新创造活力，建成社会主义文化强国。绵延几千年的中华文化，是中国特色社会主义文化发展的深厚根基；中国特色社会主义伟大实践，是中国特色社会主义文化发展的坚实基础；不断深化改革和扩大开放的新格局，是中国特色社会主义文化发展的不竭动力。我们守正创新、独立自主地走中国特色社会主义文化发展道路，必定实现建成社会主义文化强国的目标。中国人民应该有这个信心，每一个中国人都应该有这个信心。

第三节

新时代与中国人的精神特质

一、我们走进了新时代

改革开放之初，以邓小平同志为主要代表的中国共产党人审时度势，以无私无畏的自我革命精神，实事求是、独立自主地开启了改革开放的历史进程。中国共产党发出了走符合中国实际的道路、建设中国特色社会主义的伟大号召，从而开辟了中国特色社会主义道路。从那时起，我们党团结带领全国各族人民克服了各种困难、排除了各种干扰，经过持续不懈的开创性工作和艰苦卓绝的奋斗，“推动我国经济实力、科技实力、国防实力、综合国力进入世界前列，推动我国国际地位实现前所未有的提升，党的面貌、国家的面貌、人民的面貌、军队的面貌、中华民族的面貌发生了前所未有的变化，中华民族正以崭新姿态屹立于世界的东方”①。40 多年的改革开放不仅深刻地改变了中国的社会面貌，而且大大地改变了世界格局，深刻影响了人类历史发展的进程。正是在这个基础上，习近平总书记指出：“经过长期努力，中国特色社会主义进入了新时代，这是我国发展新的历史方位。”②

既然中国特色社会主义进入了新时代，就意味着时代发生了实然的变化，而这就必然会影响到民族精神、思维方式和意识形态，并且在作为文化“灵魂”的哲学中得到体现。黑格尔曾经说“哲学是思想中把握了的时代”。马克思也认为，“任何真正的哲学都是自己时代的精神上的精华”，因此哲学在其真实的意义上应该“变成文化的活的灵魂”③。作为时代精神的精华，必须能够反映时代发展特征、把握时代发展主题、引领时代发展趋势。只有真实反映了时代发展的特点，在思想中刻画并界定了时代的主题，概念性地描述了时代发展的趋势，哲学才能通过掌握群众从而达到影响时代的目标。时代与哲学的关系绝不像黑格尔所说

①② 习近平．决胜全面建成小康社会 夺取新时代中国特色社会主义伟大胜利：在中国共产党第十九次全国代表大会上的报告．北京：人民出版社，2017：10.

③ 马克思，恩格斯．马克思恩格斯全集：第 1 卷．2 版．北京：人民出版社，1995：220.

的那样，“只有逻辑的必然性才是合理的东西”①，相反地，哲学逻辑的合理性只能是历史发展逻辑的反映。中国特色社会主义进入新时代，必然对中国哲学研究提出新要求，要求新的哲学不仅能够反映时代特点、阐释时代问题、表达时代呼声，而且要对时代发展的趋势有所探索、有所展望、有所规划，以便发挥思想引领功能。由此，中国哲学面临的第一个基本理论问题，就是对新时代中国特色社会主义本身的总结性思考、理论性把握和理想性规划。

谈到所谓“时代”，可以而且也的确有各种各样的划分方法：按照社会形态划分，有原始社会的时代、奴隶社会的时代、封建社会的时代、资本主义社会的时代、社会主义社会及未来的共产主义社会的时代；按照生产工具划分，有石器时代、青铜时代、铁器时代、机器时代、智能时代，其中还可以进行更细致的划分，如石器时代有旧石器时代、新石器时代；按照使用能源划分，有蒸汽机时代、电气时代、核能时代以及现在方兴未艾的再生能源时代；按照主导性经济形态划分，有采集与狩猎时代、农业与游牧时代、工业化时代、信息化或知识经济时代；按照文化形态划分，有蒙昧时代、野蛮时代、古典时代、信仰的时代、理性主义时代、启蒙时代、革命时代等；按照有历史影响力的人物划分，有拿破仑时代、列宁时代、斯大林时代、毛泽东时代、邓小平时代；如此等等，不一而足。那么，在本节我们所说的“新时代”是什么意义上的划分呢？

“中国特色社会主义进入了新时代”，这里所说的新时代是什么，必

① 黑格尔．精神现象学：上卷．2版．北京：商务印书馆，1979：38.

须到中国特色社会主义的实际发展过程中去寻找答案。也就是说，这个新时代应该是在中国特色社会主义作为大的时代进程中的阶段性划分。这个新时代仍然是中国特色社会主义发展进程中的一个阶段，并且是一个有着不同阶段性特征的新阶段。

新时代中国特色社会主义既在中国特色社会主义发展阶段之中，又有了与以往发展阶段不同的阶段性特征，我们应该如何理解这一点呢？一是从全世界的角度看，在这个“新”的时代，和平与发展仍然是时代主题，但这个时代主题的体现形态和侧重面已经发生了实质性的改变。一方面，冷战结束后，许多发展中国家在全球化进程中不断崛起，开始扮演越来越重要的国际经济、政治、文化、安全和生态全球治理角色；另一方面，欧美的经济和政治话语权重相对地受到削弱，这导致西方国家的焦虑，由此在全球化进程中，西方世界内部却出现了逆全球化思潮和民粹主义现象。与此同时，中国式现代化发展道路的成功，“给世界上那些既希望加快发展又希望保持自身独立性的国家和民族提供了全新选择，为解决人类问题贡献了中国智慧和中国方案”[①]。中国在构建人类命运共同体理念的引领下，开始对全球经济发展与和平发挥更多建设性作用。二是就国内而言，中国经济社会有了长足的发展，综合国力有了显著提升。一方面，在这个时代，中国特色社会主义已经走出初创时期的稚嫩状态，制度日臻成熟稳定，经济社会进入了一个从高速发展走向更高质量发展的新时期。如果认识不到这一点，我们的认识就会落后

① 习近平．决胜全面建成小康社会 夺取新时代中国特色社会主义伟大胜利：在中国共产党第十九次全国代表大会上的报告．北京：人民出版社，2017：10.

于现实，就会有裹足不前的危险。另一方面，中国特色社会主义进入了新时代，但并没有改变我们对我国社会主义所处历史阶段的判断。这就是说，“我国仍处于并将长期处于社会主义初级阶段的基本国情没有变，我国是世界最大发展中国家的国际地位没有变”①。我们必须牢牢把握社会主义初级阶段这个基本国情，牢牢立足社会主义初级阶段这个最大实际，才能找准我们在新时代继续前行的现实起点。如果认识不到这一点，我们的认识就会超越客观条件允许的范围，在行动上就会犯急躁冒进的错误。我们既是一个发展中国家，又要对世界性问题有所作为、有所贡献，这是由中国是一个有 14 亿多人口且迅猛发展的大国所决定的。中国特色社会主义进入新时代之后，一方面，我们必须承担与发展中国家地位相称的责任，另一方面作为最大的发展中国家，我们又必须承担相应的大国国际责任，不能仅仅做好自己的事情就罢了，因为世界秩序与中国的发展息息相关，我们不能置身事外。在这样的时代，中国不仅要在经济、安全、环境等领域对世界有所贡献，也应该在文化、思想及哲学思维方面有所贡献。总之，尽管我们仍然是发展中国家，但无论在国内还是国际，我们自身的任务和责任都发生了阶段性的变化。

二、怎样理解新时代

那么，我们应该怎样理解“中国特色社会主义进入了新时代”，新时代的中国特色社会主义又有什么样的表现、内涵和实质呢？

---

① 习近平．决胜全面建成小康社会 夺取新时代中国特色社会主义伟大胜利：在中国共产党第十九次全国代表大会上的报告．北京：人民出版社，2017：12.

首先，所谓“中国特色社会主义进入了新时代”，实质上是当代中国社会主要矛盾已经发生了阶段性的质变。总体来说，人民群众日益增长的需求与现实的社会生产之间存在着矛盾，但这个矛盾在不同的发展阶段有不同的体现方式。我们应该积极地看待社会主要矛盾，正是这种矛盾推动社会生产不断发展，人民群众的需要日益增长、要求越来越高，这就成为中国社会持续发展的内在动力。在哲学的意义上，我们不可能消除矛盾，应该努力让矛盾发挥积极的建设性作用并且使矛盾向积极的方面转化。过去，中国特色社会主义建设解决的主要社会矛盾，是人民日益增长的物质文化需要和落后的社会生产之间的矛盾。但是，经过几十年改革开放的砥砺奋进，我国已经成为世界第二大经济体、第一大货物贸易国，许多领域出现了产能过剩的现象。在这种情况下再说我们的生产落后，不仅不符合发展的实际，而且在世界舆论场上也没有太大说服力。当今中国，生产落后、产品短缺的现象已经成为“历史”，中国制造的许多商品在世界范围内颇具商业竞争力，可是与此同时，人民群众不断涌现的许多新需要却无法得到充分满足，许多事关发展的关键技术仍然有赖他人，这就成为社会主要矛盾的新体现。习近平总书记在十九大报告中指出，“中国特色社会主义进入新时代，我国社会主要矛盾已经转化为人民日益增长的美好生活需要和不平衡不充分的发展之间的矛盾”[①]。具体而言，我国社会生产力水平总体上有了显著提高，社会生产能力在很多方面进入世界前列，更加突出的问题是发展不平衡

① 习近平．决胜全面建成小康社会 夺取新时代中国特色社会主义伟大胜利：在中国共产党第十九次全国代表大会上的报告．北京：人民出版社，2017：11.

不充分，这已经成为满足人民日益增长的美好生活需要的主要制约因素。在这里，我们必须认识到，我国社会主要矛盾的变化是关系全局的历史性变化，对党和国家工作提出了许多新要求。这就是中国特色社会主义进入新时代的历史、社会、现实的根据，如果认识不到这个历史性变化，我们就会在认识上落后于时代发展。只有认识到这种关系全局的变化，我们才能以过去的发展成就为起点继续前进，着力解决好当前社会发展的不平衡不充分的问题，大力提升经济社会发展的质量和效益，更好满足人民群众在经济、政治、文化、社会、生态等方面日益增长的需要，更好推动人的全面发展、社会的全面进步，使人民群众素质和国家综合实力跃升到新的水平。

其次，所谓“中国特色社会主义进入了新时代”，就形态方式而言是人民的美好生活需要日益广泛提升，不仅对物质文化生活提出了更高要求，而且在民主、法治、公平、正义、安全、环境等方面的要求日益增长。我国稳定解决了十几亿人的温饱问题，人们的生活水平有了飞跃式提高。这再次证明了马克思主义的观点，人首先必须解决吃穿住等基本生活，然后才能从事其他活动。“填饱肚子”的问题解决了，人们才可能产生其他方面的需要；生存问题解决了，人们才可能有其他方面的发展。我们已经全面建成小康社会，我们面临的问题不再是解决人民的温饱，而是在这个基础上满足人民更高的生活需求。人民不仅要求吃好、穿好、住好，而且要求在个人素质方面得到全面发展；人民不仅要求生活得到保障，而且希望能够越来越充分地行使自己的政治、文化、社会权利，希望自己的利益和权利越来越有法治的保障。简言之，新时代也就是人民群众在经济、政治、文化、社会和生态诸方面的权利诉求日益彰显的时代。

再次，所谓“中国特色社会主义进入了新时代”，就制度发展而言是中国特色社会主义制度从探索不断走向成熟定型，从而更加彰显其科学管用的时代。“中国特色社会主义”提出之初，有外部的曲解与质疑，如认为中国特色社会主义就是共产党领导搞“国家资本主义”；也有内部的犹豫彷徨，总感觉有一种社会主义“成色不够”、没有底气的意思在其中。从某种意义上说，作为政治话语的“中国特色”，最初在许多人那里是对社会主义道路的某种弱势化表达。经过 40 多年改革开放，中国特色社会主义道路、理论、制度、文化不断发展，拓展了发展中国家走向现代化的途径，让科学社会主义在 21 世纪的中国“焕发出强大生机活力，在世界上高高举起了中国特色社会主义伟大旗帜”①。现在的“中国特色”的理论话语，已经转变成为一种对中国特色社会主义道路、理论、制度、文化的自信表达。也就是说，最初看似弱势的话语表达，已经成为自信的强势话语表达。

最后，所谓“中国特色社会主义进入了新时代”，就历史进程而言是中华民族伟大复兴中国梦即将梦想成真的时代。这就“意味着近代以来久经磨难的中华民族迎来了从站起来、富起来到强起来的伟大飞跃，迎来了实现中华民族伟大复兴的光明前景”②。新时代绝不仅仅是恢复中华民族往日辉煌的荣光，而是当代中国朝着世界强国的方向坚定前进

①② 习近平．决胜全面建成小康社会 夺取新时代中国特色社会主义伟大胜利：在中国共产党第十九次全国代表大会上的报告．北京：人民出版社，2017：10.

的时代。中华民族有着辉煌的历史，但那时各个文明还基本上是在相互隔离的状态下发展，因为世界还不成其为世界，当世界成为世界时中国却衰落了。由此，中国是一个文明古国，却从来还不是一个世界强国。到全球化的时代，中华民族伟大复兴与其说是一种复兴，不如说是一个新的世界强国诞生的过程，中国的发展赋予了世界历史进程新的时代意义。

三、新时代人民精神面貌有哪些新变化

中国 40 多年的改革开放进程，是一个可以与“文艺复兴”“启蒙运动”“工业革命”相媲美的历史进程，这一进程不仅深刻地改变了中国，而且也大大地改变了世界格局。就国内而言，中国特色社会主义进入新时代，我国社会主要矛盾已经转化为人民日益增长的美好生活需要和不平衡不充分的发展之间的矛盾；就国际而言，随着中国综合国力和国际影响力的提升，世界经济、政治、文化影响力的版图发生了巨大的变化。既然中国特色社会主义发生了时代性变化，这就必然影响到中华民族的思维方式和精神特质，让中国人的心理和文化心态都产生了新的特征。

首先，中国人的心态变得越来越自信。随着中国特色社会主义进入新时代，中国的综合国力和国际影响力大大提升，中国人民明显摆脱了近代以来形成的矮人一等的自卑心理，在文化心理上变得更加从容自信。鸦片战争以来，在列强的坚船利炮攻击之下，中国人“天朝大国”“四方远服”的心态遭到残酷的践踏和蹂躏，在半殖民地半封建境地的挣扎中，自惭形秽的自卑心理逐渐成为集体无意识的心结。这种心结既

可能表现为崇洋媚外的行为，认为西方在文化根基上优于中国文化；也可能表现为极端的排外行为。这两种表现看似极端对立，但实质上都是自卑心态的特定表现。也就是说，看似相反的现象，反映的却是同一种自卑心理。1949 年，毛泽东在天安门城楼上宣布中华人民共和国成立。中国人民从此站立起来了！中国人民终于摆脱了任人宰割的境遇，不再生活在列强的刺刀和枪弹阴影之下。但是，在国家经济和科学技术落后于世界的情况下，中国人的自卑心理是无法彻底消除的，中国人即使站立起来，仍然不免有些心虚，由于筋骨不强，站立也难以稳健。邓小平从唯物史观和实事求是的思想路线出发，认为经济不发展、生产力落后、贫穷不是社会主义，必须通过解放生产力来证明社会主义制度的优越性。改革开放是发展中国的关键一招，经过 40 多年的改革开放，中国以西方人所说的“令人窒息的速度”迅速发展，中国的面貌和在国际社会中的地位得到根本性提升。正如习近平总书记指出的：“中国特色社会主义进入新时代，意味着近代以来久经磨难的中华民族迎来了从站起来、富起来到强起来的伟大飞跃，迎来了实现中华民族伟大复兴的光明前景。”40 多年的改革开放改变了世界历史进程，到今天，中国人民不仅站立起来了，而且由于筋骨越来越强劲，站得更稳了；中国不仅让数亿人摆脱了贫困，而且人民越来越富裕。在 40 多年突飞猛进发展的基础上，建成社会主义现代化强国、实现中华民族伟大复兴中国梦的前景，从来没有像今天这样清晰可见。抚今追昔，改革开放开始不久，中国人的精神世界还多是心仪舶来的学说和思想，“弗洛伊德热”“尼采热”“萨特热”“海德格尔热”一浪接一浪，存在主义、结构主义、精神分析、现象学一潮连一潮，令人眼花缭乱、目不暇接。但是，随着改革开放，中国人已经见多了风云变幻，意识到自己脚踏的中华大地才是最真实的家园。当中央电视台《百家讲坛》推出关于中国文化经典的讲解，受到广大群众热烈的追捧时，也就说明中国人开始从精神层面变得自信起来。从此之后，国人的心态变得越来越自信，越来越能够实事求是地看待自己，也越来越能够实事求是地看待世界。到今天，我们已经清晰地认识到，中国的文化和发展，必须以自己的传统为根基，以自己的社会实际为基础和出发点，只有立足自身传统才能真正有选择地借鉴世界上的优秀文明成果，从而取得社会发展实实在在的成果。

其次，中国人的思想观念变得越来越开放。随着中国特色社会主义进入新时代，中国不仅经济稳步发展，而且人民的政治、文化和社会权利日益扩展并且越来越有制度性保障。中国特色社会主义进入新时代，法治中国已经走上了有序成长的轨道，以人民为中心的价值理念深入人心，人民生活幸福，社会繁荣稳定。所有这一切都证明：社会主义制度在中国创新焕发了勃勃生机，我们开创的中国特色社会主义道路是正确的，而且中国特色社会主义制度也越来越得到完善，中国特色社会主义道路、理论、制度、文化在世界范围内产生了越来越广泛的影响力。正如习近平总书记指出的，中国特色社会主义进入新时代，“意味着科学社会主义在二十一世纪的中国焕发出强大生机活力，在世界上高高举起了中国特色社会主义伟大旗帜”[①]。环顾世界，相比某些国家乱象丛生

① 习近平．决胜全面建成小康社会 夺取新时代中国特色社会主义伟大胜利：在中国共产党第十九次全国代表大会上的报告．北京：人民出版社，2017：10.

的情况，中国的治理水平和制度建设日臻完善。在这种背景之下，中国人的视野更加开阔，心态也变得更加开放包容。一方面，中国人的心态不再像过去那么急迫浮躁，而是变得更加从容理智、更有定力了；另一方面，中国人也越来越能够包容差异。在国际范围内，一方面在国际事务中我们不再畏首畏尾，而是越来越有意愿积极主动地参与国际活动；另一方面我们对自己的问题和缺陷也不再像过去那样过于敏感和忌讳，而是越来越愿意就各种共同关心的问题进行对话和交流。目前，富裕起来的中国人，越来越多地走出国门，增长了见识、扩大了视野、丰富了精神世界。见多才能识广，中国人不仅越来越能够理解世界的多样性，而且在自己的生活和工作中也越来越多地参照和借鉴外部的新鲜事物和积极成果。

再次，中国人的公共意识得到明显增强。随着中国特色社会主义进入新时代，中国人的交往范围大大拓展。40 多年前，中国还有 80%以上的人生活在农村，而且基本处在自然经济状态之下。经过 40 多年的改革开放，中国的工业化、城镇化和中国特色社会主义市场经济，结构性地改变了国人的生活方式。在城镇化过程中，中国人的生存方式已不再是故土难离的执着，而是随着就学、工作和商务活动增加了流动性和自主选择性，这种流动不仅限于国内，而且因第一大货物贸易国的地位而走向全球，中国人的视野得到大大开拓，公共意识、责任意识和共同体意识明显提升。中国人越来越多地愿意参与公共事务，如环境保护、公益事业、社区活动等。习近平总书记指出，中国特色社会主义进入新时代，“意味着中国特色社会主义道路、理论、制度、文化不断发展，拓展了发展中国家走向现代化的途径，给世界上那些既希望加快发展又希望保持自身独立性的国家和民族提供了全新选择，为解决人类问题贡献了中国智慧和中国方案”[①]。过去，我们往往囿于埋头做好自己的事，不能在国际上积极表达自己的诉求和话语。发展到今天，从国际问题和社会治理而言，中国不再是被动地适应国际议题，而是以积极参与者的姿态在互动中不断学习、发挥作用。中国人越来越具备了大国公民的心态。

又次，中国人的心理变得越来越理智。中国的文化传统历来注重中道，讲究中庸，厌恶极端，主张过犹不及的中道观。《礼记》根据《易传》中“天下同归而殊途，一致而百虑”的思想，提出了“万物并育而不相害，道并行而不相悖”的理念，到孔子那里就成为“和而不同”的原则。在孔子看来，“远人不服，则修文德以来之”。正因为如此，中国的政治理念更加考虑长远的利益，更加具有理智的韧性。但是，在遭受帝国主义列强无休止的侵略后，中国人从容中道的心理不得不让位于奋起反抗的激情，以便争取民族的独立、人民的解放。尤其是在市场经济环境下，人们的浮躁心理有所滋生。快速的社会变革导致的矛盾叠加，让人们的心态变得脆弱，许多人变得急躁起来，面对某些变故和事务，往往会出现情绪化反应和极端化介入。但是，伴随着国家的强盛、保障制度的扩大和完善，伴随着中华优秀传统文化的时代转换和社会主义核心价值观的培育，人们对自己的未来越来越有信心了，人们的道德素质

① 习近平．决胜全面建成小康社会 夺取新时代中国特色社会主义伟大胜利：在中国共产党第十九次全国代表大会上的报告．北京：人民出版社，2017：10.

和文明程度不断提高，因而中国人的心态也就更加理性平和了。

最后，中国人的精神越来越趋向具有创新意识。随着中国特色社会主义进入新时代，旧的发展模式已经难以为继，新的发展理念逐渐深入人心，我们不再只考虑发展速度，而是越来越追求有质量的发展。在这种情况下，只靠模仿已经无法支撑中国今后的发展，中国不仅必须习惯于与他人并跑，而且要在并跑过程中学习领跑，随着在某些领域并跑和领跑，中国人敢为人先的创新意识也有了明显的增强。过去，人们总是担忧“出头的椽子先烂”，现在中国人越来越敢于展示自己。并且，中国人在科学技术、思想观念、发展理念、社会治理等方面都有了新的姿态，即更明确地有了自主创新的意愿和立场。也就是说，中国人不再满足于在后边跟跑，而是在跟跑和并跑的过程中越来越积极尝试领跑。

总而言之，改革开放大大改变了中国的面貌，也深深地改造了中国人的心理和精神世界。中国人民正在以崭新的面貌、自信的步伐迈向人类文明发展进步的未来。

第四节

社会主义核心价值观就是当代中国的精神逻辑

所谓核心价值观，就是一个国家、一个民族处于价值多样化进程中的价值共识或社会主流价值观。社会主义核心价值观就是当代中国的价值理想和价值共识，是统摄社会多元价值观的主流价值理念和规范。正如习近平总书记指出的，核心价值观是一个民族赖以维系的精神纽带，是一个国家共同的思想道德基础。如果没有共同的核心价值观，一个民族、一个国家就会魂无定所、行无依归。我们倡导富强、民主、文明、和谐，自由、平等、公正、法治，爱国、敬业、诚信、友善，这些价值观就是当代中国的社会主义核心价值观，是当代中国人民精神家园的价值追求和价值定位。这些价值观既是中国特色社会主义道路的本质体现，也是中国社会主义制度对中国人民未来社会和生活的承诺、对人类未来前途命运的把握、对历史发展方向的基本定位，还是人民群众在生活中调节人际关系和人与社会之间关系的行为准则和伦理规范。社会主义核心价值观是规范社会日常道德的“大德”，是规范中国人民精神生活的基本价值框架。

一、作为当代中国的精神逻辑，社会主义核心价值观是中国社会发展变化历史逻辑和中国特色社会主义实践逻辑的思想反映

一个民族要实现复兴，既需要强大的物质力量，也需要强大的精神力量。为了实现中华民族伟大复兴中国梦、建成社会主义现代化强国，我们必须最大可能地凝聚人民共识，在世界范围内确立经济发展、政治昌明、文化繁荣、社会和谐、生态优美的国家形象。这就需要我们立足中华优秀传统文化，传承革命文化，汲取人类文明发展的优秀成果，创

新社会主义先进文化，其中弘扬社会主义核心价值观处于文化发展的核心地位。社会主义核心价值观集中体现了当代中国精神，凝结着全体人民共同的价值追求。从这个意义上说，社会主义核心价值观就是当代中国社会发展的精神逻辑。

习近平总书记指出："一个民族、一个国家的核心价值观必须同这个民族、这个国家的历史文化相契合，同这个民族、这个国家的人民正在进行的奋斗相结合，同这个民族、这个国家需要解决的时代问题相适应。"① 因此，社会主义核心价值观作为当代中国的精神逻辑，既是中国社会和文化发展历史逻辑的产物，也是当代中国特色社会主义实践逻辑的反映。

作为中国特色社会主义文化灵魂的社会主义核心价值观，同中国特色社会主义文化一样，也是源自中华民族 5 000 多年文明历史所孕育的中华优秀传统文化，熔铸于中国共产党领导人民在革命、建设、改革中创造的革命文化和社会主义先进文化，植根于中国特色社会主义伟大实践，呼应着人类文明的多样性展开和世界性发展。

显然，作为当代中国精神集中体现的社会主义核心价值观，有着 5 000 多年中华文明的深厚根基。博大精深、灿烂辉煌的中华优秀传统文化为涵养社会主义核心价值观提供了丰厚的沃土。尽管在古代中国没有"价值观"的概念，但是并不意味着中国人就没有价值观。即使在没有"价值"和"价值观"概念的情况下，人们也有自己深厚且实际发挥功能的价值观。所谓价值观，是人们评判是非曲直的标准或规范。中国

① 习近平．习近平谈治国理政．北京：外文出版社，2014：171.

古代先贤们孜孜以求的“成己”“成人”“成物”的理想追求，实际上就有价值取向和价值理念的预设，没有这种价值取向和价值理念的预设，万物的存在和人的生活与实践活动便失去其意义。古代中国的所谓“礼”就是一套调节人们社会生活的意义规定或价值体系。“夫礼者，所以定亲疏，决嫌疑，别同异，明是非也。”按照礼的要求言行，就是践行当时社会的核心价值观了。所谓“礼”，就是告诉人们如何处理自己与他人的关系以及与社会的关系，用什么样的态度对待生活，用什么样的规范看待义利，用什么样的尺度评价家国和天下之事。这就是所谓“修身齐家治国平天下”要做的功课，《礼记》有言：“修身践言，谓之善行。行修言道，礼之质也。”

近代以来，在争取民族独立、人民解放、社会发展的斗争中形成的激昂向上的革命文化和生机勃勃的社会主义先进文化，是中华优秀传统文化的凝结升华，是中国共产党人和中国人民伟大创造精神的生动体现，是激励全党全国各族人民奋勇前进的强大精神力量。社会主义核心价值观就是这种强大精神力量的凝结和升华。中华优秀传统文化、革命文化和社会主义先进文化共同构建了新时代中国特色社会主义文化的基本内容，也体现了社会主义核心价值观的基本理念和追求。

当然，社会主义核心价值观的生成与发展，也是一个立足本来、借鉴外来、面向未来的过程。近代资产阶级思想曾经一度促进了中国人的价值觉醒，但是只有马克思主义才让中国人民找到了既能救亡又能启蒙的旗帜和指导思想。在近代以后中国社会的剧烈运动中，在中国人民反抗封建统治和外来帝国主义侵略的激烈斗争中，在马克思列宁主义同中国工人运动的结合过程中，受到十月革命炮声的激励，1921 年中国共产党应运而生。从此，中国人民谋求民族独立、人民解放和国家富强、人民幸福的斗争就有了主心骨，中国人民的价值观有了时代性跃升，中国人民在精神上就由被动转为主动。中国共产党人义无反顾肩负起实现中华民族伟大复兴的历史使命，团结带领人民进行了 28 年艰苦卓绝的斗争，完成了新民主主义革命。1949 年中华人民共和国的成立，标志着中国从几千年封建专制政治向人民民主的伟大飞跃，也标志着作为当代中国精神逻辑的价值观的伟大飞跃。中国人民从此站上了摆脱等级制价值体系，建立公平正义、人民当家作主社会制度的新起点。

二、新中国成立后社会主义核心价值观精神逻辑生成与展开的历程

在当代中国，社会主义核心价值观的理念旨趣就是为人民谋幸福、为民族谋复兴、为世界谋大同。历史地看，社会主义核心价值观是应该大大超越资本主义价值观狭隘性藩篱的。社会主义基于一种崭新的历史观和价值理想而产生，即追求建立让每个人都能够得到自由而全面发展的社会，但这种社会只能建立在生产资料公有制基础之上，因为在私有制条件下不可能实现真正的公平正义。因此，社会主义不是抽象地谈民主，而是力求让人民在经济、政治、文化和社会各方面都享有应有的权利，让被严重窄化了的仅有周期性投票权的民主变成具有广泛权利的人民民主；社会主义也不是抽象地谈自由，而是让自由建立在公平正义的社会框架下，离开了社会公正的自由，只能是强者压迫弱者的自由；社

会主义绝不排斥人权，而是让人民的权利建立在可实现的基础之上，且具有更广泛的实质内容。社会主义还从社会的角度去看待人们的权利，如果人人相互尊重彼此的权利，那么这就是社会和谐的价值观。

当然，社会主义核心价值观的生成与确认不是一蹴而就的。价值观是随着社会的变化而变化、随着社会的发展而发展的。精神逻辑是基于历史逻辑和实践逻辑而展开的。

新中国成立之后，国内面临的首要任务就是要巩固新生的人民政权。这就需要肃清残余敌对势力，改造旧社会留下的国家机器和社会结构。这种斗争的逻辑是过去革命战争的某种延续，因而还是带有明显的对抗性质。就国际环境而言，在世界分裂为资本主义和社会主义两个对垒阵营的冷战背景下，以美国为首的西方资本主义国家对中国采取了封锁和围堵的政策，作为一个独立自主的国家，新中国当然必须要做出自己的反应，甚至在朝鲜为了保家卫国与美国进行了一场“热战”。后来，中苏之间因国家利益和理论认识不同发生论战并导致关系破裂。中国就以“三个世界”理论调整了外交关系，通过与美国接触来平衡苏联的“霸权主义”或曰“社会沙文主义”。无论怎样，国际国内的环境都促成了对立的政治氛围，在国内表现为“以阶级斗争为纲”，而在国际方面的立场就是“既反帝也反修”。总而言之，基于当时的国内外形势，中国的价值观更突显“矛盾”“阶级对立”“斗争”“对抗”的特征。这种氛围给当时的价值观打上了时代烙印，反映在哲学话语上就是斗争的“绝对性”和“普遍性”，尽管有“一分为二”和“合而为一”的讨论，但“合而为一”无非是对“一分为二”的某种补充性反应，而且很快就被批判的浪潮所淹没。这种社会氛围导致了我们过激的价值取向，而使社会发生“文化大革命”这样的灾难。

为中国人民谋幸福，为中华民族谋复兴，是中国共产党人的初心和使命，在艰辛的探索时期，我们党从没有忘记自己的初心和使命。当然，社会主义是新生事物，在艰辛探索中肯定会有曲折和走弯路。但是，在任何时候、任何情况下，中国共产党人的价值观都是以中国人民和中华民族的根本利益为依归的。只是由于环境的原因、经验的不足和认识上的问题，极左思潮的确给中国人的精神世界带来了许多问题，“文化大革命”既是这种思潮的产物，也进一步促进了这种思潮的发展。我们应该牢记这个方面的教训。

改革开放是中国共产党人的一次伟大觉醒。因此，改革开放也就成为中国精神逻辑展开的重要节点。改革开放是中华民族发展史上的一次伟大革命，正是这个伟大革命推动了中国特色社会主义事业的伟大飞跃，也正是这个伟大革命历史性地大大拓宽了中国人民的精神视野。

实际上，改革开放是对过去极左思潮的逻辑反拨，通过“真理标准大讨论”我们清算了“左”的错误观点，让中国共产党重新回到实事求是的思想路线上来。改革开放让人们的思想得到了空前的解放，当然思想解放也不是瞬间就能完成的事情，而是要有一个不断拓宽视野和自我革命的历史过程。改革开放初期，人们从极左思潮的束缚中解放出来，首先要解决思想僵化的问题，然后才能不断拓宽新的精神视野。

随着国门的打开，中国人民的视野不断得到拓宽，中国人民的精神生活和价值思维越来越融入当代世界发展的潮流之中。人们急切想了解西方发达国家的实际情况，出国潮不断涌动。国外的思潮像潮水般涌入，思想的僵化逐渐变成思想的分化，价值观的单一逐渐变成价值观的分化……虽然这个过程有些负面效应，但总体上对中国人民眼界的开拓起了历史性的作用。尽管打开门窗能够给我们提供新鲜空气，但是也会由此而飞入某些烦人的“苍蝇”或“蚊子”。我们没有因噎废食，而是不断有序且稳步地扩大开放，这既反映了中国人民海纳百川的广阔胸襟，同时也反映了中国改革开放进程的自主性。即使在如饥似渴地学习西方发达国家先进的科学技术和管理经验的时候，我们也没有失去自主与基本的自信，而是摸着作为中国问题的“石头”过改革开放的“河”。我们国家的价值目标越来越清晰，那就是：建成富强民主文明和谐美丽的社会主义现代化强国，构建自由、平等、公正、法治的社会，塑造爱国、敬业、诚信、友善的国民。实际上，这些价值目标从一开始就蕴含在中国共产党人的初心和使命之中，但某些价值却可能根据不同的历史条件而逐渐展开并且凸显出来。精神逻辑的进展必须跟随历史过程的进展。

三、新时代要进一步发挥社会主义核心价值观凝魂聚气、强基固本的作用

改革开放以来，我们党团结带领全国各族人民坚定不移走中国特色社会主义道路，推动我国综合国力进入世界前列，推动我国国际地位实现前所未有的提升，党的面貌、国家的面貌、人民的面貌、军队的面貌、中华民族的面貌发生了前所未有的变化，使中华民族以崭新的姿态

屹立于世界的东方。中国特色社会主义伟大实践，成为中国特色社会主义文化和社会主义核心价值观孕育和发展的土壤。

历史的发展越来越证明，社会主义核心价值观植根于 5 000 多年中华文明的深厚土壤，在革命文化的淬炼中不断升华，并且在社会主义先进文化中实现了现代转换。社会主义核心价值观是中国特色社会主义先进文化的集中体现，是社会主义先进文化的魂魄所在。

中国共产党从成立之日起，既是中国先进文化的积极引领者和践行者，又是中华优秀传统文化的忠实传承者和弘扬者。当代中国共产党人和中国人民应该而且一定能够担负起新的文化使命，在实践创造中进行文化创造，在历史进步中实现文化进步。社会主义核心价值观也将在新时代发出更加耀眼的光辉。

一个时代有一个时代的问题，一代人有一代人的使命。社会发展了，时代变化了，价值观也必然随之发展和变化。随着改革进入攻坚期和深水区，我们遇到的阻力会越来越大，面对的暗礁、潜流、漩涡会越来越多。往前开拓总有诸多不确定性，但是正是这些不确定性给予我们新的发展的机遇和可能性。

面对百年未有之大变局，我们更要坚定理想信念，实现中华民族伟大复兴，在新中国成立一百年时建成富强民主文明和谐美丽的社会主义现代化强国。我国已全面建成小康社会，为了实现中华民族伟大复兴和第二个百年奋斗目标，我们必须继续弘扬和践行社会主义核心价值观，而弘扬和践行社会主义核心价值观的理论逻辑就是必须立足于坚持马克思主义的指导地位，着力推进理论创新，不断赋予当代中国马克思主义和社会主义价值体系鲜明的实践特色、民族特色、时代特色；弘扬和践行社会主义核心价值观的历史逻辑就是必须立足于中华优秀传统文化，始终面向民族文化的活力，着力激发中华民族思想和文化的创造力；弘扬和践行社会主义核心价值观的实践逻辑就是必须立足于先进性，始终面向人类历史未来发展的前进方向，着力于引领人类文明时代发展的方向；弘扬和践行社会主义核心价值观，还必须建立国际政治斗争的逻辑，就是必须立足于价值观竞争的话语权，面向国际交流，在弘扬全人类共同价值中着力抢占价值观竞争的道德制高点。

总之，我们弘扬和践行社会主义核心价值观，必须着眼于人类历史发展的前进方向，必须反映社会发展的要求，只有这样才能站在全球范围价值观竞争的道德制高点上，掌握历史发展的潮流和文化竞争的主动权。人民有信仰，国家有力量，民族有希望。一个民族、一个国家，如果没有自己的核心价值观，就只能是一头睡狮。在当代中国，唯有全体人民弘扬和践行社会主义核心价值观，我们才能汇聚起民族复兴的磅礴力量！

第二章

中华民族伟大复兴与社会主义核心价值观

第一节

当代中国价值哲学学科的发展及其趋势

价值哲学作为一个学科或研究领域是近代学术的产物，它与人的觉醒和主体性的自觉联系在一起。在近代哲学中，当人的理性成为衡量事物的尺度，以至于康德说出“人为自然立法”的时候，价值概念的出现也就成为必然的事情了。到了19世纪末20世纪初，在德国先是洛采，然后是新康德主义者文德尔班、李凯尔特等哲学家，理论性地提出了价值在哲学中的地位和作用问题，文化领域作为价值世界与自然现象界的事实世界区分开来。后来在美国实用主义那里，价值概念又与人的行为和活动的效果联系在一起，在哲学研究领域掀起了阵阵波澜。

当代中国价值哲学的展开，是与改革开放的进程联系在一起的。一方面，关于真理标准问题的大讨论，必然涉及评价实践活动是否合乎人之需要的效果尺度，人们在实践探索中逐渐意识到：唯物史观所说的客观之“物”应该是为人的，而不是人仅仅服从于“不以人的意志为转移”的客观之物。另一方面，国门打开之后，世界上令人眼花缭乱的价值冲突及其话语表达，也让国人意识到：我们必须理解认识问题的价值视角，才能理解多样观点的各种视角。20 世纪 80 年代，先是杜汝楫发表了《马克思主义论事实的认识和价值的认识及其联系》一文[①]，随后是李连科[②]、李德顺[③]、王玉樑[④]、袁贵仁[⑤]等人的比较系统的价值论著作，拉开了中国价值哲学学科发展的大幕。当时，价值哲学在中国思想界还是一个新词语，甚至有人认为这是一个“唯心主义”或“实用主义”的理论陷阱，从而担心或反对进行价值与价值观问题的研究。但是，价值问题对于理解人、社会太重要了，这是一个不能视而不见的重大问题，许多理论家排除了各种障碍，终于开辟出价值哲学越来越宽广的理论空间，扩大了它的影响。

中国对价值哲学进行了几十年的探索，取得了很多有意义的成果，在理论和实践方面都有较大进展。首先，中国学者以马克思主义的立场、观点和方法，进行了中国价值哲学的理论和学科建构。在这个过程中，中国借鉴了西方的成果，许多关于价值理论的外文书籍被翻译成中文。但是，我们对价值问题的认识有不同于西方的价值理论结论，可以说中国在价值哲学方面有自己的理论视阈。譬如，关于价值的本质问题，价值究竟是客观的还是主观的？我们的主流认识从实践的观点出发，得出了价值是在主体与客体之间的关系之中产生的，不仅价值认识由此与实践活动联系起来，而且价值的视角也深化了对实践活动的理解。可以说，价值合理性和真实性源自人类实践的客观性。又如，在价

① 杜汝楫．马克思主义论事实的认识和价值的认识及其联系．学术月刊，1980（10）．
② 李连科．世界的意义：价值论．北京：人民出版社，1985.
③ 李德顺．价值论：一种主体性的研究．北京：中国人民大学出版社，1987.
④ 王玉樑．价值哲学．西安：陕西人民出版社，1989.
⑤ 袁贵仁．价值学引论．北京：北京师范大学出版社，1991.

值评价方面，理论的探索也大大丰富和深化了唯物史观的内涵。过去，我们的认识仅限于事实领域，只谈主观观念反映客观现实，缺乏人的需要的价值尺度，因此对社会意识形态的分析难以合理地展开。世界上许多东西都是客观的，但是它们对人的意义却是有差异的。实际上，社会分为不同的阶级、阶层，不同的阶级、阶层对同样的事实有不同的价值判断，因而也就形成了不同的认识。既然人的现实需要和主观目的性是社会运动过程中的一个现实存在，那么忽视这种存在也就成为另外一种主观任意性了，从而让我们无法真正理解人的实践活动和社会发展进程。可以说，人的需要作为一个价值尺度，在其个人形式上有主观性，但在社会活动过程的构成方面，价值则是客观历史进程的真实尺度。举例言之，无论是工人还是企业家的看法，尽管不同，但都是社会现实意识的组成部分。再如，就实践活动而言，在区分了事实与价值之后，我们才能更好地认识人类的实践活动的取向和规范，以及由人的需要支撑的取向和规范是如何激发人们的实践活动的，从而推动社会的发展。正是有了价值的维度，我们就更容易理解人从自然向自由王国进展的广度和深度。

其次，几十年来我们对价值哲学的研究，不仅让我们认识到了事实认识与价值认识的区别，而且使我们明白了价值与价值观之间的区别与关系，从而让我们加深了对文化现象、民族精神和政治意识形态的理解，提升了我们的国际对话能力。几十年前，我们往往只谈世界观、人生观。但是，面对同一个世界，为什么人们会产生不同的世界观？经历人生的成长，为什么人们会有不同的人生观？原因就在于，人们有着不同的价值观，正是不同的价值观让人们在对待世界和人生的价值取向上有了差异。最初，西方人就人权、自由、人道主义之类的问题指责我们时，我们的直接反应往往是对人权、自由、人道主义概念本身感到敏感，甚至想办法避免谈这些问题，这反而让我们总是处于“被告”的位置，只能被动辩护。一旦我们分清了什么是价值、什么是价值观，许多纠结就迎刃而解了。所谓价值，就是事物对于人的意义。所谓价值观，就是人们关于什么样的价值对人有何种意义的看法。经过价值哲学的探讨，我们认识到不同的国家因为时空体系、自然条件、历史文化传统、社会发展水平的差异，对人权、自由、人道主义等价值的观念理解是有差异的。我们没有必要回避人权、自由、人道主义等价值，它们是人类共同追求的价值。但是，我们不能照搬西方人关于这些价值的观念。许多价值是共同的，但是不同国家和不同时期的人们关于这些价值的理解和观念则是特殊的、历史的。如西方的价值观本身是反映西方文化和资本主义社会价值观念的，因而是特殊的，许多方面可能与我们关于这些价值的理解相去甚远。西方的价值观曾经推动欧美摆脱了封建思想的束缚，使西方社会进入了现代性发展的轨道，在历史上发挥过进步的作用。但是，随着资本主义制度和资产阶级统治的确立，西方的价值观却越来越显示出其历史局限性。西方人把自己对某些共同价值的特殊理解即他们的价值观看作是“普世的”，强迫他人按照自己的理解——西方的价值观——来理解民主、人权、自由等价值，这未必符合发展中国家人民的需要，因而就是不合理的。可见，一旦分清价值与价值观，就很容易攻破西方自诩的“普世价值观”了。

再次，价值哲学学科的发展，让我们回头对中国传统的价值观也有了自觉，学者在对中国传统价值观进行系统梳理和研究的基础上也获得了价值观自信。实际上，在没有“价值”和“价值观”这样的概念的情况下，人们也有自己的价值观，即人们评判是非曲直的标准或规范，只是没有理论上的自觉而已。中国古代先贤所关注的“成己”“成人”“成物”的理想追求，实际上就有价值意义的预设，没有这种价值理念的预设，人和万物的存在、活动便失去其意义。另外，中国古代的所谓“礼”就是一套调节人们社会生活的价值体系。礼告诉人们如何处理自己与他人的关系、以什么样的态度对待生死、以什么样的规范看待义利、以什么样的尺度评价家国和天下之事。在当时，遵循这套价值体系和价值观，就能够得到社会的认可，就能够保障社会的安定有序。中华传统文化中的价值观念已经成为中华民族的基因，植根在中国人内心，潜移默化地影响着中国人的思想方式和行为方式。比如，中华文化强调“民惟邦本”“天人合一”“和而不同”，强调“天行健，君子以自强不息”，“大道之行也，天下为公”；强调“天下兴亡，匹夫有责”，主张以德治国、以文化人；强调“君子喻于义”，“君子坦荡荡”，“君子义以为质”；强调“言必信，行必果”，“人而无信，不知其可也”；强调“德不孤，必有邻”，“仁者爱人”，“与人为善”，“己所不欲，勿施于人”，“出入相友，守望相助”，“老吾老以及人之老，幼吾幼以及人之幼”，“扶贫济困”，“不患寡而患不均”；等等。像这样的思想和理念，不论过去还是现在，都有其鲜明的民族特色，都有其永不褪色的价值。这些思想和理念，既随着时间推移和时代变迁而不断与时俱进，又有其自身的连续性和稳定性。作为生于斯长于斯的中国人，我们有着百姓日用而不觉的共同的价值观，“讲仁爱、重民本、守诚信、崇正义、尚和合、求大同”是基本的共同特征。当代中国的核心价值观就是对中华优秀传统文化的传承和升华。可见，中国的价值观经历了中华民族几千年的历史和文化孕育，反映了中华民族在中国大地上的生命体验、观念思考和精神追求，必然带有中华民族特有的形态、内涵和实质，中国价值观为中华民族伟大复兴凝聚着中国力量。

最后，价值哲学研究还为社会主义核心价值体系和社会主义核心价值观的提出与构建，提供了坚实的理论支撑。党的十八大报告明确提出“倡导富强、民主、文明、和谐，倡导自由、平等、公正、法治，倡导爱国、敬业、诚信、友善，积极培育和践行社会主义核心价值观”。社会主义核心价值观的理论构建具有深远的实践意义，不仅对人民群众理解中国特色社会主义道路、理论、制度特别是文化所蕴含的价值取向，有重要的导向或引领作用，而且对世界人民了解中国文化、理解中国人民的价值追求有明确的指标性意义。

当代价值哲学这个学科在中国只有40多年的历史。与欧美学界相比，我们仍然缺乏长期系统的理论研究。我们将价值哲学建立在唯物史观和对于社会实践活动概念的理解基础之上，这的确给我们一个总体上可靠的方法论基础。但是，在社会实际进程中，就关于事实与价值的区分，我们何以理论地论证实践活动作为价值尺度的现实合理的可靠基础和标准？价值作为应该的“理想尺度”，其差异性标准何在？也就是说，我们怎么能够证明这种“应该”比另外的“应该”更应该呢？我们怎么才能更加客观地评价一种价值比另一种价值更有价值呢？我们怎么能够证明一种价值观比另一种价值观更有规范的力量呢？我们在方法论上如何让价值观获得历史的合理性？在理论上，我们如何让价值认识获得一定的客观实在性？特别是，在文化软实力的竞争中，我们怎么能够让社会主义核心价值观具有更强的超越性和说服力呢？所有这些都是价值哲学面临的问题，都需要我们给予更加细致深入的理论回答。

中国特色社会主义进入新时代，中国将进一步深化改革，形成扩大开放新格局，这必然给价值哲学研究提供新的空间和动力。价值哲学必须回应中国特色社会主义现代化建设的理论问题，为中华民族伟大复兴构建基本的价值表达，这必然要深化价值理论的构建，在理论的探索过程中逐渐排除许多不太自洽的地方，并且使理论内在构成更加具有内在有机的关系。另外，中国的价值哲学在形塑中国特色价值哲学的基本理论和知识体系的同时，将进一步扩大价值研究的国际视野，拓展研究价值论题的理论视域，增强论题及理论的普遍意义，提升国际交流的对话能力。在价值哲学的未来探索之中，中国特色的价值哲学将不再是限于一隅的特殊性表达，而是一个文明古国和中华民族伟大复兴的价值观崛起的理论表达，为世界理论提供中国智慧和话语。还有一个趋势必须注意，那就是随着社会现代化进程的加深，关于具体生活的价值判断会越来越成为人们关注的重点，如基因改造、人工智能，人们的价值观将越来越面临多样性和科学技术发展的挑战，价值哲学必须在人类实践活动的基础上给予恰当的价值认识的理论基础支撑。

第二节

如何理解当代中国的价值观

当代中国倡导的社会主义核心价值观，包括富强、民主、文明、和谐，自由、平等、公正、法治，爱国、敬业、诚信、友善等内容，其中有些价值观指向构建什么样的国家，有些价值观指向建设什么样的社会，有些价值观属于公民道德范畴。可以说，国家和社会层面的核心价值观既是中国特色社会主义道路的本质体现，也是中国社会主义制度对中国人民的承诺、对人类未来前途命运的把握、对历史发展方向的定位；公民道德层面的核心价值观则是人民群众生活的伦理规范，是用来调节人与人之间、人与社会之间的关系的。二者之间有着密不可分的联系，但又有着性质和功能上的区别。

所谓价值，就是事物对于人的意义。所谓价值观，就是人们关于什么样的价值对人有何种意义的看法。作为评判是非曲直的标准，价值观就成为社会成员自觉调节社会生活和社会行为的规范。人类社会有基本的共性，因而许多价值具有普遍的意义，如善良、正直、诚信、公正……但是人类的社会生活在不同的时空中展开，由于自然环境和生产方式不同，不同的民族对价值及价值观会有不同的理解，同一个民族在不同的历史阶段对价值及价值观也会有不同的理解，同一民族中不同的成员（甚至同一个人）在不同的历史时期对价值及价值观的理解也不尽一致。如果对价值观的理解都像对水分子的构成、水的沸点的认识那样一致，就没有研究价值观的必要了。价值观的一个重要特征就是，对任何事物的评价，价值观不同的人会有不同的，甚至相互冲突的理解。譬如，人们都追求公正，但是在阶级社会中，统治阶级理解的“公正”与被统治阶级理解的“公正”是完全不同的。古希腊哲学家柏拉图认为，统治阶级、武士、劳动者各尽其职，不相互僭越，就是公正。亚里士多德主张奴隶只是“会说话的工具”，不能享有与自由民相同的权利。显然，柏拉图和亚里士多德的公正观与现代公正观相去甚远。在古代中国也是如此，如对“天下”的理解，既有“溥天之下，莫非王土”的价值理念，也有“大道之行也，天下为公”的价值理念。

我们在这里讲的社会主义核心价值观，不仅是从个人的角度去谈对价值的理解，更是指建立在当代中国人民价值共识基础上的共同价值观。中国人民的价值观也是为了追求人的幸福、社会的福祉和文明的进步，因此与世界其他国家和民族的价值观有许多的共性。中国人饿了也要吃饭，困了也要睡觉，累了也要休息，也愿意过自由自主的生活，也有自己的喜怒哀乐，也有自己的价值理想和追求，这与其他国家和民族的人没有什么不同。当然，中国的社会主义核心价值观是基于中华民族几千年历史演化而来的，反映的是中华民族在中华大地上的生命体验、观念思考和精神追求，因此它必然带有中华民族特有的形态、内涵和实质。从大禹治水的故事中就可以看出中华民族对集体与合作的重视，个人只有在集体中才能获得生存的机会和力量。因此，对于价值和价值观，中国人往往更多地从整体优先于局部、集体优先于个人的角度去思考。譬如，西方人更多地从个人的角度去思考人权，而中国人更关注人与人之间要相互尊重，这就是“和谐”价值观的体现。中国人把人权理解为“人与人之间要达成共享、共生的和谐状态”，而不是“个人权利之间的自由博弈与竞争”，这就是中国人重视“和为贵”、“协和万邦”以及“和而不同”的原因。在中国人看来，只有社会和谐了，人们才能过民主、自由、平等、公正的生活，才能拥有获得富足而有尊严的生活的机会。

中国的社会主义核心价值观，有着深厚的历史根基。譬如，中国古代就有“不患寡而患不均”的价值追求，这种追求经历了现代性和社会主义观念的洗礼，一步步凝练为“平等”“公正”的价值观。再如，中国古代“王子犯法，与庶民同罪”的价值追求，经过近现代社会的治乱兴衰和各种外来思潮的淬炼，逐渐凝练为“法治中国”的价值观。

1840 年鸦片战争以来，中国饱受外敌欺辱，尤其是抗日战争，使中国人民极为重视民族独立、人民富裕和国家强盛。中国人民最大的期盼就是实现中华民族的伟大复兴，建成富强民主文明和谐美丽的社会主义现代化强国，这是鸦片战争以来中国人民的梦想，是符合全体中国人民的最高利益和根本利益的。中华民族的一切奋斗，归根到底都是为了实现这一伟大目标。在古代，中国是世界上具有领先地位的经济强国，后来工业革命使世界发生深刻变革，封建制度下的中国却因统治阶级颟顸无能而丧失了通过革新与世界文明共同发展的历史机遇，陷入被动挨打的境地。鸦片战争之后，中华民族更是积贫积弱、任人宰割，中国人民饱受列强的欺侮凌辱。这一惨痛的历史悲剧绝不能重演！建成富强民主文明和谐美丽的社会主义现代化强国是我们的目标，也是我们的价值理想和光荣使命。

要理解社会主义核心价值观，就要到当代中国人民的社会实践和社会生活中去找根源。中国特色社会主义的探索与实践，让一个文明古国如凤凰涅槃般地重新焕发了青春，取得了举世瞩目的经济成就，这是在当代中国价值观的指导下所创造出的“中国奇迹”。实际上，社会主义就是基于一种崭新的价值理想而产生的，我们经常批评某些国家的人拿他们自己的价值观——实际上是对民主、自由、人权等价值的特殊理解——来对我们指手画脚，但是社会主义从不排斥民主、自由、人权这样的价值，而是从社会发展的角度去考虑这些价值的合理性基础和实现的条件等问题。因此，中国特色的社会主义不是抽象地谈人人有投票权的民主，而是要真正实现人民在经济、政治、文化和社会权利方面当家作主，中国特色的社会主义民主是让仅有周期性投票权的民主变成具有广泛权利的人民民主；当代中国特别重视人民的自由发展，希望把自由建立在社会公平的框架下，离开社会公正的自由，只能是强者压迫弱者的自由，即资本压榨劳动的自由；社会主义核心价值观不仅不排斥人权，而且力求使人民的权利得到实现；中国是从社会的角度去看待权利的，如果人人尊重彼此的权利，在人人平等的法治框架下，就会形成公正和谐的社会。社会主义的和谐价值观，是包含了人权价值且高于人权价值的价值观；社会主义的公正价值观，是包含了个人自由价值且高于个人自由价值的价值观。

要理解中国的社会主义核心价值观，就要了解中华民族的历史探索和文明演化过程、了解中华民族的文化根基和精神传承。中华民族5 000多年文明史、中国人民近代以来180多年斗争史、中国共产党100多年奋斗史、中华人民共和国70多年发展史、改革开放40多年探索史，一脉相承，不可割裂。脱离了中国的历史，脱离了中国的文化，脱离了中国人的精神世界，脱离了当代中国的深刻变革，是无法正确认识中国的。如果一个民族、一个国家没有共同的核心价值观，每个人各吹各的调，莫衷一是，无所依据，那这个民族、这个国家就无法作为一个文明整体前行。为什么中华民族能够在几千年的历史长河中顽强生存并不断发展呢？很重要的一个原因就是中华民族有一脉相承的精神追求、精神特质、精神脉络。中华文明上下绵延数千载，使中华民族形成了独特的价值体系、思维方式和精神气质。中华优秀传统文化已经融入中华民族的基因，植根于中国人的内心，潜移默化地影响着中国人的思想方式和行为方式。我们今天提倡和弘扬的核心价值观，与中国古代的一些价值理想是一脉相承的。例如，“天人合一”，“和而不同”，“天下兴亡，匹夫有责”，“言必信，行必果”，“己所不欲，勿施于人”，等等。像这样的思想和理念有其自身的连续性和稳定性，不论何时，都有其鲜明的民族特色，都有其永不褪色的价值。当代中国的社会主义核心价值观，就是对中华优秀传统文化的传承和升华。

要理解社会主义核心价值观，就要结合未来的人类历史发展方向加以阐明。我们一方面不能抛弃传统，割断自己的精神命脉；另一方面也不能停下前进的步伐。不忘本来才能开辟未来，善于继承才能更好地创新，善于创新的文化才有未来，在这个意义上，创新才是最好的继承。由此，我们要深入挖掘和发扬中华优秀传统文化“讲仁爱、重民本、守诚信、崇正义、尚和合、求大同”的时代价值，同时也要在价值的开拓创新上下功夫。中国封建社会发展出了一套完整的价值观和价值体系，不仅有道德层面的价值观，如“仁、义、礼、智、信”（“五常”），而且有反映社会制度性质的社会规范，如“君为臣纲，父为子纲，夫为妻纲”（“三纲”）。“五常”对于现代社会的价值观仍有一定的借鉴意义，但“三纲”就如同西方的“君权神授”一样，是与历史的前进方向相反的价值。显然，“五常”这种道德生活的规范性要求，是可以在当代社会发挥其“正能量”的。在欧洲中世纪，封建统治者宣扬“君权神授”，将人分为不同等级，贵族是上帝的选民，地位天然地高于平民。针对封建主义的价值观，法国大革命中新兴的第三等级提出了自由、平等、博爱的价值观，这一价值观就是新兴资产阶级反抗封建主义等级贵贱价值观的思想武器。我们的核心价值观是面向未来理想社会的，因此，我们在继承中华优秀传统文化的同时，必须把反映等级社会特征的价值观清除出去，培育和弘扬符合历史发展方向的社会主义价值观。社会主义核心价值观必须着眼于人类历史发展的前进方向，必须反映社会发展的要求，只有这样才能与历史发展的节奏合拍。

要理解社会主义核心价值观，就要在中国与世界各国日益密切的交流互鉴中加以体悟。中华文化历来就是在与其他文化的相互碰撞与交融中发展的。中华民族历来就有“天下一家”的开放胸襟，有“协和万邦”的恢宏气度。在古代，中国就与世界各国进行了多方面的交流，在此过程中学到的许多东西经过消化吸收转化为中华文化的成果，如佛教文化、西域的音乐等。近代以来，西方的文艺复兴、启蒙运动、资产阶级革命、工业革命等对中国文化产生了巨大影响，特别是马克思主义理论，深刻地影响和改变了中国的面貌。中国人对国家富强目标的追求，在一定程度上受到了欧美的影响，具有强烈的内在动力。自由、平等、公正、法治等价值，显然有浓厚的欧美社会色彩，但最终也是在中国人民启蒙和解放的双重运动中逐渐清晰起来的。当然，中国也可以为世界价值观的发展做出贡献。譬如，中国人“和而不同”的价值观，已经成为调节国际关系的最佳规范。中国主张“万物并育而不相害，道并行而不相悖”，这比霸权思维合理、公正得多。中国梦绝不是世界霸权梦，而是和平共处、合作共赢的梦。正如习近平总书记强调的：“中国梦是奉献世界的梦。‘穷则独善其身，达则兼善天下。’这是中华民族始终崇尚的品德和胸怀。”① 和谐价值观是中华民族对人类社会的伟大贡献。对内，我们构建和谐社会，实现祖国的和平统一、繁荣富强；对外，我们主张和平发展，与他国平等交往、互惠互利。不同的民族、不同的国家，由于所处的发展阶段和空间条件不同，因而发展出不同的文化，对问题的看法也不同。采取“和而不同”的理念，世界才能维持和平。中国的和谐价值观具有现实的、普遍的世界意义。

总之，自古以来，中华民族的优秀文化就深深熔铸在以爱国主义为核心的团结统一、爱好和平、勤劳勇敢、自强不息的伟大民族精神之

① 习近平．出席第三届核安全峰会并访问欧洲四国和联合国教科文组织总部、欧盟总部时的演讲．北京：人民出版社，2014：26.

中，并且孕育了具有中华民族独特意识、品格和气质的价值观念体系。但是，民族精神或一个民族的价值追求是对民族现实的历史创造性活动的引领和反映，它要对特殊的时代性问题做出回应，因而必然带有一定的时代烙印。只有反映时代特征、回应时代要求的文化，才具有跨时代的影响力，才是现实的、有积极价值取向和生命力的文化。只有在这种历史与现实、民族与世界的相互映照中，我们才能理解和体悟当代中国的社会主义核心价值观。

第三节

社会主义核心价值观的基本要义

党的十八大报告明确提出“倡导富强、民主、文明、和谐，倡导自由、平等、公正、法治，倡导爱国、敬业、诚信、友善，积极培育和践行社会主义核心价值观”。这不仅对人民群众理解中国特色社会主义道路、理论、制度特别是文化所蕴含的价值取向，有重要的导向或引领作用，而且对世界人民了解中国文化、理解中国人民的价值追求有明确的指示性意义。

在当代中国倡导的社会主义核心价值观中，“富强、民主、文明、和谐”是从国家层面提出的价值目标。在经历跌宕起伏的历史变迁后，中国进入前所未有的发展新时期。这些价值目标深刻表达了国家意志，体现了人民的普遍意愿和诉求。践行这些目标，将凝聚全中国的力量，形成建设幸福家园、贡献世界发展的巨大合力。

富强是社会繁荣和人民幸福的前提。发展是硬道理，当代中国尤其需要通过科学的、可持续的发展，为社会主义中国奠定坚实的物质基础。落后就要挨打，贫穷不是社会主义。物质生产力的发展是一切文明进步的基础。只有人民富裕、国家强大，才能满足人民群众日益增长的物质文化需要，才能解决前进中的各种问题，才能从容应对国家主权和安全领域所面临的各种突发事件和挑战，才能促进社会全面进步，不断提高人民生活水平，保证人民共享发展成果。

人民当家作主是民主的真谛。民主是人类社会的普遍追求，古往今来，不同的理论家对民主理念的解读基本一致，但对于如何确保人民当家作主却涌现出不同的实践。欧美国家并不能垄断民主的标准，西式民主只是民主的某种形式而已。实际上，民主因国情不同而有不同的表现方式，民主不应是装饰品，更不是用来做摆设的，而是要用来扩大人民群众的参与，解决广大人民最关心、最直接、最现实的问题。“在中国社会主义制度下……找到全社会意愿和要求的最大公约数，是人民民主的真谛。”①

文明是在人民丰富多彩的历史实践中不断积累和形成的，文明进步就是人们不断摆脱愚昧、走向理性的过程。文明应当是流动和开放的，不同文明彼此交流，形成“各美其美，美人之美，美美与共”的局面。

① 习近平．在中央政协工作会议暨庆祝中国人民政治协商会议成立70周年大会上的讲话．北京：人民出版社，2019：7.

中华文明是世界文明的重要组成部分，在学习和借鉴他国、他民族思想文化精华的同时，也要不断增强自身思想文化的自尊、自信和自立。

和谐稳定是文明进步的前提。生活在一个和谐社会，是每一个人的生活理想。人类社会发展史证明，一个相对稳定和谐的社会环境，是社会生产力提高、进步，经济繁荣发达，文化欣欣向荣、百花争艳，科学发明和科技创新不可或缺的条件。中国有 14 亿多人口，个人愿望可能千差万别，但希望社会和谐稳定、繁荣发展，是中国人民的共同愿望。

“自由、平等、公正、法治”，是对我国社会层面提出的价值要求，旗帜鲜明地回答了“我们要建设什么样的社会”这一重大问题。这些价值观集中反映了中国特色社会主义社会的基本属性，鲜明地体现了中国特色社会主义的基本特征，表达了当代中国人民普遍认可的社会规范，展现了当代中国社会的价值追求。

当代中国亟须建构一种“自由、平等、公正、法治”的社会环境，这就需要大力倡导“自由、平等、公正、法治”的价值理念。当代中国的发展需要持续释放社会活力、激发内生动力。自由是社会的活力之源，只有在自由的环境中，人的尊严才能得到维护，人的权利才能得到保护，人的个性才能得到张扬，人的积极性、主动性和创造性才能得到激发。只有自由的社会环境，才能让一切劳动、知识、技术、管理和资本的活力竞相迸发，让一切创造社会财富的源泉充分涌流。我们要尊重和保护人权，严格规范公共权力的运行，坚决杜绝侵犯公民合法权益的现象；要大力发展社会生产力，不断改善人们的物质生活条件，提高社会保障水平，丰富人们的文化生活，提高人们的思想境界，使人们的实质自由不断得到提升。

平等是现代社会的基石，平等是现代社会中人们的共同愿望。每个人内心都渴望平等，没有人愿意做“二等公民”。中国古代就有“不患寡而患不均”的思想。在当代中国，人人应该拥有平等的人格，享有平等的权利，拥有平等的发展机会，从而过上有尊严的生活。“大凡物不得其平则鸣”，没有平等就没有公平正义，没有平等就没有社会的稳定。当代中国应该保证人民平等参与、平等发展的权利，让全体人民“共同享有人生出彩的机会，共同享有梦想成真的机会，共同享有同祖国和时代一起成长与进步的机会”①。

和谐的社会必定是公正的。公正之于社会就如同良心之于人一样不可或缺。很难想象在一个到处充斥着非正义的社会里，会有爱、真诚、善良、正直、无私等可贵的美德；很难想象在一个连最基本的公正都无法保障的社会里，会创造出令后世景仰的辉煌灿烂的文明。面对收入差距不断扩大的趋势，面对人民群众对社会公平正义的呼声越来越强烈的现实，当代中国迫切需要建立以权利公平、机会公平、规则公平为主要内容的社会公平保障体系，使发展成果更多、更公平地惠及全体人民，在经济社会不断发展的基础上，朝着共同富裕的方向稳步前进。

法治是现代社会治理的基本方式。迄今为止，依法治理是人类社会探索总结出来的最合理、最有效的社会治理方式。用法治思维和法治方式深化改革、推动发展、化解矛盾、维护社会稳定，办事依法、遇事找法、解决问题用法、化解矛盾靠法，是法治中国建设的重要内容，是当代中国人的强烈期盼。“努力让人民群众在每一个司法案件中都感受到

① 习近平．习近平谈治国理政．北京：外文出版社，2014：40.

公平正义”是党和政府向人民做出的庄严承诺。每个现代公民也需要将法治的原则、精神、核心价值内化于心、外化于行。

人无德不立，国无德不兴。公民的理想信念、价值追求、道德操守既是公民立身处世、建功立业的根本，也是国家走向强盛、政治实现昌明、文化得以繁荣的精神支撑。我们倡导“爱国、敬业、诚信、友善”，这是对公民层面提出的价值要求，回答了“培育和塑造什么样的公民”这一重大问题。

爱国是中华民族的根和魂。在5 000多年的发展历程中，中华民族形成了以爱国主义为核心的团结统一、爱好和平、勤劳勇敢、自强不息的伟大民族精神，涌现出了无数可歌可泣的爱国英雄和仁人志士。爱国主义深深地融入中华民族的民族意识、民族性格和民族气概之中，成为中国人弥足珍贵的精神财富。

敬业是人们安身立命的基石。作为一种朴素而崇高的美德，敬业让人们在职业生涯里获得生活的意义。在人类的社会生活中，除了公共生活和家庭生活外，职业活动构成了我们实践活动的主要形式。职业活动是每个人生存、发展的现实基础和根本前提，社会的延续和进步必须依靠人类的职业活动提供物质条件和满足文化生活需要。公民要从事某种职业就必须遵守一定的职业道德。敬业因此就成为公民重要的价值准则，成为最基本的职业道德要求。

诚信是人们美德行为的确证与标识。从社会伦理的角度看，它是规范人与社会、人与人关系的伦理准则。诚信作为中华民族的一种传统美德，对现代社会各个方面的协作与和谐都有着极其重要的作用，也有着极具特色的时代内涵。对于一个行业而言，诚信是立业之本。对于每个公民而言，诚信是立身之本、处世之宝。诚信需要我们每个公民从我做起，从现在做起，从具体的事情做起。提高全社会的诚信水平，人人有责。

友善是关于维系良好人际关系的基本道德规范。无论身处哪个阶层，无论从事哪项职业，友善都是每个公民应具备的基本品格。友善，包含善待亲友、善待他人、善待自然等。善待亲友可以使家庭关系和谐，善待他人可以使人际关系和谐，善待自然可以使人与自然和谐相处。在当代社会竞争压力巨大、人际关系紧张、社会矛盾凸显的情境下，培育和践行友善这一价值观，对于缓解社会矛盾、维护社会秩序、促进社会和谐具有十分重要的作用。

公民层面的核心价值观，贯穿于中国公民道德行为的各个环节，涵盖了社会公德、职业道德、家庭美德、个人品德等各个方面，是与每个公民的日常生活紧密相连的基本价值规范。这些价值观只有扎根于社会现实，与公民的日常生活紧密相连，并且通过制度固化下来，成为一种文化，才能逐渐转化为公民的内在信念和自觉行为。

第四节

用社会主义核心价值观凝心聚力

中国人民正在中国特色社会主义道路上大踏步前进。中国的发展，不仅大大增强了国家的综合国力，提升了中国的国际地位和国际影响力，而且在文化传承、创新和交流互鉴中激发了创造活力，推动着中华民族精神的升华和价值观的跃升。中华儿女正满怀豪情地逐步实现中华民族伟大复兴的中国梦。

习近平总书记指出，实现中国梦必须走中国道路、弘扬中国精神、凝聚中国力量。这就用简洁的语言回答了如下问题：我们用什么来确定国家和社会发展道路的方向和路标？我们怎样才能激发和提升民族精神的活力和创造力？我们靠什么来团结和凝聚占世界人口 1/5 的中国人民？我们凭借什么样的文化才能让“中国梦对世界具有吸引力”，让中国软实力具有世界范围的影响力？习近平总书记的讲话不仅体现了对中国特色社会主义的道路自信、理论自信、制度自信，而且体现了对中国文化繁荣发展的高度自信。在文化之中，核心价值观是最深沉、最本质的东西，它决定着文化的性质与方向。在当代中国，我们应该弘扬和践行的核心价值观，就是党的十八大提出的“富强、民主、文明、和谐，自由、平等、公正、法治，爱国、敬业、诚信、友善”。社会主义核心价值观回答了我们要建设什么样的国家、构建什么样的社会、培育什么样的公民这三个重大问题。我们要用社会主义核心价值观凝心聚力，动员全国各族人民，调动一切积极因素，为实现中华民族伟大复兴的中国梦而努力奋斗。

一、民族复兴之路需要思想文化的指引：用社会主义核心价值观推动物质文明和精神文明协调发展

驾驶汽车需要方向盘、地图和路标，航海需要指南针，这样才不至

于走错路或偏离方向。可以说，社会主义核心价值观就是我们的方向盘、地图、路标，就是我们的指南针。

人类的社会活动不是盲目的自然演化进程，而是“主观见之于客观”、有意识、有目的、自主自觉的活动。人类社会越能自觉地按照客观规律认识世界、改造世界，就越接近“自由王国”。我们的民族振兴之路必须是目的性与规律性的统一，必须是合乎历史发展方向的合理选择。在百舸争流、暗潮汹涌的发展航道上，我们必须根据不断变化的形势做出恰当的抉择，而这种抉择需要高度的精神自觉和正确的理论指导，其中的关键就是拥有合理且正确的价值取向。在民族复兴的征途上，必须有给我们指引前进方向的路标，这种路标就是自强不息的民族精神，就是社会主义核心价值观。在布满荆棘和陷阱的经济全球化竞赛中，中国人民能够创造举世瞩目的“中国奇迹”，原因就在于我们有与时俱进的中国化时代化的马克思主义最新成果的指引，就在于我们有民族精神和时代精神的鞭策，就在于我们有不断升华的社会主义核心价值观的引导，就在于我们有基于中华优秀传统文化、不断吸收世界文化优秀成果、不断拓展和创造着的崭新的现代中国文化。

人类社会的物质文明和精神文明是相辅相成的。民族复兴不仅需要物质财富的积累，更需要实现民族精神的振兴和文化价值观的跃升。一方面，物质文明为精神文明创造必要的支撑条件，保障精神文明的建设；另一方面，精神文明为物质文明提供智力支持和价值规范，促进物质文明的发展。民族复兴需要强大物质力量的保障，也需要精神力量的引领和支撑。贫穷不是社会主义，精神贫乏也不是社会主义。社会主义需要物质的极大丰富，更需要精神世界的丰富充盈。习近平总书记指出：“一个没有精神力量的民族难以自立自强，一项没有文化支撑的事业难以持续长久。”[①] 现代化的社会主义中国，尤其需要物质文明和精神文明协调发展。我们既要让现代化的高楼大厦林立在神州大地，也要让高昂的民族精神屹立在人民的心中。唯有物质文明和精神文明都搞好了，物质力量和精神力量都增强了，人民的物质生活和精神生活都改善了，中国特色社会主义道路才能越走越顺畅。

加强精神文明建设，首先要抓好理想信念建设。理想信念是人的精神世界之钙，也是民族精神之魂。一个没有灵魂的人，就如同行尸走肉；而没有先进核心价值观的民族，就不可能成为具有世界历史意义的民族。所谓理想信念就是人们的世界观、人生观、价值观。一个国家、一个民族，要不断发展进步，就必须有共同的理想信念作为支撑。提升国民素质和精神文明水平，重点在于建设。这就需要我们把中国特色社会主义和社会主义核心价值观教育贯穿于改革开放和现代化建设全过程。与此同时，领导干部、公众人物、先进模范要在培育和践行社会主义核心价值观、加强社会主义思想道德建设方面起示范作用，通过党风政风、社风、家风建设，营造全社会崇德向善、诚信敬业的浓厚氛围。加强精神文明建设，关键在于有先进的价值理念和不断创新的勇气。只有站在时代前沿，引领风气之先，广泛践行社会主义核心价值观，精神文明建设才能发挥更大威力。只有先进的思想文化才具有引领历史的作用，思想文化只有不断创新才能有持续的活力和吸引力。

① 习近平．习近平谈治国理政．北京：外文出版社，2014：52.

二、社会发展需要精神力量的推动：用社会主义核心价值观为中国特色社会主义事业提供精神动力和道德滋养

汽车能够在大道上奔驰，是因为有发动机提供驱动力，人类社会的发展也需要驱动力。人类社会发展进步的驱动力在于生产力的提高，而人类自由自觉的首创精神和创造性活动是最活跃的生产力。是什么激发了人们的首创精神和创造性活动？在一定的意义上可以说，人类的首创精神和创造性活动靠文化的创新氛围和活力的激发，靠作为文化引导力和驱动力的先进价值观的激励。正像诺贝尔经济学奖获得者费尔普斯所说，“一个民族的繁荣取决于创新活动的广度和深度”，而大范围的创新活动只能由正确的价值观激发①。

文化是民族生存和发展的重要力量。费尔普斯指出，现代价值观是世界上第一批现代经济国家诞生和持续发展背后的动力。这些国家实现了生产力的伟大起飞，推动了财富和工资的增长，把人们的工作从谋生手段改造成提供越来越多精神激励、挑战和冒险机会的源泉②。实际上，人类社会的每一次跃进、人类文明的每一次升华，都伴随着文化的历史性进步，都伴随着新价值观的历史性崛起。文艺复兴时期，以达·芬奇为代表的人文巨匠伴随着个性自由的价值观而崛起；启蒙运动和法国大革命，以自由、平等、博爱的价值理念闻名于世，因此恩格斯说十八世纪主要是法国人的世纪；美国的独立战争，则提出了民主、自由、人权的口号，从而把美国推向具有世界历史意义的巅峰。马克思主义所

①② 费尔普斯．大繁荣：大众创新如何带来国家繁荣．北京：中信出版社，2013.

主张的社会主义，当然也有更高的价值追求：在生产资料公有制和生产力高度发达的基础上，建立真正能够实现人人平等、公平正义的社会。

正是因为中国共产党有自己明晰的核心价值观，才能够带领中国人民赢得民族独立、人民解放，创造让世人惊叹的“中国奇迹”。价值观描绘了人类理想中的世界，它激发了人们的创新精神和创造欲望。为了实现理想，人们就必须摆脱现有条件的限制以及认识水平和知识形态的束缚，发挥自己的想象力和创造力，描绘更加美丽的蓝图，构建更加完美的世界。有了价值观理想，就有了奋斗的目标；有了奋斗的目标，就有了实现目标的欲望；有了实现目标的欲望，就有了变革现实、创造未来的力量。理想能够激发人们的创造活力，促使人们走向辉煌的未来。人民有信仰，国家有力量，民族有希望。只要自觉弘扬和践行社会主义核心价值观，我们就不仅可以做到万众一心、众志成城，而且能获得持续的价值引导和精神激励，实现民族复兴伟大梦想的力量就会无比强大。

三、国家认同需要共同理想的引导：在全社会培育和践行社会主义核心价值观

过去，人们在打夯时需要有统一的“号子”，这样不同的人才能协同一致，人们的劲才能往一处使。社会主义核心价值观就是号召当今中华民族、全体中华儿女心往一处想、劲往一处使的“号子”。

在一个社会的文化体系中，核心价值观是最深层次的精神要素，它决定着文化的性质和方向，塑造着民族的共性，起着“中轴”的作用，

是一个国家的“稳定器”。一个民族、一个国家的成员之间有共性，才能形成持续稳定的“我们感”，人们之间才能有紧密的“命运共同体”意识。有西方学者曾经说：“价值观之所以重要，是因为它们将国家和民众凝聚在一起。它们帮助定义一个社会所支持和所反对的东西。”在经济全球化和信息技术革命的背景下，各种社会思潮相互激荡，人们的价值观越来越多样化，社会分工和职业的分化也使人们的价值取向日趋多样化。在这种情况下，要把全社会的意志和力量凝聚起来，就必须有一套与当下社会经济基础和政治制度相适应并为社会所广泛接受的核心价值观。社会越是分化、价值观越是多样，就越需要共同的核心价值观，把社会成员联合起来。

中国处在快速发展和社会转型的历史时期，尤其需要重视核心价值观的塑造功能。传统社会变化发展较慢，社会的风俗习惯就成为社会共性的规范性力量。在当代，社会不仅存在群体分化，而且变化越来越快，这就更加需要核心价值观作为共同的思想基础和行为规范，从而保持社会成员之间的共性。无论是生活在城市还是农村、东部还是西部，无论是农民还是工人，无论人们有什么样的价值观念，只要我们具备共同的核心价值观，我们就有了共同的归属感和认同感——我们都是中华民族的一分子，我们都在为中国特色社会主义事业而奋斗。

有了共同的核心价值观，中国人民就可以同心同德地为民族复兴大业而共同奋斗。习近平总书记指出：“对一个民族、一个国家来说，最持久、最深层的力量是全社会共同认可的核心价值观。核心价值观，承载着一个民族、一个国家的精神追求，体现着一个社会评判是非曲直的价值标准。”[1] 如果没有作为共同理想和行为规范的核心价值观，一个民族、一个国家就会魂无定所、行无依归。中国有 56 个民族，有 14 亿多人口，又处于社会快速转型的历史时期，因而更加需要共同的核心价值观凝心聚力，实现中华民族伟大复兴。

要在全社会培育和践行社会主义核心价值观，就必须牢牢掌握意识形态工作的领导权和话语权。做好意识形态工作，需要我们正确认识、处理党性和人民性的关系，牢记全心全意为人民服务的宗旨，坚持党性和人民性的统一，善于把党的主张和人民心声统一起来。互联网的迅猛发展，深刻改变着舆论生成和传播的方式，对人们特别是青少年的思想意识和价值观的形成产生越来越大的影响。我们要依法加强网络空间的管理，加强网络新技术、新应用的管理，确保互联网可管、可控，牢牢掌握网络空间的主权。就像房子里的灰尘多，要经常打扫，这样做才有利于人们的健康；网络空间里出现了有害、有毒的东西，也要经常打扫，使网络空间变得更加清朗，这才有利于网络的健康发展，为人们创造良好的网络文化生活空间。培育和践行社会主义核心价值观，就需要新闻舆论工作者弘扬主旋律、传播正能量，承担起高举旗帜、引领导向，围绕中心、服务大局，团结人民、鼓舞士气，成风化人、凝心聚力，澄清谬误、明辨是非，联结中外、沟通世界的职责和使命，多创作有思想、有温度、有品质的作品。

要在全社会培育和践行社会主义核心价值观，就必须做好教育引导的工作。一是充分发挥党员、干部及公众人物的榜样作用。不仅党员、

① 习近平．习近平谈治国理政．北京：外文出版社，2014：168.

干部应该以身作则、带动群众，社会名人由于其影响力广泛也应承担起更大的社会责任。二是从娃娃抓起。青少年处于价值观形成的关键时期，可塑性强，全社会都有责任关心孩子的健康成长，帮助他们树立正确的人生价值观。三是利用好各种群众喜闻乐见的形式，做到润物无声。特别是文艺界，要坚持以人民为中心的创作导向，深刻认识和把握好文艺与人民的辩证关系，跟上时代步伐、把握人民需求，带着感情虚心向人民学习，创作出更多传播当代中国价值观念、体现中华文化精髓、反映中国人审美追求，思想性、艺术性、观赏性有机统一的作品。

要在全社会培育和践行社会主义核心价值观，就必须立足于中华优秀传统文化，弘扬爱国主义精神。福山已经发现："在古老而丰富的共同文化的熏陶下，华人当然有高度发达的民族认同感。"① 中华文明的基因密码通过优秀传统文化，已经融进我们的血脉，使我们获得精神的慰藉。我们要在传承和弘扬中华民族的历史和文化进程中，弘扬社会主义核心价值观，维护国家的统一和安全，促进国家的发展与进步，增强所有中华儿女的归属感、认同感、尊严感、荣誉感。

要在全社会培育和践行社会主义核心价值观，就必须突出道德价值的作用。"国无德不兴，人无德不立。"② 道德是调节社会关系的规范。有良好的道德秩序，有助于形成良好的社会秩序。人是社会关系的总和。每个水分子都是微不足道的，但汇成江河海洋就会成为势不可当、无坚不摧的力量。个人的作用是有限的，人只有团结合作，才能构成改

① 福山．信任：社会美德与创造经济繁荣．海口：海南出版社，2001：93.

② 习近平．习近平谈治国理政．北京：外文出版社，2014：168.

造世界的强大力量。我们必须形成崇德向善、见贤思齐的道德风尚，通过对个人品德、家庭美德、职业道德、社会公德的培育，使每个个体都形成正确的道德意向、道德情感、道德判断、美德习惯，树立道德责任，投身道德实践。道德的关键在于笃行，美德的力量在于实践。我们需要通过学校、机关、企业的制度性安排和公共场所的仪式化活动，让公民的美德成为习惯。实际上，在践行平凡小事的过程中，更能够体现美德的力量。正如哈佛大学教授桑德尔所说："公民德性不是天生的，而是需要通过学校和公共领域中的建制得到培养和发展。公民德性不是从书本上可以得到的东西，而是需要通过亲身参与社会实践来得到。"① 我们必须在落细、落小、落实上下功夫，使社会主义核心价值观的影响像空气一样无所不在、无时不有，让美德照亮我们每个人的人生之路，让中国成为求真、崇德、尚美的美德国家。

第五节

以社会主义核心价值观引领公民道德建设

2019 年 10 月，中共中央、国务院印发了《新时代公民道德建设实施纲要》（以下简称《纲要》），这是一件意义非常重大的事情。这一文

① 桑德尔．公民身份：面向世界的认同与表达．社会科学报，2007－06－07．

件的颁布，对于坚持以习近平新时代中国特色社会主义思想为指导，全面总结这些年道德建设的成绩和经验，准确把握道德建设领域存在的不足和问题，科学分析新时代对公民道德建设提出的新要求，进一步明确新时代公民道德建设的任务，推动新时代全民道德素质和社会文明程度达到一个新高度，对于为决胜全面建成小康社会、开启全面建设社会主义现代化国家新征程和实现中华民族伟大复兴中国梦的战略目标凝聚起不可阻挡的磅礴力量，具有十分重要的意义。

一、新时代社会发展需要公民道德建设有新高度

历史唯物主义认为，道德是一种社会意识形态。作为一定社会的人们生活及行为的准则和规范，道德是社会发展的产物。不同的时代有不同的道德观念，没有任何一种道德体系和道德观念是永恒不变的。社会发展到什么程度，也就需要与之相适应的道德体系和道德观念。《纲要》是在决胜全面建成小康社会、开启全面建设社会主义现代化国家新征程的关键时刻颁布的，反映了中国特色社会主义进入新时代对公民道德建设的新要求。

第一，加强新时代公民道德建设，是在全面建成小康社会、全面建成社会主义现代化强国的战略任务征途上，推动全民道德素质和社会文明程度达到新高度的需要。中华民族是一个重视伦理道德的民族。在漫长的历史进程中，中华民族不断追求道德境界的提升，孕育了中华民族的宝贵精神品格，培育了中国人民的崇高价值追求。这是中华民族在文明长河中绵延不绝、不断发展的精神力量。中国共产党领导人民在革

命、建设和改革的历史进程中，坚持马克思主义对人类美好社会的理想，继承发扬中华传统美德，创造形成了引领中国社会发展进步的社会主义道德体系，成为中国特色社会主义事业发展的强大精神动力。2001年的《公民道德建设实施纲要》，为在社会主义市场经济条件下加强公民道德建设提供了重要指导，有力促进了社会主义精神文明建设，促进了社会的和谐稳定。特别是党的十八大以来，以习近平同志为核心的党中央高度重视公民道德建设，立根塑魂、正本清源，做出一系列重要部署，推动思想道德建设取得显著成效。这主要表现在：中国特色社会主义和中国梦深入人心，践行社会主义核心价值观、传承中华优秀传统文化以及革命文化和社会主义先进文化的自觉性不断提升，爱国主义、集体主义、社会主义思想广为弘扬，崇尚英雄、尊重模范、学习先进、见贤思齐蔚然成风，文化自信心、民族自豪感大大增强，人们的思想觉悟、道德水准、文明素养不断提高，人们的道德意识和行为呈现积极健康向上的良好态势。今天，我们面临的世情国情党情发生了很大变化，道德建设须在原有成绩和经验基础上有更高的目标和境界。在新时代，道德建设不仅仅是利益面前先人后己、工作生活中吃苦耐劳，还要有相互尊重的平等意识、保持公共秩序的规则意识、维护国家形象的文明意识、为民族复兴而持续奋斗的精神等。我们必须总结凝练在社会主义革命、建设、改革中形成的道德建设经验，弘扬中华传统美德，继承和发扬党领导人民创造的优良传统，传承红色文化基因，赓续革命精神血脉，把握道德建设的规律，创新道德建设的形式，在新的历史起点上推动全民道德素质和社会文明程度升华到新境界。

第二，加强新时代公民道德建设，是适应社会主要矛盾变化、满足人民日益增长的美好生活需要的迫切需要。中国特色社会主义进入新时代，社会主要矛盾的变化对道德建设提出了新要求。习近平总书记指出："我国社会主要矛盾的变化是关系全局的历史性变化，对党和国家工作提出了许多新要求。"① 在这里，全局性变化表明这一进程是全面的、系统的、全方位的，历史性变化表明这一进程是长期积累形成的根本性的、趋势性的、不可逆的。这一变化对党和国家工作产生了深刻影响，也必然影响到道德建设及整个精神文明建设领域。我国社会主要矛盾已经转化为人民日益增长的美好生活需要和不平衡不充分的发展之间的矛盾，其中物质文明发展与精神文明发展之间存在某些不平衡不充分的问题。在新的历史条件下，坚持和发展中国特色社会主义，需要物质文明和精神文明全面发展，需要人民物质生活和精神生活水平全面提升。在新时代，公民道德建设不能只停留在公共场合讲文明、上车排队这样的要求上，而是要在社会责任、生态文明、国家安全等公益精神上有新的境界。为此，我们要坚持马克思主义的美好社会理想，筑牢理想信念之基；坚持以社会主义核心价值观引领道德规范、强化道德认同、指导道德实践，引导人们明大德、守公德、严私德，提高全社会道德水平和思想境界。

第三，加强新时代公民道德建设，是促进社会全面进步、人的全面发展的必然要求。一代人有一代人的责任使命，一代人有一代人的道德

---

① 习近平．决胜全面建成小康社会 夺取新时代中国特色社会主义伟大胜利：在中国共产党第十九次全国代表大会上的报告．北京：人民出版社，2017：11.

风范。中国特色社会主义进入新时代，我们比历史上任何时期都更接近、更有信心和能力实现中华民族伟大复兴的目标。我们的信心是建立在一代一代中国共产党人不忘初心、牢记使命，带领中国人民持续奋斗的实践历程之上的，也是建立在对未来青年能够德才兼备、勇于创新、堪当大任的期望之上的。能够担当民族复兴大任的时代新人，必须是在思想水平、政治觉悟、道德品质、文化素养、精神状态等方面同新时代要求相符合的，他们应该是德智体美劳全面发展的建设者和接班人。堪当民族复兴大任的时代新人，不仅要掌握创新创业的关键能力，而且要有更强的责任感、使命感，他们必须准备付出更为艰苦的努力，才能把理想变成现实。这就要求年青一代，不仅要继承中华优秀美德和红色文化基因，而且要在前人的基础上，站得更高、看得更远，以更加高远的使命感和更具韧性的责任感，在科学技术、经济社会、思想文化等领域创造出前无古人的业绩。我们党立志于中华民族千秋伟业，就要培养一代又一代拥护中国共产党领导和我国社会主义制度、立志为中国特色社会主义事业奋斗终身的有用人才。只有这样，中华民族才能在世界舞台上实现从跟跑、并跑到领跑的转变，以崭新的姿态屹立在世界东方。

第四，加强新时代公民道德建设，也是深化公民道德建设与解决存在问题的需要。中国特色社会主义进入新时代，实现中华民族伟大复兴中国梦和建成社会主义现代化强国，需要更高的公民道德素质和精神文明程度加以支撑。在国际国内形势深刻变化、我国经济社会深刻变革的大背景下，面对国内外风险挑战明显增多的复杂局面，必须解决道德领域的突出问题以及诸如网络道德建设的新问题，促进社会治理能力的现代化。在社会主义市场经济探索过程中，由于市场经济规则、政策法规、社会治理还不够健全，再加上受不良思想文化侵蚀和网络有害信息影响，我国社会道德领域依然存在不少问题。譬如，某些地方、某些领域存在不同程度的道德失范现象，拜金主义、享乐主义、极端个人主义言行仍然比较突出；再如，某些社会成员的道德观念模糊甚至缺失，缺乏区分是非、善恶、美丑的标准，存在见利忘义、唯利是图，损人利己、损公肥私的行为；另外，造假欺诈、不讲信用特别是网络诈骗的现象久治不绝，某些人的言行极为不负责任，突破公序良俗底线、妨害人民幸福生活、伤害国家尊严和民族感情的事件时有发生。这些问题如果任其发展，必然影响到中国特色社会主义经济建设、政治建设、文化建设、社会建设、生态文明建设目标的实现，也影响到国家形象和文化影响力。在新的历史条件下，我们必须高度重视道德领域存在的问题，既要加强和改进道德教育，也要综合施策、标本兼治，建立惩戒失德行为常态化机制，运用经济、法律、技术、行政等手段，实现有效治理，形成扶正祛邪、扬善惩恶的良好社会风气，从而为政治稳定、经济发展、文化繁荣、民族团结、人民幸福、社会安宁、国家统一以及国家治理体系和治理能力现代化提供强大的道德支撑。

总之，加强公民道德建设是一项长期而紧迫、艰巨而复杂的任务，说其长期而紧迫是因为新时代中国特色社会主义事业发展需要公民道德建设要有新高度，说其艰巨而复杂是因为中华民族伟大复兴和建成社会主义现代化强国奋斗目标凸显了培养担当民族复兴大任时代新人的任务更加艰巨，而风云变幻的国际国内形势让道德建设和社会文明建设的环境更为复杂了。我们必须适应新时代变化了的条件，遵循新发展理念所提出的新要求，坚持目标导向和问题导向相统一，进一步加大工作力度，把握道德建设的规律，积极创新道德教育、道德实践和文明创建的形式，持之以恒、久久为功，推动全民道德素质和社会文明程度达到一个新高度。

二、新时代公民道德建设的总体要求

为了促进道德建设和社会文明建设，我们要以习近平新时代中国特色社会主义思想为指导，坚持不懈用习近平新时代中国特色社会主义思想武装全党、教育人民，引导人们把握习近平新时代中国特色社会主义思想的丰富内涵、精神实质、实践要求，打牢信仰信念的思想理论根基。为了促进道德建设和社会文明建设，我们必须紧紧围绕进行伟大斗争、建设伟大工程、推进伟大事业、实现伟大梦想的重大任务，着眼在思想文化领域和精神意识层面构筑中国精神、中国价值、中国力量，促进全体人民在理想信念、价值理念、道德观念上紧密团结在一起，在全民族牢固树立中国特色社会主义共同理想，在全社会大力弘扬社会主义核心价值观，积极倡导富强、民主、文明、和谐，倡导自由、平等、公正、法治，倡导爱国、敬业、诚信、友善，全面推进社会公德、职业道德、家庭美德、个人品德建设，持续强化教育引导、实践养成、制度保障，不断提升公民道德素质，促进人的全面发展，培养和造就担当民族复兴大任的时代新人。

道德是有立场和方向的。为了不断提升公民道德素质，促进人的全面发展，培养和造就担当民族复兴大任的时代新人，就必须始终保持公民道德建设的社会主义方向。道德是历史的产物，只有与社会发展进步方向相一致的道德，才能构成推动历史发展的精神力量。在当代中国，道德建设必须坚持社会主义方向。这就要求我们：一是坚持马克思主义道德观、社会主义道德观，倡导共产主义道德。只有以马克思主义道德观、社会主义道德观引领社会文明进步，倡导共产主义道德，才能与中国特色社会主义发展道路同向同行。二是坚持以为人民服务为核心。人民群众是创造历史的动力，为人民服务是中国共产党的根本宗旨，只有坚持以为人民服务为核心进行社会主义道德建设，才能更好地实现先进性要求与广泛性要求的有机结合。三是坚持以集体主义为原则。在当前历史条件下，只有倡导把国家、集体利益放在首位，充分尊重和维护个人的正当利益，才能实现国家、集体和个人的利益相结合，促进社会和个人的和谐发展。四是坚持以爱祖国、爱人民、爱劳动、爱科学、爱社会主义为基本要求。在道德养成过程中，唯有心中有他人、心中有集体、心中有人民、心中有祖国、心中有中国特色社会主义，才能在日常生活中逐步养成良好的道德品质和文明行为习惯，才能把爱国情、强国志、报国行自觉融入坚持和发展中国特色社会主义、建设社会主义现代化国家、实现中华民族伟大复兴的奋斗之中。

道德是有价值取向的。为了不断提升公民道德素质，促进人的全面发展，培养和造就担当民族复兴大任的时代新人，就必须坚持以社会主义核心价值观为引领。核心价值观是一个民族赖以维系的精神纽带，是一个国家共同的思想道德基础。社会主义核心价值观，即国家层面的富强、民主、文明、和谐，社会层面的自由、平等、公正、法治，个人层面的爱国、敬业、诚信、友善，是当代中国人民精神家园的价值追求和价值定位。这些价值观既是中国特色社会主义道路的本质体现，也是人民群众在生活中调节人际关系和人与社会之间关系的行为准则和伦理规范。社会主义核心价值观是规范社会日常道德的“大德”，是规范中国人民精神生活的基本价值框架。只有将社会主义核心价值观的要求贯穿到道德建设各方面，坚持贯穿结合融入、落细落小落实，把社会主义核心价值观要求融入日常生活，使之成为人们日用而不觉的道德规范和行为准则，以主流价值建构道德规范、强化道德认同、指引道德实践，才能引导人们明大德、守公德、严私德，充分发挥社会主义核心价值观凝魂聚气、强基固本的作用。

道德是具有民族性和时代性的。为了不断提升公民道德素质，促进人的全面发展，培养和造就担当民族复兴大任的时代新人，就必须坚持在继承传统美德中创新发展。我们应该自觉传承中华传统美德，继承我们党领导人民在长期实践中形成的优良传统和革命道德，适应新时代改革开放和社会主义市场经济发展要求，积极推动中华传统美德在新时代的创造性转化、创新性发展，发扬我们党领导人民在长期实践中形成的优良传统和革命道德，不断增强道德建设的时代性、实效性，让新时代道德成为实现中华民族伟大复兴的强大精神力量。

道德是善良动机和效果的统一。为了不断提升公民道德素质，促进人的全面发展，培养和造就担当民族复兴大任的时代新人，就必须坚持提升道德认知与推动道德实践相结合。这就要求我们既要加强思想道德教育，又要以先进模范的示范作用引领道德风尚，更要提倡每个人持之以恒的道德实践；要尊重人民群众的主体地位，鼓励人民群众自我教育、自我提高的各类群众性创建活动，激发人们形成善良的道德意愿、道德情感，培育正确的道德判断和道德责任，提高道德实践能力尤其是自觉实践能力，引导人们向往和追求讲道德、尊道德、守道德的生活。

道德与法律是相辅相成的。为了不断提升公民道德素质，促进人的全面发展，培养和造就担当民族复兴大任的时代新人，就必须坚持发挥社会主义法治的促进和保障作用。法律是成文的道德，道德是内心的法律。要发挥法治对道德建设的保障和促进作用，把道德导向贯穿法治建设全过程，及时把实践中广泛认同、较为成熟、操作性强的道德要求转化为法律规范，推动社会诚信、见义勇为、志愿服务、勤劳节俭、孝老爱亲、保护生态等方面的立法工作。发挥司法裁判定分止争、惩恶扬善功能，以法治承载道德理念、明确道德导向、弘扬美德义行，把社会主义道德要求体现到立法、执法、司法、守法之中，引导人们增强法治意识、坚守道德底线，以法治的力量引导人们向上向善。

道德建设需要自律和他律的结合。为了不断提升公民道德素质，促进人的全面发展，培养和造就担当民族复兴大任的时代新人，就必须坚持重在建设、立破并举。道德的历史在于惩恶扬善，这就要求我们一方面发挥榜样示范引领作用，另一方面加大突出问题整治力度，从而达到树立新风正气、祛除歪风邪气的社会效应。为此，我们首先要坚持积极倡导与有效治理并举，譬如，加快个人诚信、政务诚信、商务诚信、社会诚信和司法公信建设，构建覆盖全社会的征信体系，健全守信联合激励和失信联合惩戒机制，开展诚信缺失突出问题专项治理，让诚信的人得到社会褒奖，让失信的人付出代价。其次，道德培养是一个复杂的过程，必须遵循道德建设的规律。譬如，加强学生的思想品德教育，就要遵循不同年龄阶段的学生的道德认知规律，而不同职业的公民的道德建设则要创建适合其职业特点的道德实践活动。最后，道德养成需要见贤思齐的氛围，我们应该把先进性要求与广泛性要求结合起来，精心选树时代楷模、道德模范等先进典型，综合运用宣讲报告、事迹报道、专题节目、文艺作品、公益广告等形式，广泛宣传他们的先进事迹和突出贡献，让道德模范成为大家学习的楷模，让先进人物成为人们看齐的榜样。只有这样，才能形成道德建设的良好氛围，树立新时代鲜明的价值取向，彰显社会道德水平的高度。

三、新时代公民道德建设的着力点

人民有信仰，国家有力量，民族有希望。只有人人做道德的人，社会才有道德的氛围；只有每个人从自己做起，才能期望生活在一个道德的社会。道德建设是每个人的事，道德养成必须从自己做起。人人践行美德，美德才能蔚然成风。因此，加强公民道德建设，就应该把社会公德、职业道德、家庭美德、个人品德建设作为着力点。

生活和工作都需要良好的公共秩序。伴随着改革开放和社会主义市场经济探索的深入，人们的交往范围越来越广泛，公共秩序和社会运行都需要有良好社会公德的支撑。我们必须大力推动践行以文明礼貌、助人为乐、爱护公物、保护环境、遵纪守法为主要内容的社会公德，鼓励人们在社会上做一个好公民。社会形成良好的秩序，人们生活和工作的公共空间就有和谐的氛围。

职业是成就人生和事业发展的基础。随着社会和产业的发展，职业不断分化、细化，新的职业不断涌现，原有的职业工作方式也发生着深刻的变化。无论职业如何变化，都需要形成相应的职业道德，以良好的职业道德促进产业发展和从业人员的职业成长。这就要求我们必须大力推动践行以爱岗敬业、诚实守信、办事公道、热情服务、奉献社会为主要内容的职业道德，鼓励人们在工作中做一个好建设者。一个好的建设者，不仅要有高超的职业技能，更要有良好的职业道德。各行各业应该立足自己的行业特色和职业特点，创造性地开展职业道德建设活动，突出涵养职业操守、培育职业精神、树立行业新风，引导从业者精益求精、追求卓越，在为社会提供优质产品和服务的过程中展现自己的职业风范和价值。

家庭是社会的基本细胞，是道德养成的起点。青少年的道德基础首先是在家庭里奠定的。形成良好的家庭美德，社会公德、职业道德、个人美德就有了基础。因此，我们必须大力推动践行以尊老爱幼、男女平等、夫妻和睦、勤俭持家、邻里互助为主要内容的家庭美德，鼓励人们在家庭里做一个好成员。中国历来讲究修身养性齐家，我们要在弘扬中华民族传统家庭美德的基础上，构筑现代家庭文明观念，推动形成爱国爱家、相亲相爱、向上向善、共建共享的社会主义家庭文明新风尚，让美德在家庭中生根、在亲情中升华。每个家庭都应该在家风传递、家教熏陶中，用正确的道德观念塑造孩子的美好心灵，系好孩子美德养成的第一粒扣子；让他们在耳濡目染之中传承中华孝道，感念父母养育之恩、感念长辈关爱之情，养成孝敬父母、尊敬长辈的良好品质；培育他们忠诚、责任、亲情、学习、公益的理念，让家庭成员相互影响、共同提高，在为家庭谋幸福、为他人送温暖、为社会做贡献的过程中提高精神境界、培育文明风尚。

社会是由每个成员构成的。每个人的品德素养提高了，社会公德、职业道德和家庭美德就有了坚实的基础。另外，在经济全球化的时代，人们的社会交往范围不断扩大，这不仅丰富了道德实践的内涵，也大大扩展了道德的社会功能。由此，我们应该持续推进个人优良品德的养成，大力推动践行以爱国奉献、明礼遵规、勤劳善良、宽厚正直、自强自律为主要内容的个人品德，鼓励人们在日常生活中养成好品行。在个人品德养成中，必须抓好重点群体的教育引导。党员干部的道德操守直接影响着全社会的道德风尚，其个人品德更具有示范效应，党员干部应该在道德建设中为全社会做出表率。青少年是国家的希望、民族的未来，要坚持从娃娃抓起，引导青少年把正确的道德认知、自觉的道德养成、积极的道德实践紧密结合起来，让他们从中华民族传统美德中汲取道德滋养，从英雄人物和时代楷模身上感受道德风范，从自身内省中提升道德修为，不断修身立德，打牢道德根基。社会公众人物知名度高、影响力大，他们的品德不仅是他们自身的事情，而且也影响到公众对道德品质的认知，因此要加强思想政治引领，引导他们承担社会责任，树立良好社会形象，发挥社会教化作用。

《纲要》继承了2001年《公民道德建设实施纲要》的主要内容和载体途径，又立足新时代新形势新任务要求，突出问题导向，着重体现了习近平总书记对党员领导干部、青少年和社会公众人物等重要群体和重点领域道德建设的重要论述和具体要求，重点强化了法治保障、网络空间、生态文明、对外交往等方面的内容，既遵循了道德建设规律，又进行了创新创造，增强了道德建设的吸引力、感染力。我们要结合《纲要》的学习和落实，深入学习领会习近平总书记关于道德建设的重要论述，切实增强公民道德建设的责任感、使命感，努力把全民道德素质和社会文明程度推向一个新高度。

第六节

用中华优秀传统文化涵养社会主义核心价值观

习近平总书记在党的十九大报告中指出，“社会主义核心价值观是当代中国精神的集中体现，凝结着全体人民共同的价值追求”①。这就是说，社会主义核心价值观是基于中国特色社会主义伟大实践和价值取

① 习近平．决胜全面建成小康社会 夺取新时代中国特色社会主义伟大胜利：在中国共产党第十九次全国代表大会上的报告．北京：人民出版社，2017：42.

向的理论表达，是中国特色社会主义共同理想。然而，任何生命力充沛且独具特色的现实实践都是有着深厚的历史根基的。“根深才能叶茂”，这用来描述历经风雨绵延 5 000 多年而依旧充满活力的中华文明再贴切不过了。正因如此，2014 年 2 月 24 日习近平总书记在中共中央政治局第十三次集体学习时特别强调，培育和弘扬社会主义核心价值观必须立足中华优秀传统文化。习近平总书记要求我们，一定要讲清楚中华优秀传统文化的历史渊源、发展脉络、基本走向，讲清楚中华文化的独特创造、价值理念、鲜明特色，增强文化自信和价值观自信。要认真汲取中华优秀传统文化的思想精华和道德精髓，大力弘扬以爱国主义为核心的民族精神和以改革创新为核心的时代精神，“牢固的核心价值观，都有其固有的根本。抛弃传统、丢掉根本，就等于割断了自己的精神命脉”①。割断了精神命脉，不仅使文脉失去生命的有机性，也会使文化成为缺乏生命力的空洞观念。必须辩证地对待历史和当下，“不忘本来才能开辟未来，善于继承才能更好创新”。因此，习近平总书记号召我们，要“深入挖掘和阐发中华优秀传统文化讲仁爱、重民本、守诚信、崇正义、尚和合、求大同的时代价值，使中华优秀传统文化成为涵养社会主义核心价值观的重要源泉”②。

习近平总书记的这一判断充分体现了唯物史观的立场、观点和方法，为有效培育和弘扬社会主义核心价值观明确了深厚的历史基础。由此，培育和弘扬社会主义核心价值观不仅有了日新月异的社会实践，而且也有了绵延不绝的历史长河的活水源头。

---

①② 习近平．习近平谈治国理政．北京：外文出版社，2014：164.

第一，中华优秀传统文化是社会主义核心价值观的历史和民族根基。培育和弘扬社会主义核心价值观，必须融贯于中华民族的文化传统的主流和精神传承过程之中。中华民族 5 000 多年文明史，中国人民近代以来 180 多年斗争史，中国共产党 100 多年奋斗史，中华人民共和国 70 多年发展史，改革开放 40 多年探索史，这些历史一脉相承，不可割裂。脱离中国的历史绵延，脱离中国的文化传统，脱离中国人的精神世界演进，脱离当代中国社会的深刻变革，是难以正确认识中国的社会主义核心价值观的。

环顾世界，许多文明在灾害、战争和动荡中灰飞烟灭，只是作为化石在博物馆中让人们叹息或在历史记载中让人提起；但中华文明却在历经各种磨难后总能凤凰涅槃般地生生不息，中国文明的连续性令世人赞叹。中华文化因源远流长而博大精深，因旧邦新命且与时俱进而充满活力。中华文化积淀着中华民族最深层的精神追求，代表着中华民族独特的精神标识，为中华民族自强不息、发展壮大提供了丰厚滋养。中华优秀传统文化是中华民族的生存之本、精神之魂，也是社会主义核心价值观的文化根基、思想源头。培育和弘扬社会主义核心价值观只有立足于中华优秀传统文化，不断吸取中华优秀传统文化丰富的精神营养，让社会主义核心价值观的概念得到民族文化的滋养，我们倡导的社会主义核心价值观才有深厚的民族形态和气质，才能得到人民群众的广泛认同，我们的价值理想才能产生强大的凝聚力和向心力。可以说，中华优秀传统文化是社会主义核心价值观构建的最深厚的文化基因、精神纽带、价值源泉，继承和弘扬中华优秀传统文化是培育和弘扬社会主义核心价值观的基础性土壤。正像大地是万物的母亲，中华优秀传统文化则是孕育社会主义核心价值观的母体。如果抛弃中华优秀传统文化这个根本，社会主义核心价值观就会成为无源之水、无本之木，无法在世界文化的相互激荡中站稳脚跟。

现实是从历史走来的，没有历史也就没有未来。对中华优秀传统文化采取历史虚无主义的态度，就是在文化上自断根基的自杀行为。没有坚实的根基，那只能是随波逐流的浮萍。离开了中华优秀传统文化，我们也就没有自己的思想和文化的自主性和独立性。我们绝不能让历史虚无主义大行其道，虚无主义的要害就是按照其他文化的程式软件格式化甚至删除我们民族精神中的中华文化基因，让我们在灵魂上成为无家可归只能“依附他者”的民族。

拒绝历史虚无主义对我们价值体系的侵蚀，必须坚守文化自信的立场。正如习近平总书记在党的十九大报告中指出的，“文化自信是一个国家、一个民族发展中更基本、更深沉、更持久的力量”。“文化是一个国家、一个民族的灵魂。文化兴国运兴，文化强民族强。没有高度的文化自信，没有文化的繁荣兴盛，就没有中华民族伟大复兴。”① 核心价值观是文化的灵魂，文化自信说到底就是价值观自信。扎根于中华文明丰富积淀的精神土壤，沐浴着新时代改革开放和民族复兴的大潮，我们就有充分的理由坚定我们的价值观自信，让我们历史悠久的中华文化焕发出新的活力。

---

① 习近平．决胜全面建成小康社会 夺取新时代中国特色社会主义伟大胜利：在中国共产党第十九次全国代表大会上的报告．北京：人民出版社，2017：23，40－41.

第二，作为社会主义核心价值观的历史和民族根基，中华优秀传统文化必须在现实的创造性实践活动中，才能发挥其涵养社会主义核心价值观的作用。这就是说，培育和弘扬社会主义核心价值观还必须基于时代性要求在人民群众创造历史的实践活动中实现。既然我们倡导的社会主义核心价值观有着深厚的民族历史根基，那么中华优秀传统文化与社会主义核心价值观就是一脉相通的。实际上，在历史进程中有影响力的核心价值观，都有其固有的历史传统作为根本和起点。譬如，我们的研究发现，法国大革命时期提出的自由、平等、博爱的价值观，不仅有希腊文化的思想资源，而且也有法国人本身信仰和文化的来源。但是，起点只是起点，只有迈开前进的步伐走向历史创造的进程，传统文化才能获得符合时代的价值取向和形态；根基只是根基，只有发芽、成长及开枝散叶，传统文化才能发挥涵养社会主义核心价值观的功能。实际上，从现实形态上看，社会主义核心价值观是对中华优秀传统文化的超越和升华。中华优秀传统文化是社会主义核心价值观的前提性根源和基础性土壤，但培育和弘扬社会主义核心价值观还需要其他要素的参与，其中提出需求和整合历史与现实的就是作为“现实的人的活动”的实践。社会主义核心价值观是对中国特色社会主义实践活动和精神文明建设基本经验和价值取向的凝练与概括。当然，在形式上，社会主义核心价值观在凝练与概括中历史地使用了中华优秀传统文化和其他文化资源，但就其内容而言，社会主义核心价值观体现的是中国特色社会主义共同理想，反映了全国各族人民的普遍愿望，具有先进性、时代性、开放性、广泛性、民族性等特征，是当代中国最进步的价值观。

只有在人民群众的实践活动之中，才能挖掘原有思想资源的现代价值，赋予中华优秀传统文化新的时代内涵。在这个时代的探索过程中，我们首先要注重挖掘中华优秀传统文化的时代价值，结合时代要求加以延伸释义和拓展阐发，这就不难发现其现代价值。例如，儒家强调“仁者爱人”“博施济众”“老吾老以及人之老，幼吾幼以及人之幼”等思想，就鲜明地表达了关心人、爱护人、帮助人的道德内涵。如果加以深入挖掘，则可以发现其中包含了以人为本、包容共生、和谐友善等现代价值。将它纳入社会主义核心价值观，就可以大力培育人们的团结友爱、助人为乐精神，形成友善和谐的人际关系和社会环境。其次，我们必须按照时代要求对中华优秀传统文化进行现代性改造。“民为邦本，本固邦宁”，“水能载舟，亦能覆舟”，体现了古代统治阶级的民本思想。过去，学术界往往根据西方理论贬低中国的民本思想，但民本思想经过改造也能够具有与唯物史观相通的真理性：老百姓是社会的基础、国家的根本，只有老百姓安居乐业，社会才能繁荣，国家才能稳定，统治者地位才能巩固。我们必须解构民本思想把统治阶级作为历史主体的内容，恢复人民群众的社会主体地位，确认人民群众是历史发展的基础性力量。这就是说，我们必须将民本思想加以改造并赋予新的时代内涵，就是我们党必须坚持群众观点和群众路线，始终做到立党为公、执政为民、以人为本，把人民利益放在首位。最后，我们可以直接赋予中华优秀传统文化新的时代性内涵。由于中华优秀传统文化是基于中华民族几千年历史演化而铸就的，反映着中华民族在中国大地上的生命体验、观念思考和精神追求，因此必然带有中华民族特有的形态、内涵和实质。

我们从大禹治水的故事就可以理解中国这个东方农耕民族对群体合作的依赖和重视，个人只有在群体中才能获得生存的机会和发展的环境。因此，对于价值和价值观，中国人往往更多从整体优先于局部、集体优先于个人的角度去思考。譬如，西方人更多从个人的角度去思考人权，而中国人更关注大家之间要相互尊重人权，这就是“和谐”的价值观。中国人不把人权理解为个人权利或利益之间的自由竞争，而是理解为相互之间达成和谐的状态，这就是为什么中国人如此重视“和为贵”以及“和而不同”。在当今中国，根据社会主义核心价值观，只有作为整体的社会和谐了，作为个体的人才能过民主、自由、平等、公正的生活，才能在敬业和友善的环境下获得富足而有尊严的生活机会。无论是“延伸或拓展”，还是“现代性改造”，或者是“赋予时代性内涵”，要取得实际效果，都要基于中国共产党领导人民群众开展的伟大的革命、建设与改革的社会实践。

第三，作为社会主义核心价值观的历史和民族根基，中华优秀传统文化只有在人民群众创造历史的活动中加以创造性转化和创新性发展，才能获得持久的文化活力，才能给社会主义核心价值观注入生命力。中华优秀传统美德是中华文化的精髓，蕴含着丰富的思想道德资源。继承和弘扬中华优秀传统文化并对其进行创造性转化，推动中华优秀传统文化的创新发展，充分发挥以文化人、以文育人作用，使中华优秀传统文化代代相传，是我们必须研究的重大课题。在培育和弘扬社会主义核心价值观的过程中，如何才能实现中华优秀传统文化的创造性转化、创新性发展呢？

一是要正确处理继承与创新的关系。没有继承，就没有创新的前提；没有创新，继承就失去了意义。继承的目的在于创新，只有创新才能推动事物的发展，创新才是最好的继承。培育和弘扬社会主义核心价值观，让中华优秀传统文化永葆活力，前提就要处理好继承与创新的关系。对那些具有人民性和民主性精华的、与当代文化相适应并与现代社会相协调的中华优秀传统文化，我们应大力继承弘扬，纳入社会主义核心价值体系和核心价值观范畴。譬如，“天下兴亡，匹夫有责”的爱国传统仍然在当代中国人的胸中激荡；“天行健，君子以自强不息”的民族精神仍然激励着每个中华儿女；“仁者爱人”“民胞物与”的博爱意识仍然体现着中国人民的大爱情怀；“乐以天下，忧以天下”的忧患意识仍然萦绕着中国人的精神世界；“人无信不立”“诚实守信”的做人准则仍然规范着每个中国人的行为；“和而不同”“执两用中”的思维方式仍然表征着中华民族的性格。如此等等，不一而足。

二是要采取“取其精华，去其糟粕”的态度。中华优秀传统文化在历史中产生、发展，也就不可避免地具有某些历史局限性，不能完全适应我们今天所处的时代。中华优秀传统文化只有进行创造性转化和创新性发展，才能更好地适应新时代中国特色社会主义需要，融入社会主义核心价值体系之中。例如，“天人合一”体现古代先民对人与整个世界（包括无法理解的被神秘化了的存在）关系的认识。基于当时的生产力和认识水平，我们的先辈认为天人关系犹如父子关系，子女来自父母，而人由天地所生，人必须按照天道生活。人遵循天道，则天人和谐，万物兴盛；人背离天道，就会受到天的惩罚，这其中存在着神秘主义的东西，那是必须抛弃的糟粕。如果抛弃“天”的人格神含义，完全可以将“天人合一”蕴含的生态文明思想保留下来，即人们要尊重自然、敬畏自然、保护自然，做到人与自然和谐相处。

三是要解决“古为今用、推陈出新”的问题。例如，中国古代就有的“不患寡而患不均”的价值追求，它经历了近代现代性浪潮的冲击和社会主义价值观念的洗礼，一步步凝练成“平等”“公正”的价值观；再如，中国古代就有的“王子犯法，与庶民同罪”的价值追求，它经过现代社会治理思想的淬炼，终于构建成“法治中国”的价值观。

第四，作为社会主义核心价值观的历史和民族根基，中华优秀传统文化必须在与世界文明的交流与互鉴中，广泛吸收人类文明的优秀成果，才能使社会主义核心价值观丰沛充盈。因此，社会主义核心价值观不是对中华优秀传统文化的简单继承和中华优秀传统文化的现代复归，而是在马克思主义指导下，根据时代的发展变化，坚持“古为今用、推陈出新，取其精华、去其糟粕”的方针，为中华优秀传统文化注入新的时代内涵，实现中华优秀传统文化的创造性转化。社会主义核心价值观是对中华优秀传统文化的创造性超越和飞跃性升华，这既需要社会实践的淬炼，也需要其他文明的相互砥砺。在培育和弘扬社会主义核心价值观中创造性地对待中华优秀传统文化，也就使中华优秀传统文化重新焕发出生机活力。

这就要求我们坚定不移地坚持中国特色社会主义文化发展道路，不忘本来、吸收外来、面向未来，激发全民族文化创新创造活力，建成社会主义文化强国。正如习近平同志在党的十九大报告中指出的，我们

“必须坚持马克思主义，牢固树立共产主义远大理想和中国特色社会主义共同理想，培育和践行社会主义核心价值观，不断增强意识形态领域主导权和话语权，推动中华优秀传统文化创造性转化、创新性发展，继承革命文化，发展社会主义先进文化，不忘本来、吸收外来、面向未来，更好构筑中国精神、中国价值、中国力量，为人民提供精神指引”[①]。

第五，作为社会主义核心价值观的历史和民族根基，中华优秀传统文化必须为一代代中华儿女所传承和发展，才能让社会主义核心价值观在中华文化的文脉中得到弘扬。唯有人的精神和行为才能承载文化传统和价值观。一是培育和践行社会主义核心价值观，必须加大中华优秀传统文化的普及宣传，让中华优秀传统文化走出象牙塔，发挥中华优秀传统文化的涵养化育功能。先进的文化只有走向民间，普及大众，为群众喜闻乐见，才能发挥以文化人、以文育人的功能。为此，我们应该对中华优秀传统文化进行通俗解读。对一些较难懂的古文，组织有关专家编写文字浅显易懂、图文并茂的通俗读物，使群众看得懂，记得住，用得上。近年来，各地在弘扬中华优秀传统文化方面探索出了一些好的载体和形式。如开展经典诵读、传统艺术展演、中国历史巡礼等活动，以及创办道德论坛、百家讲坛、历史大观园等品牌栏目，极大地丰富了群众的文化生活，有利于滋养人们的心灵、陶冶人们的道德情操。要充分发挥历史博物馆、纪念馆和爱国主义教育基地的作用，利用丰富的馆藏资料，使人们了解中华民族的悠久历史和博大精深的传统文化，增强人们

① 习近平．决胜全面建成小康社会 夺取新时代中国特色社会主义伟大胜利：在中国共产党第十九次全国代表大会上的报告．北京：人民出版社，2017：23.

对中华优秀传统文化的自豪感。要利用传统节日开展积极健康的民俗活动，让中华优秀传统文化不断发扬光大。如，在清明祭祖时，举办一些纪念祖先的活动，不仅“慎终追远”，追忆祖先的创业功绩，而且“民德归厚”，提高自己尊老、敬老、感恩、孝亲的意识；通过端午节划龙舟等民俗活动的开展，既缅怀屈原的爱国精神，又增强国人的爱国情感。我们应该把培育和弘扬社会主义核心价值观作为凝魂聚气、强基固本的基础工程，继承和发扬中华优秀传统文化和传统美德，广泛开展社会主义核心价值观宣传教育，积极引导人们讲道德、尊道德、守道德，追求高尚的道德理想，不断夯实中国特色社会主义的思想道德基础。

二是在国民教育中加强中华优秀传统文化教育。发挥国民教育在文化传承创新中的基础作用，让中华优秀传统文化进书本、进课堂、进学生头脑，帮助广大学生普遍接受中华优秀传统文化熏陶，树立文化自信与价值自觉，使中华优秀传统文化薪火相传。正如习近平总书记在党的十九大报告中指出的，“培育和践行社会主义核心价值观……要以培养担当民族复兴大任的时代新人为着眼点，强化教育引导、实践养成、制度保障，发挥社会主义核心价值观对国民教育、精神文明创建、精神文化产品创作生产传播的引领作用，把社会主义核心价值观融入社会发展各方面，转化为人们的情感认同和行为习惯”[①]。青年强，则国强。青年人是传承创新中华优秀传统文化、践行和弘扬社会主义核心价值观的希望。同样地，青年人只有传承创新中华优秀传统文化，践行和弘扬社

① 习近平．决胜全面建成小康社会 夺取新时代中国特色社会主义伟大胜利：在中国共产党第十九次全国代表大会上的报告．北京：人民出版社，2017：42.

会主义核心价值观，才能成为有理想、有本领、有担当的社会主义的可靠接班人和合格建设者。

总之，中国共产党从成立之日起，既是中国先进文化的积极引领者和践行者，又是中华优秀传统文化的忠实传承者和弘扬者。我们应该“坚持全民行动、干部带头，从家庭做起，从娃娃抓起。深入挖掘中华优秀传统文化蕴含的思想观念、人文精神、道德规范，结合时代要求继承创新，让中华文化展现出永久魅力和时代风采”。当代中国共产党人和中国人民应该而且一定能够担负起新的文化使命，在实践创造中进行文化创造，面向人类文明的前进方向，弘扬社会主义核心价值观，在历史进步中实现文化进步！

第七节

广泛践行社会主义核心价值观的路径与方法

习近平总书记在党的十九大报告中强调指出，我们要“坚持社会主义核心价值体系”，就“必须坚持马克思主义，牢固树立共产主义远大理想和中国特色社会主义共同理想，培育和践行社会主义核心价值观，不断增强意识形态领域主导权和话语权，推动中华优秀传统文化创造性转化、创新性发展，继承革命文化，发展社会主义先进文化，不忘本来、吸收外来、面向未来，更好构筑中国精神、中国价值、中国力量，为人民提供精神指引”①。目前，全国上下不仅在大力培育和弘扬社会主义核心价值观，而且也在广泛践行社会主义核心价值观，目的是为建设社会主义先进文化指明方向，坚定全党、全国人民中国特色社会主义文化自信，为中华民族伟大复兴中国梦的实现提供精神支撑，为中华儿女建立共同的精神家园。

一、应该培育和弘扬什么样的核心价值观

我们培育和弘扬的社会主义核心价值观有着特定的规定性和内涵。我们所说的社会主义核心价值观，首先是当代中国的价值观，是当代中国建设什么样的国家、构建什么样的社会、塑造什么样的公民的价值取向；我们所说的社会主义核心价值观，也必定是中国特色社会主义的价值观，是关于中国特色社会主义道路、理论和制度的价值宣示。综合起来，社会主义核心价值观就是当代中国特色社会主义价值观。

首先，既然社会主义核心价值观就是当代中国特色社会主义价值观，那么我们就要把中国特色社会主义事业伟大实践作为培育和弘扬社会主义核心价值观的坚实社会基础。

新中国成立以来特别是改革开放以来，中国共产党带领全国各族人民，在短短几十年时间内，使中国在经济、政治、文化和社会建设等方面取得了举世瞩目的成就。我国从一个积贫积弱、备受欺凌的国家，不

---

① 习近平．决胜全面建成小康社会 夺取新时代中国特色社会主义伟大胜利：在中国共产党第十九次全国代表大会上的报告．北京：人民出版社，2017：23.

断发展壮大，日益走近世界舞台中央。正如英国学者马丁·雅克说的，“近年来，世界经济的重心开始向发展中国家倾斜。对发展中国家而言，同中国的经济往来变得越来越重要。中国是很多发展中国家最大的贸易伙伴，也是发展中国家的转型推动器。很多发展中国家都将中国视为学习的榜样以及未来的目标”①。我国经济总量稳居世界第二位，人均国内生产总值超过 10 000 美元；农业持续增产，城镇化取得新进展，2021 年我国常住人口城镇化率达到 65%；各级各类教育都得到全面发展，教育水平大幅提升，一批重大科技成果达到世界先进水平；公共服务体系基本建立、覆盖面持续扩大，新增就业持续增加，贫困人口大幅减少，生态文明建设取得新进展，人民生活水平和质量加快提高；全面深化改革有力推进，人民民主不断扩大，依法治国开启新征程；全方位外交取得重大进展，对外开放不断深入，我国成为全球第一大货物贸易国和主要对外投资大国；中国特色军事变革成就显著，强军兴军迈出新步伐；全面从严治党开创新局面，党的群众路线教育实践活动成果丰硕，党风廉政建设成效显著。中国特色社会主义事业是前无古人的伟大创新实践，也取得了震撼世界的成绩，这是我们凝练社会主义核心价值观的坚实社会基础，也是我们价值观自信的基础。

中国的经济发展已经创造了世界奇迹。最近几年，虽然中国的经济不像前些年那样以两位数的增长率发展了，但仍然是全球几个大经济体中发展最快的。由此，英国学者罗思义（John Ross）认为，“中国的社会主义模式优于资本主义模式”，理由是：“当前世界上增长最快的经济

---

① 雅克．中国梦蕴含自信心．人民日报，2014-02-21.

体并非遵循……‘华盛顿共识’发展，反而是仿效中国的‘社会主义发展战略’或深受其影响”；“仿效中国的发展战略或深受其影响的国家对世界减贫的贡献率是 85%，而资本主义国家的贡献率仅为 15%”[①]。不过，在经济发展的同时，我们也需要关注发展带来的新问题。经济的迅速发展也使人们的价值观或思想取向在社会结构和文化范式的快速转型之中发生某种不确定的漂移。中国人富裕了，但心理似乎却不像原来那么宁静了。我们必须反思和重塑我们的价值观。对于现代社会而言，价值观是非常重要的。价值观之所以重要，是因为它们将国家和民众凝聚在一起。它们帮助定义一个社会所支持和所反对的东西。正如习近平总书记在主持中共中央政治局第十三次集体学习时强调的，要“把培育和弘扬社会主义核心价值观作为凝魂聚气、强基固本的基础工程”[②]。

价值观既是对社会实践的总结从而反映着当前的社会状态，同时作为一种理想性理念也必定引导和塑造未来的社会。正如习近平总书记指出的，“核心价值观是文化软实力的灵魂、文化软实力建设的重点。这是决定文化性质和方向的最深层次要素。一个国家的文化软实力，从根本上说，取决于其核心价值观的生命力、凝聚力、感召力。培育和弘扬核心价值观，有效整合社会意识，是社会系统得以正常运转、社会秩序得以有效维护的重要途径，也是国家治理体系和治理能力的重要方面。历史和现实都表明，构建具有强大感召力的核心价值观，关系社会和谐

---

① 罗思义．没错，“中国模式”优于“西方模式”．环球时报，2016-09-20.

② 把培育和弘扬社会主义核心价值观作为凝魂聚气强基固本的基础工程．人民日报，2014-02-26.

稳定，关系国家长治久安”①。

其次，既然社会主义核心价值观就是当代中国特色社会主义价值观，那么我们就要把中华优秀传统文化作为涵养社会主义核心价值观的源头活水。

我们是立足中国国情建设中国特色社会主义的，我们的经济政策和政治设想都是以这个现实为前提的。同样，我们不可能离开既有的文化传统来进行精神活动，中华优秀传统文化是我们取之不尽、用之不竭的思想根源，因此，培育和弘扬社会主义核心价值观必须立足中华优秀传统文化，用中华优秀传统文化涵养社会主义核心价值观。习近平总书记要求我们，“要讲清楚中华优秀传统文化的历史渊源、发展脉络、基本走向，讲清楚中华文化的独特创造、价值理念、鲜明特色，增强文化自信和价值观自信。要认真汲取中华优秀传统文化的思想精华和道德精髓，大力弘扬以爱国主义为核心的民族精神和以改革创新为核心的时代精神”，“牢固的核心价值观，都有其固有的根本。抛弃传统、丢掉根本，就等于割断了自己的精神命脉”②。割断精神命脉，不仅使文脉失去生命的有机性，也会使文化成为缺乏生命力的空洞观念。必须辩证地对待历史和当下，“不忘本来才能开辟未来，善于继承才能更好创新”。因此，习近平总书记号召我们，要“深入挖掘和阐发中华优秀传统文化讲仁爱、重民本、守诚信、崇正义、尚和合、求大同的时代价值，使中

① 把培育和弘扬社会主义核心价值观作为凝魂聚气强基固本的基础工程．人民日报，2014-02-26.

② 习近平．习近平谈治国理政．北京：外文出版社，2014：164.

华优秀传统文化成为涵养社会主义核心价值观的重要源泉”①。

虽然社会主义核心价值观需要中华优秀传统文化的滋养，但并不是回到中国传统的价值观就是社会主义核心价值观。中国传统的价值观是基于传统社会而酝酿形成的，必须经过创造性转化和创新性发展，才能成为社会主义核心价值观的有效构成要素。这些要素纳入中国特色社会主义的理想追求，才能够展现出现代功能和价值。

最后，既然社会主义核心价值观就是当代中国特色社会主义价值观，那么我们就要在国际交流互鉴中，把提升文化软实力和抢占道德制高点作为广泛践行社会主义核心价值观的文化追求。

善于学习和借鉴的民族，才有创新和发展的可能。培育和弘扬社会主义核心价值观，就需要在与世界各国日益密切的交流互鉴中加以思考。中华民族历来就有天下一家的开放胸襟、协和万邦的气度，中华文化在与其他文化的相互激荡中发展。在古代，中国就与世界各国进行多方面的交流互鉴，从中学到许多东西，经过消化吸收转化成为中华文化的成果，例如佛教思想的传入等。中国人对国家富强目标的追求，显然是受了欧美的影响，才有了更强烈的动力。自由、平等、民主、法治等价值，最终在中国人民启蒙和解放的双重运动中逐渐清晰起来。

当然，中国也需要有足够的勇气，树立价值观自信，我们也可以对世界价值观的发展做出自己的贡献。美国学者哈尔珀有句名言：“打赢如今的战争靠的不是最好的武器，而是最好的叙述方式。”我们在中国

① 把培育和弘扬社会主义核心价值观作为凝魂聚气强基固本的基础工程．人民日报，2014－02－26.

特色社会主义实践上已经取得了举世瞩目的成就，我们还要在文化表述上坚定我们的价值观自信。譬如，中国人和而不同的价值观，不仅意义非凡，而且完全可以成为调节国际关系的最佳规范。我们主张“万物并育而不相害，道并行而不相悖”，这要比霸权思维和价值观更加合理、更加公正。中国梦绝不是世界霸权梦，而是和平共处、合作共赢的梦。“中国梦是奉献世界的梦。”中国人“穷则独善其身，达则兼善天下”的胸怀，可以转化为经济全球化时代的中国担当。和谐价值观更是中华民族对人类社会的独特贡献。对内，我们构建和谐社会，实现祖国的和平统一、繁荣富强；对外，我们主张和平发展，实行相互尊重、互惠互利。不同的民族、不同的国家，由于所处的发展阶段和空间条件不同，从而发展出不同的文化，对问题的看法也就不同；相互之间应该采取和而不同的理念，而不是采取威胁和冲突的方式，这样世界才能和平。中国的和谐价值观和国际义利观具有现实的、普遍的世界意义，具有很高的国际道德意义。

正因如此，习近平总书记在省部级主要领导干部学习贯彻十八届三中全会精神全面深化改革专题研讨班上提出：我们应该大力培育和弘扬社会主义核心价值体系和核心价值观，加快构建充分反映中国特色、民族特性、时代特征的价值体系，努力抢占价值体系的制高点。

二、怎样广泛践行社会主义核心价值观

无论培育、弘扬还是广泛践行社会主义核心价值观，需要有合适的途径和正确的方法。有了合适的途径和正确的方法，才能取得事半功倍

的效果。

第一，培育、弘扬和广泛践行社会主义核心价值观，需要将其纳入国民教育全过程。

培育和弘扬社会主义核心价值观，要从娃娃抓起、从各级各类学校抓起，做到进教材、进课堂、进头脑，让教育在传递知识和文化的过程中塑造有理想有信念有责任感的人。社会主义核心价值观是社会的主导价值观，要求全体社会成员遵循这些基本的价值观规范。社会主义核心价值观不是对少数人的要求，而是对所有领域、所有人的价值规范。既然学校的功能是培养社会主义建设者和接班人，我们就必须坚持育人为本、德育为先，围绕立德树人的根本任务，把社会主义核心价值观全方位地纳入教育总体规划，贯穿于教育的教学、科研、社会服务、文化传承创新和国际交流的各个环节，覆盖学校的全部师生员工。培育和践行社会主义核心价值观不仅是辅导员、班主任的职责，而是所有教职员工的任务；不仅是道德与法治、思想政治和马克思主义理论课教师的工作，而是所有专业课程都必须有机融入的事情。当然，不是专业课程都单纯地讲核心价值观，而是把价值观的精神实质和方向创造性地融入专业知识之中。实际上，思想理论课本身也不能天天只讲核心价值观的12个概念，而是基于核心价值观讲出感动人心的故事来。

因此，培育、弘扬和广泛践行社会主义核心价值观，就要遵循思想政治工作规律、遵循教书育人的规律、遵循学生成长的规律，适应不同年龄段学生的身心特点和成长规律，完善思想教育方法，深化学生思想品德培育和思想政治教育，构建有效衔接、内容先进、形态生动的义务教育阶段道德与法治、高中思想政治和大学马克思主义理论课程的教材体系，创新道德与法治、思想政治和马克思主义理论课程的教育教学方法，提高教学的针对性和实效性。大家都知道，作为物质食粮的奶粉是要根据食用者年龄分段购买食用的，同样作为精神食粮的社会主义核心价值观也需要根据学生的年龄特点来配方。价值观需要行为的体验才能内化于心，价值观的目的及价值观自身的价值就在于它见诸行动。因此，我们还必须注重发挥社会实践对学生的养成作用，完善实践教育教学体系，开发实践课程和活动课程。

第二，培育、弘扬和广泛践行社会主义核心价值观，需要把党员干部带头以及知识分子、文化名人和其他杰出人物的示范效应作为培育和弘扬社会主义核心价值观的关键抓手。

共产党员、领导干部和社会杰出人物要在培育和践行社会主义核心价值观的过程中起模范带头作用。中国共产党是中国工人阶级的先锋队，也是中国人民和中华民族的先锋队，所以共产党员都应该在培育和践行社会主义核心价值观的过程中走在前列，其中领导干部更应该率先垂范。我们要以共产党党章为根本遵循，完善党内法规，健全制度保障，构建起配套完备的党内法规制度体系，推动党员干部带头践行社会主义核心价值观。把从严治党实践成果转化为道德规范和纪律要求，做到依规治党和以德治党相统一，充分展现共产党人高尚的思想道德情操和价值追求。

社会杰出人物有很大的示范作用，因此也要肩负起更大的社会责任，在引导社会风气方面发挥积极作用。2017 年 3 月，习近平总书记在看望参加全国政协十二届五次会议的民进、农工党、九三学社委员时，希望我国广大知识分子自觉做践行社会主义核心价值观的模范。在习近平总书记看来，勇立潮头，引领创新是知识分子“应有的品格”；天下为公，道义担当是知识分子“应有的情怀”。他希望知识分子坚持国家至上、民族至上、人民至上，始终胸怀大局、心有大我，始终坚守正道、追求真理，从自我做起、从现在做起、从日常生活做起，身体力行带动全社会遵循社会主义核心价值观。根据唯物史观，人是生产力中最活跃的要素，而人才是最活跃要素中的活跃要素，是创造新知识、新技术和新思路的关键力量。知识分子无疑是推动实现中国梦的中坚力量，正因为如此，知识分子应该义不容辞地担负起时代的重任。创新驱动实质要靠人才驱动，靠高远的价值观引领，知识分子正是先进生产力的开拓者，也应该成为先进价值观的践行者和引领者。

先进典型是社会主义核心价值观的集中体现。公众人物社会知名度高、影响力大，是传播核心价值观的重要力量。文艺界人物也应该加强自律、提高素质。他们的言行和装束往往引领时尚，假如他们在践行社会主义核心价值观方面有好的言行，将会对青少年有广泛的影响和引领作用。

第三，培育、弘扬和广泛践行社会主义核心价值观，需要把贯穿结合融入、落细落小落实作为有效手段。

培育、弘扬和广泛践行社会主义核心价值观，必须在贯穿结合融入上做文章，在落细落小落实上下功夫，坚持不懈地推动社会主义核心价值观的学习宣传，将核心价值观的种子播撒在中华儿女的心田。

一是要充分发挥政策导向作用，使经济、政治、文化、社会等方方面面的政策都有利于社会主义核心价值观的培育。强化公共政策的价值目标。制定经济社会政策和重大改革措施，出台与人们的生产生活和现实利益密切相关的具体政策措施，要充分体现公平正义和社会责任，注重政策目标和价值导向有机统一，注重经济效益和社会效益有机统一，形成有利于培育和弘扬社会主义核心价值观的良好政策导向和利益引导机制。各种社会管理要承担起倡导社会主义核心价值观的责任，注重在日常管理中体现价值导向，使符合社会主义核心价值观的行为得到鼓励、违背社会主义核心价值观的行为受到制约。我们还要完善政策评估和纠偏机制，防止具体政策措施与社会主义核心价值观相背离，实现公共政策和道德建设良性互动。

二是要切实把社会主义核心价值观贯穿于社会生活的方方面面。一种价值观要真正发挥作用，必须融入社会生活，让人们在实践中感知它、领悟它。要注意把我们所提倡的社会主义核心价值观与人们的日常生活紧密联系起来，在落细落小落实上下功夫。要按照社会主义核心价值观的基本要求，健全各行各业规章制度，完善市民公约、乡规民约、学生守则等行为准则，使社会主义核心价值观成为人们日常工作生活的基本遵循。要利用各种时机和场合，形成有利于培育和弘扬社会主义核心价值观的生活情景和社会氛围，使社会主义核心价值观的影响像空气一样无所不在、无时不有。

三是要相信人民群众、依靠人民群众，充分发挥群众的自主意识和首创精神，广泛开展灵活多样的群众性道德实践活动。例如，开展群众性的评选表彰道德模范活动，让人习惯于在现实中见贤思齐。开展学习宣传先进典型活动，尤其注意把学习模范人物与学习身边的好人好事结合起来，在平凡的人和事中发现崇高，让高尚的道德和价值理想在民众生活中落地生根，形成学习先进、争当先进的浓厚风气。在国家博物馆设立英模陈列馆，保护好英烈墓地，让英雄主义鼓励青少年的报国之志。要把对烈士的纪念活动与大众的生活节点——如成人仪式、结婚仪式——结合起来，让国家认同融入大众百姓的日常生活之中。正如习近平总书记强调的，我们要通过教育引导、舆论宣传、文化熏陶、实践养成、制度保障等，使社会主义核心价值观内化为人们的精神追求，外化为人们的自觉行动。要润物细无声，运用各类文化形式，生动具体地表现社会主义核心价值观，用高质量高水平的作品形象地告诉人们什么是真善美，什么是假恶丑，什么是值得肯定和赞扬的，什么是必须反对和否定的。

四是要把以文化人作为培育、弘扬和广泛践行社会主义核心价值观的精神支撑。要以良好的家风、校风、村规民俗，传播主流价值；要建立一些礼仪制度，组织开展形式多样的纪念庆典活动，增强人们的认同感和归属感；要把社会主义核心价值观的要求融入各种精神文明创建活动之中，吸引群众广泛参与，推动人们在为家庭谋幸福、为他人送温暖、为社会做贡献的过程中提高精神境界、培育文明风尚；要把传统的节日与传承中华民族的美德结合起来，使节日的意义得到升华。

三、推动社会主义核心价值观入法入规

坚持和发展中国特色社会主义是一项长期而艰巨的历史任务，必须

准备进行具有许多新的历史特点的伟大斗争。推动社会主义核心价值观入法入规，目的是促进价值观念的制度化、对象化和客观化，运用法律法规和公共政策向社会传导正确的价值取向，把社会主义核心价值观融入法治建设，从而使社会主义核心价值观的价值取向成为有法律保障的能够落地生根的公序良俗。

实际上，法律法规本身就体现鲜明的价值导向，不同的法律体系体现不同的价值观。一方面，弘扬社会主义法治精神本身就是践行社会主义核心价值观。法治精神，是社会主义核心价值观建设的基本内容和重要基础。要坚持法治宣传教育与法治实践相结合，建设社会主义法治文化，推动全社会树立法治意识、增强法治观念，形成守法光荣、违法可耻的社会氛围，使全体人民都成为社会主义法治的忠实崇尚者、社会主义核心价值观的自觉践行者。另一方面，社会主义法律法规直接影响人们对社会主义核心价值观的认知认同和自觉践行。要坚持以社会主义核心价值观为引领，恪守以民为本、立法为民、公平正义理念，把社会主义核心价值观的要求体现到宪法法律、法规规章和公共政策之中，转化为具有刚性约束力的法律规定。无论如何，社会主义核心价值观是社会主义法治建设的灵魂。把社会主义核心价值观融入法治建设，是坚持依法治国和以德治国相结合的必然要求，是加强社会主义核心价值观建设的重要途径，但这个途径更具有时代意义。

第一，推动社会主义核心价值观入法入规，要以社会主义核心价值观的价值理想完善法律法规体系。我们必须认识到，法律法规体系是历史的产物，随着社会的发展会出现某些不适应现实情况的地方。例如，有的法规和政策价值导向不鲜明，针对性、可操作性不强，保障不够有力；一些地方和部门在执法司法过程中存在与社会主义核心价值观要求不符的现象；部分社会成员尊法学法守法用法意识不强，全民法治观念需要进一步提高；等等。本着问题导向的原则，深入研究分析社会主义核心价值观建设的立法需求，把法律的规范性和引领性结合起来，通过立改废释并举，积极推进相关领域立法，使法律法规更好地体现国家的价值目标、社会的价值取向、公民的价值准则。对与社会主义核心价值观要求不相适应的，依照法定程序及时进行修改和废止。

第二，推动社会主义核心价值观入法入规，要通过法律法规的刚性要求，强化社会治理的价值导向。注重把一些基本道德规范转化为法律规范，把实践中行之有效的政策制度及时上升为法律法规，推动文明行为、正直诚信、见义勇为、尊崇英雄、志愿服务、勤劳节俭、孝亲敬老、仁爱友善等方面的立法工作。我们要从巩固全体人民团结奋斗的共同思想道德基础的战略高度，切实发挥法治的规范和保障作用，推动社会主义核心价值观内化于心、外化于行。

第三，推动社会主义核心价值观入法入规，要促进善治。这就是说，推动社会主义核心价值观建设既要靠良法，又要靠善治。我们必须坚持人民主体地位，拓宽人民群众有序参与立法、执法、司法的渠道和方式，调动人民群众投身依法治国实践的积极性和主动性，使法律及其实施充分体现人民意志、体现社会主义核心价值观要求。注重总结推广新创造新经验，不断提高工作针对性实效性，依靠教育引导、实践养成和良法善治，开创社会主义核心价值观建设新局面。社会治理要承担起倡导社会主义核心价值观的责任，注重在日常管理中体现鲜明价值导向，使符合社会主义核心价值观的行为得到倡导和鼓励，违背社会主义核心价值观的行为受到制约和惩处。进一步把社会主义核心价值观融入法治建设，融入法治国家、法治政府、法治社会建设全过程，融入科学立法、严格执法、公正司法、全民守法各环节，以法治体现道德理念、强化法律对道德建设的促进作用，推动社会主义核心价值观更加深入人心，为建成社会主义现代化强国、实现中华民族伟大复兴的中国梦提供强大的价值引导力、文化凝聚力和精神推动力。

第四，推动社会主义核心价值观入法入规，要实行适应社会主义核心价值观要求的司法政策，增强适用法律法规的及时性、针对性、有效性。遵循法治的价值取向，为惩治违背社会主义核心价值观、严重失德败德行为，提供具体、明确的司法政策支持。准确把握法律精神和法律原则，适应社会主义核心价值观建设的实践要求，发挥司法解释功能，正确解释法律。完善案例指导制度，及时选择对司法办案有普遍指导意义、对培育和弘扬社会主义核心价值观有示范作用的案例，并将其作为指导性案例发布，通过个案解释法律和统一法律适用标准。司法是维护社会公平正义的最后一道防线，司法公正对社会公正具有重要引领作用。要努力让人民群众在每一个司法案件中都感受到公平正义，推动社会主义核心价值观落地生根。

第五，推动社会主义核心价值观入法入规，要进一步增强法治的道德底蕴。我们要把法治教育与道德教育结合起来，深化社会主义核心价值观学习教育实践，深入开展社会公德、职业道德、家庭美德、个人品德教育，大力弘扬爱国主义、集体主义、社会主义思想，以道德滋养法治精神，以美德温润法治。我们要强化规则意识，倡导契约精神，弘扬公序良俗，引导人们自觉履行法定义务、社会责任、家庭责任，努力形成中华儿女互有责任的良好风尚。我们要广泛开展时代楷模、道德模范、最美人物和身边好人学习宣传活动，积极倡导助人为乐、见义勇为、诚实守信、敬业奉献、孝老爱亲等美德善行。我们要积极探索有效途径和办法，使社会主义核心价值观和社会主义法治建设相得益彰、相互促进，推动社会文明的进步。

总之，社会主义核心价值观与中国特色社会主义建设事业是互相塑造的关系。中华民族伟大复兴的事业孕育并产生了社会主义核心价值观，社会主义核心价值观则引导并塑造着中国特色社会主义建设的伟大社会实践。中国特色社会主义实践发展到一定阶段，培育和弘扬社会主义核心价值观也应该推进到相应的境界。

第三章

构建反映时代变化发展的话语体系

第一节

话语的内涵、实质和功能

“话语”（discourse）成为一个近年来使用越来越频繁的术语。但是，对话语的理解却纷纭多样。在本章，笔者试图从古代话语实践开始，结合当代学界对话语的认识，对话语的内涵做出界定。并且通过梳理关于话语的不同认识，分析话语的实质和功能。在笔者看来，话语无非是关于各种事态的言语表达方式，或者说是通过某种表达实现特定目的的言语形态。那么话语是如何构成的，其实质何在，如何发挥功能并且生成机制是怎样的呢？为了更好地运用话语的力量，我们应该对其进行系统的学理分析。

一、话语即“尚其辞”

言语表达显然要反映某种事态或对象。韩愈指出：“修其辞以明其道”，即言语表达是为了阐明事情的道理。话语表达的差异，会影响到语言的穿透力和说服力。中国古人早就认识到话语的重要性，《易经》中就有专门论述话语问题的部分。《易经》有言：“言出乎身，加乎民。”也就是说，尽管言语出于少数人之口，却能影响广大人民。“君子居其室，出其言善，则千里之外应之，况其迩者乎？居其室，出其言不善，则千里之外违之，况其迩者乎？”由此看来，做成事情，需要通过语言。同时，许多社会混乱或动荡也往往由言语引发，即“乱之所生也，则言语以为阶”。可以说，按照中国古代的理论，言语调动了行动，行动则改变了社会，言行就成为世界变化的中枢。正所谓“言行，君子之枢机。枢机之发，荣辱之主也。言行，君子之所以动天地也，可不慎乎！”所以，人们必须注重话语的生成与使用，“君子以慎言语”，以恰当的言语入世做事。人们“或出或处，或默或语”，都必须严肃谨慎地对待话语，要经过深思熟虑，“易其心而后语”，反复筹划、三思而后言。

人人都可以说话，但不同话语的表达效果和社会功能则差异很大。因此，“以言者尚其辞”，讲话必须提炼更好的话语表达方式。“开而当名辨物，正言断辞，则备矣。”这就是说，只要用词得当，就更容易辨别事态、确立正确的判断、选择适当的语言策略。这是因为“其称名也小，其取类也大。其旨远，其辞文，其言曲而中，其事肆而隐”。这就是说，词语虽小，但其涵盖或指称范围却很广泛，在文字的修饰中暗含着深刻的意义，即使委婉的表达也会有明确的内容指向，可能产生微言大义的效果，影响社会的实际活动。因此，选择言辞，看似是小事，但其意义深远宏大。正确地使用语言，就要使语言反映社会实际问题，表达民众的呼声。正如孔子所言，“名不正，则言不顺；言不顺，则事不成”。与那些“言不及义”的辞藻相比，好的话语无不是“辞达而已矣”。如果话语策略得当，言语再委婉也能切中事物的本质，道理再浅显也能表达深邃的内涵。言不在多，在于准、在于精。反之，倘若言语不精准，只会适得其反。这就是所谓的言辞日繁，离道愈远。

说到话语这个词语，天然地让人们感受到客观过程与关于这种过程的语言表达之间的差异。因为不难理解，不仅在相同的语境中不同的人会有不同的话语表达，而且在不同的语境中同样的话语也具有不同的内涵和意义。每个人对于话语的理解似乎也随着自己讨论问题语境的变化而呈现出不同的规定性。那么话语究竟是什么呢？法国学者罗兰·巴尔特在其《历史话语》中把“话语”界定为“超越句子层次的词语系统”[①]。笔者同意巴尔特的观点，即话语不是单纯的词语和句子。但是，笔者并不认同话语只是简单地超越句子层次，笔者认为话语是把词语构成表达体系的特殊组合方式、理论姿态和思想立场。在笔者看来，话语无非是关于各种事态的言语表达方式，是人们基于特定目的进行交往活动——伴随着商讨和竞争——的语言策略。譬如，“国家”“经济”“社会发展”“市场规律”“文化”这些是词语，而用这些词语或是论证中国特色社会主义道路、理论、制度、文化的自信，或是鼓吹“新自由主义”，其中的理论姿态和语言策略则是属于话语概念的范畴。

二、话语的表达策略与功能

然而，如何理解话语表达方式和语言策略，话语表达的目的、功能是怎样的呢？或者说，话语表达的策略与理论姿态能否表达真理或真相？如果能表达，它们怎么表达？如果不能表达，它们表达的又是什

① 韩震．20世纪西方历史哲学．北京：北京师范大学出版社，2015：287.

么？在学术界，关于话语本身的运用仍然存在着几种不同的看法。

西方学者把话语引入学术讨论，首先是以其区分关于客观事实的表达的，也就是说，话语不是真理而是与真理相对的。这就是说，话语既不反映真理，也不是关于真理的表达。诸如海登·怀特等一些西方后现代思想家认为，话语不仅不是用来表达真理的，反而是用以解构真理性概念的。在他们看来，在公共领域讨论问题时，人们看似客观表达事实的陈述，与其说是对事实尽可能客观的表达，倒不如说是对自己主观感受的描述；它们不具有真理性，而仅仅是个人主观感受的话语表达而已。对于这一点，话语就像巴门尼德所说的“意见”，无非是不同人关于事实或真相的不同认识和看法而已，并不表达反映“存在”的真理。

在怀特看来，“话语被看做是一种生产意义的手段，而不仅仅是一种传递有关外部指涉物信息的工具”①。实际上，怀特等人的观点就是否认话语能够反映客观现实。这也就是西方马克思主义者帕尔默指出的，使原本关于真理或事实的表达“堕落成为话语”②，且仅仅是话语而已。

还有与第一个用法相关的用法，即话语是基于人的欲望和意志产生的，是人的意志和欲望的表达。作为人的欲望和意志表达的话语，反映的是人们的利益诉求，而不是客观规律。基于对尼采权力意志理论的理解，福柯认为，所有的理论、观念、学说，尽管有科学、逻辑、理性、实证的外表，但都是某种利益追逐的诉求工具。人们讲话时，即使他本人试图客观、公正地表达，但最终都无法跳出利益的窠臼。为挑起中美

① 怀特．形式的内容：叙事话语与历史再现．北京：文津出版社，2005：59.

② 这是帕尔默的一部著作的书名。见 PALMER B D. Descent into Discourse：The Reification of Language and the Writing of Social History. Philadelphia：Temple University Press，1990.

之间的对立，美国右派思想家纳瓦罗就把话语看作利益较量的武器。他引用哈尔珀的名言，即所谓“打赢如今的战争靠的不是最好的武器，而是最好的叙述方式”，从而为美国更加不择手段甚至颠倒黑白地操纵世界找理由，以达到永远称霸整个世界的目的。近些年来这种现象达到了极致，以至于出现了所谓“后真相”的历史境遇。譬如，在美国前总统特朗普那里，他用“假新闻”攻击那些批评他的报纸，对他自己来说，“重要的不是说出真相，而是显得真实”①。仅此而言，我们就可以发现，法国学者德勒兹和迦塔利所说的“政治领域污染了所有的话语”②，是很有道理的。由此看来，即使话语可以表达真理，但某些国家的学者基于利益冲突的政治操作也可能破坏话语反映现实的可能性，但却可以产生社会效果。正如美国学者施密特指出的，“……行动者有关权力行使的观念和话语能够增强或削弱由地位衍生的权势，权力客体对行动者意图的回应也会影响权力的行使”③。我们必须严肃地对待这个意义上的话语，即使我们是正确的，我们也必须找到有说服力的话语，才能维护我们的立场和利益。

实际上，在西方政治领域，不仅明显的利益冲突使双方相互攻击，如竞选中的对立党派之间故意扭曲事实，放大对方的弱点，遮蔽自身的缺陷甚至阴暗面；而且由于话语立场的缘故，甚至学术研究也不可避免地存在歪曲。如西方人对东方的理解，形成一种可以支配人们的思维方式的话语体系即“东方主义”。黑格尔说中国是人类历史的“绝对起

① 阿莱维．“美国优先”实质是利己主义．参考消息，2018-08-08.

② 德勒兹，迦塔利．什么是哲学？．长沙：湖南文艺出版社，2007：36.

③ 施密特．认真对待观念与话语：话语制度主义如何解释变迁．天津社会科学，2016（1）.

点”，但因此也就成为没有历史变化的民族，这显然是“西方中心主义”的话语体系。当西方学者说西方是“理性”“民主”“合理化”，而东方则属于“非理性”（神秘）、“专制”、“混沌”时，他们也就论证了西方殖民主义支配东方的合理性①。

近来，学术界开始从时代性和民族性上去理解话语。作为表达时代问题和民族特色的话语，是文化特色与时代特征的表达。在这里，话语就有了能否很好地反映民族特色、时代特征的问题。如果话语能够体现民族特色和时代特征，那么又会出现一个新的问题，即究竟是民族特色和时代特征造就了特定的话语，还是特定的话语造就了民族特色和时代特征呢？按照唯物史观的观点，民族国家的发展和这种发展展现的时代特征是话语产生的客观社会基础，而基于这种时代性发展的话语体系则是对客观社会发展的主观反映。即使同一个国家在不同的历史时期也有不同的话语，如我们在革命时期有革命话语，在建设时期就转变成建设话语，而在改革开放后就逐渐形成了改革话语。但是，我们必须意识到，话语体系一旦形成就有了相对独立性，一定的话语就会成为一种影响人们思维方式和日常表达的支配性力量，因此在话语使用方面往往有延宕和交叠的状态出现。譬如，我们在革命时期形成的话语在建设时期也在沿用，如“工业战线”“农业战线”“交通战线”“商业战线”“教育

① 在20世纪下半叶的大多数时间里，西方特别是美国的霸权话语炮制的五大理念话语塑造了世界政治：“1. 和平比战争好；2. 良性霸权比均势好；3. 资本主义比社会主义好；4. 民主比独裁好；5. 西方文化比所有其他文化好。在所有这五项当中，美国被普遍视为典范和担保人。”［詹特森，韦伯．国际政治五大理念评析．国外社会科学文摘，2009（2）．］这显然是以美国的标准来判断谁是民主的，谁是专制的；谁是好的，谁是坏的。问题是这种话语居然成为一种支配性话语，这就是所谓的“话语权”。

战线”；在诸如农业生产和工程建设之中还经常说“要集中优势兵力打攻坚战”“打持久战”“打歼灭战”诸如此类的话语。

不同民族之间的话语体系，反映了不同的文化传统和思维方式。要理解一个民族，必须理解这个民族文化传统背后的思维方式。例如，中国提出“一带一路”倡议和构建人类命运共同体理念，但西方世界却疑虑重重。对此，新西兰中国友好协会主席荣大伟发文指出，究其原因可能在于“中西方思想之间的差异：与西方个人主义相比，中国人拥有更强烈的集体感和对不同事物之间的关联感”[①]。中国人的整体感和有机关联的思维方式，当然深刻影响着中国人的话语方式，而西方戴着它们的有色眼镜——也是一种话语方式——似乎却难以领悟。

最后，从唯物史观的立场看，我们还必须讨论作为真理表达的话语，按照这种理论，话语就是为了表达真理，而真理也需要话语的表达。要真正构建有效力的话语体系，绝不能只是为了“竞一韵之奇，争一字之巧”，而是为了更好、更恰当地反映事实和客观规律，要尽可能更清晰、更有效地表达问题的真理性。文德尔班也说过，“在真正的哲学中，概念秩序应该与事物的实际秩序相同”[②]。就这种话语可以反映真理的观点，也有不同的理论，譬如机械反映论的话语观，按照这种理论，话语不多不少就是关于真理的表达。但是，理论的不断更新和概念的不断替换，必定动摇这种机械论观点的基石。实际上，只有唯物史观才能阐明话语与真理性之间的关系。按照唯物史观，话语本身就是历史

① 荣大伟．“猴子、奶牛和香蕉”，西方不懂中国．环球时报，2018－08－18.

② 文德尔班．哲学史教程：下卷．北京：商务印书馆，1993：544.

的产物，因此话语即使不能全方位地表达真理，但至少历史地表达了真理、时代地表达了真理。历史地表达就是阶段性真理，而时代地表达则是现实的部分真理。最近几十年，关于科学技术的话语也因其范式革命的历史主义阐释，超越了绝对真理性观念的幻象。而在社会历史之中，相对主义却消解了形而上学的真理观。不过，我们认为，真正的话语尽管不等于真理，但是话语可以无限地接近真理。

话语的真理性在于其反映话语主体真实的历史性实践，话语的有效性在于它们是否表达了时代的呼声。资本主义自由主义话语体系之所以代替了封建主义等级制的话语体系，就在于在法权上人人平等的社会比人分三六九等的封建主义等级制要更加进步。当今，中国特色社会主义话语体系的提升，显然与中国特色社会主义道路的成功联系在一起，经济社会迅速发展就证明了道路的正确性。正因为我们在现实中成功了，我们才逐渐有了话语权。譬如，在金融领域，我们在布雷顿森林体系之外构建亚洲基础设施投资银行，就是新金融话语权的现实基础。亚投行首任行长金立群指出："所谓国际最佳准则，不是西方准则。""我们不承认西方准则就是最佳准则。否则，西方国家为什么会出现金融危机和债务危机呢？我们要学习西方的长处，同时也要避免他们存在的问题。""我们正努力筹建，我们会吸收各个国家和地区的发展经验，特别是中国的发展经验，形成一套新的准则，这才是我们要遵循的东西。"① 金立群的话反映了中国话语权的提升和话语自信的确立，这毫无疑问是建立在中国特色社会主义事业成就之上的。中国改革开放和中国特色社会主义的成就

---

① 亚投行将践行亚洲融资新模式．参考消息，2015－11－13.

是具有世界历史意义的进程，我们应该有相应的话语方式伴随这个进程。

基于上述分析，笔者认为，对话语不同的理解和观点就决定了话语的性质。当你把话语仅仅看作话语时，你就会主观地理解和操作语言，使其服务于自己或特定集团的利益。当你把话语看作真理的表达时，你就必须尽量使之趋向对事实的客观反映。这样看来，总体上，我们必须区分话语和作为客观真理反映的表达。如果把话语看作真理的表达，话语的真理性是其追求的目标，是话语努力的一种立场和姿态，这种观点就与把话语仅仅理解为利益主观表达的立场和姿态区分开来。

作为真理或真相的话语必须基于客观真实的事实。“镌刻在真实上的话语，镌刻在身躯和肉体上的话语；它是实用的话语，跟所有思辨命题迥然不同。”[①] 可是，新媒体技术虚拟和话语的碎片化，进一步为人们基于利益和偏见的话语操作创造了条件，这就造成了在整个西方文化“真理的衰退”或“后真相”时代的来临。有美国学者指出：“在美国社会的诸多领域，事实和数据要么是生存之根本，要么是成功之必需。人们在做复杂的决策时，尽管需要一些主观判断和直觉，但只有有公认的事实和可靠的数据支持，才会更觉自信。然而，在国家的政治和公民对话中，对事实产生的分歧似乎比以往更大。媒体上，各种观点看法喷涌而出，对事实形成压倒性胜利，美国人对曾经笃信不移的信息源逐渐丧失信心。”这就是所谓“真理的衰退”[②]，也有人称之为“后真相”时代。“真理的衰退”导致的后果非常严重，它“侵蚀公民对话”所依赖

① 德勒兹，迦塔利．什么是哲学？．长沙：湖南文艺出版社，2007：98.

② 卡瓦纳，里奇．真理的衰退．国外社会科学文摘，2018（5）．

的“通用事实标准”，使讨论难以达成共识，从而导致“政治瘫痪”和“国家层面政策的不确定性”[①]。

三、话语的生成机制

我们应该如何理解话语的生成机制呢？话语生产必须有话语的主体，但如何理解话语的主体呢？有些人区分了表述主体和话语主体，并且将话语主体与表述主体割裂开来加以认识。譬如，法国学者德勒兹和迦塔利就指出：“一个是表述行为的主体，这是表达的形式”，如言说者、写作者；“另一个是话语的主体，这是内容的形式”[②]，即言语或写作中表述的那个人。由此说来，话语主体是表述主体使用言语时选择方法和策略所指向的对象。表述的人并不是话语的主体，被词语表述的对象才属于主体。笔者不同意这个看法，因为按照这种看法，如果我们构建中国的话语体系，那么我们本身不是话语主体，例如我们构建人类命运共同体的话语体系，其中的话语主体是整个人类，而不是中国。事实上，构建人类命运共同体是基于中国文化传统和当代价值观而提出的，尽管其影响力和吸引力逐渐提升，但毕竟仍然不是所有人的共识。我们在前边已经提到，某些西方发达国家和某些人还有许多疑虑，持怀疑态度的人显然不是人类命运共同体的话语主体。笔者认为，表述主体与话语主体应该是一致的，话语主体就是那些试图用一定策略和词语姿态表达立场的人，而表述主体使用言语时选择方法和策略所指向的对象则是

① 卡瓦纳，里奇．真理的衰退．国外社会科学文摘，2018（5）．

② 德勒兹，迦塔利．什么是哲学？．长沙：湖南文艺出版社，2007：67.

话语客体或话语对象。

话语主体是话语体系生成的力量源泉和发动者，因此要凝练自己独特的话语体系，必须有话语主体的自觉性和积极作为。话语是人的行为，话语不可能自己生成自己。话语的生成和变化都是基于话语主体的变化。

然而，许多西方学者往往脱离社会实践主体去理解话语。作为解构主义氛围下的法国思想家，德勒兹和迦塔利借用普鲁斯特的“蜘蛛网之变”的概念，不仅试图解构作为表述主体的话语主体地位，而且试图以自己的方式解释话语主体与表述主体的关系，即“话语主体承担起整个运动，表述主体则处于休眠状态，一动不动地躲在蜘蛛网的旮旯里”[①]。这就是说，当话语形成之后，这种话语会脱离表述者的掌握而自行发挥功能。话语体系的确有相对的独立性，譬如，当西方的“新自由主义”话语体系形成后，就可能产生一种支配性力量，让许多人开始不由自主地倾向于以“新自由主义”的话语说话，出现了所谓“话语产生话语”的现象。另外，一段时间内，在中国有些人说的“吓尿体”“哭晕体”等等，竟然一时间也成为流行话语方式。但是，即使人被某种话语体系支配，也仍然是人在操作话语。即使在被支配的情况下，人们的话语也有自己的独特性，因而随着人们的话语行为而不断嬗变。因此，绝不是德勒兹认为的那样，话语生成是话语自身的环节。德勒兹等人说过，“话语可以是屈从、抗议、造反，等等，它完全属于机器的一部分”。“但是，不管是提要求、造反，还是屈从，话语永远拆散机器所隶属的

① 德勒兹，迦塔利．什么是哲学？．长沙：湖南文艺出版社，2007：74.

那一套配置；它本身就是机器的一部分，机器本身又制造机器，从而使整体能够运转，或者为了修改它，甚至破坏它。”① 话语方式作为整体来调动言语的概念、命题，使言语发挥不同的言语效果。德勒兹等人的看法是有一定道理的，话语一旦形成就具有了某种相对的独立性，可以自行发挥特定的功能。但是，从根本上说，话语发挥功能仍然需要表述主体持续的话语操作实践。

从唯物史观的观点看，话语是人类实践活动的言语表达，因此表述主体是话语生成的主体，而话语主体则是表述主体本身。不同的是表述的客体是词语，而话语的客体则是人们关于事态的词语反映态势和立场。譬如，在《历史的终结及最后之人》中表述的“历史”“终结”“最后的人”之类都是表述的客体，但是把人类历史的逻辑终点归结为资本主义“自由主义市场经济”和“西式民主”的语言立场和姿态则是话语对象。中国在非洲等地的发展中国家进行的“投资”“经济援助”“国际合作”是媒体表述的话语客体，但在西方媒体那里却成为新殖民主义，中国试图让非洲落入“贷款陷阱”。可是，非洲人自己却不这么认为。南非总统拉马福萨谈及西方媒体对中国对非合作与援助的不实报道时曾指出：“有些人对中国取得的成就以及中非合作美好前景非常嫉妒，这就是他们说中国对非援助是一种新殖民主义的原因。”② 埃塞俄比亚总理特别顾问阿尔卡贝·奥克贝驳斥道：“我们非洲人最有资格判断我们是否从与中国的合作中受益，我们不需要其他国家代言。”埃塞俄比亚

① 德勒兹，迦塔利．什么是哲学？．长沙：湖南文艺出版社，2007：181.

② 易卜拉欣．那些称中国正在“殖民”非洲的人是嫉妒//非媒：任何人都无法破坏中非亲密关系．环球时报，2018－09－06.

投资委员会委员菲克也指出："我们与中国的合作本着互相尊重的原则，我们不会遇到殖民主义，这一事实非常重要。"西方人的说法"是对欧洲殖民统治受害者的侮辱"①。西方殖民主义式微了，但却把新殖民主义的帽子扣在中国头上，干扰非洲的发展，这当然不可能得逞。显然，大家都在谈同样的问题，但是话语方式却迥然不同。

再一个问题是，作为话语主体的人是个人还是群体性的呢？许多人将话语创造看成特殊的个人行为，但是按照历史唯物主义的观点，话语主体应该是群体性的，因为话语生产无非是社会生产的一个特殊的环节，离开了生产的、交往的环节，话语就不可能产生。特朗普有特殊的话语方式，但是特朗普的话语是症状，而不是问题本身。特朗普话语方式大行其道是美国社会内部矛盾长期积累的结果。

德勒兹等人也认为话语是群体性的，他们指出："当一个新的话语从一个特立独行者，或者说从一种艺术的特异性产生的时候，它有赖于一个民族的、政治的和社会的群体，即使这个群体的客观条件在文学表述行为之外暂时未得到规定。"② 但他们认为，无论是作为个体的人还是作为群体性的人，都不是话语主体："跟特立独行者不是一个主体一样，群体性也不是表述行为的主体或者话语的主体。不过，显在的特立独行者和潜在的群体……是一套配置的两个部件。……而且，鉴于话语仅仅作为这种配置的传动装置而存在（而不是效果或产品），这一配置使我们能够把话语的性质和功能标显出来。"③他们还说，"为什么说话

① 玛什．美媒：中国在非洲大陆创造就业．环球时报，2018－08－31.
② 德勒兹，迦塔利．什么是哲学？．长沙：湖南文艺出版社，2007：184－185.
③ 同②185.

语永远是群体性的，即使它出自譬如一位艺术家这样的孤独的特异性？因为，特异性从来就不指向一个主体。也不指向一个双重主体，即两个主体——一个是表述行为的致因或主体，另一个是话语的功能或主体。不存在一个说出话语的主体，也不存在一个话语将被其说出的主体”①。笔者认为，这个观点的要害是夸大话语的自主生成，似乎话语成为脱离社会主体实践活动的产物。这仍然是一种历史唯心主义的观点。

正因为话语是群体性的，所以话语是有阶级性的。西方攻击中国缺乏舆论自由和言论自由，但是马克思主义从来就认为舆论本质上是有社会性和阶级性的，舆论的社会性、阶级性是客观存在的。正因为承认了阶级性，我们的话语就成为真实历史进程的反映，而试图掩盖其阶级性却成为虚无的话语。实际上，西方国家的舆论自由不仅是有选择的，即有利于西方利益的言论自由，有利于其文化影响力的舆论自由；而且是虚伪的，一旦超出其允许的范围就要受到限制，如美国对“虐囚事件”的话语封锁，对揭露其真相的“维基解密”相关人员的围堵和迫害，特朗普对某些记者的信息“屏蔽”，以及美国对国际刑事法庭关于美国在阿富汗、伊拉克等国家和地区侵犯人权的战争罪调查的压制。

在现代社会舆论场，话语生产的群体性质或社会性更为明显。报社、电台、电视台、网站等都需要投入大量资金，都需要大量人员在传播的各个环节上合作，即使到现在的自媒体时代，真正发酵起来的话语

① 德勒兹，迦塔利．什么是哲学？．长沙：湖南文艺出版社，2007：184.

往往也有许多操作，是悉心运作的结果。在发达国家，资本的力量支配着舆论的走向，而资本的逻辑往往就成为话语的基础性内在逻辑。当然，正像黑格尔主奴辩证法所讲的，奴隶在服务主人的过程中逐渐掌握了生产性实践力量，并由此成为历史的主体性力量，而主人在享受中却成为纯粹消费的消极性存在，逐渐成为历史的“多余者”或“冗在”。在话语竞争中，也许就如德勒兹和迦塔利所说的，“弱势……都意味着革命”[①]。“弱势才可能强大，才可能有革命性。”[②] 边缘话语并非命定是边缘的，只要其代表生产性的、积极的、未来的趋势和力量，往往在历史的进步之中就会从边缘走向中心，成为新的话语主导力量。新兴国家在发展，新兴的话语也在发展；东方在崛起，东方的话语权也必然上升。

第二节

社会发展需要伴随话语方式的变革

中国的实践经验证明，改革开放是社会发展的强劲推动力。经过40多年的伟大实践，中国从一个相对落后的发展中国家一跃成为世界

① 德勒兹，迦塔利．什么是哲学？．长沙：湖南文艺出版社，2007：40.

② 同①58.

第二大经济体、第一大货物贸易国，人民生活水平得到极大提高，总体上实现了“全面建成小康社会”的战略目标。不过，与经济影响力相比，中国的文化传播力和价值观影响力尚显不足，其中一个主要的障碍就是我们的文化传统和政治运作方式所积累和形成的特殊的话语方式。这种话语方式与老百姓的日常表达相去甚远。这种特殊的话语方式往往以比较微妙的语言形式表达经济利益、政治权利的博弈，以比较迂回曲折的形式表达新的或不同的利益和政治诉求。由于我们长期生活在这样的语境之中，已经习惯了在这种语言体系中理解问题，所以我们还是能够理解许多话语的弦外之音，但是这也在某种程度上使我们的思维陷于某种封闭的模式之中，逐渐变得麻木、迟钝。更为重要的是，我们习惯的这种话语方式，很难让外国人清晰明了地理解我们的真实想法，尤其是刚接触中国表达方式的外国人，我们的许多套话往往使他们觉得“丈二和尚摸不着头脑”。

我们平时习惯了一些“大家都知道没有实际内容”的表达方式，在特定的场合似乎按照这种话语方式讲话最稳当。大家都对此不满，但又似乎没有更好的方式。这种现象可能是由于我们的思想已经某种程度地僵化了，头脑中有了某些“框框”。我们认为，话语不只是一种表达方式，它还反映了人们的思维方式，即能否以清晰明白的语言，实事求是地表达现实社会问题和我们关于这些问题的观点和看法。既然我们反复强调“实事求是”，那么我们就应该实事求是地思考问题、理解问题，也应该实事求是、直截了当和清楚明白地表达我们的观点和看法。实际上，改革开放是一次伟大的思想解放运动，在此过程中我们已经改变了过去的“文化大革命”式的话语方式，解放了全党和全国人民的思想，取得了中国特色社会主义建设举世瞩目的成绩。现在，中国的改革开放已经进入了攻坚克难的阶段，中国的发展也站在了新的历史起点上，鉴于此，我们应该进一步改变已经不适应时代需要的话语方式，改进我们的文风和话风。我们要讲清楚明白的、有用的、有内容的话，而不是讲晦涩难懂的、绕弯子的、空洞无用的话；我们要写简洁明快的、言之有物的、清楚明白且有说服力的文章，而不是写云遮雾障的、言之无物的、难以理解且抓不住问题实质的文章。

以习近平同志为核心的党中央领导集体带头改学风、改文风、改会风、改政风，讲平实的话，讲实事求是的话，讲“冲破思想观念的障碍”的话，讲“突破利益固化的藩篱”的话，杜绝形式主义、官僚主义。这是深化改革开放的新信号，也是我们党进一步解放思想的重要风向标。我们必须认识到，话语方式的改革开放是中国整体改革开放的重要组成部分。过去，我们找到了中国特色社会主义道路，让中国社会富裕起来、国家强大起来、人民自信起来；现在，我们还要通过改变自说自话、自我封闭的话语方式，把中国哲学社会科学推向新的境界，更好地阐释和说明中国特色社会主义的新发展、新成就、新特点，让中国人民更加理性、文明和自信地走向世界。

改变以往“僵化”的话语方式，也需要深刻的思想解放，需要我们以更加广阔的视野、更加开放的胸襟、更加具有创造性的意向，对待我们的发展现实和关于这些现实的话语方式。改革我们的话语方式，能够推动我们不断改进我们的文风、拓展我们的思维方式、增强我们的创新意识；开放我们的话语方式，则能够加强我们与世界各种文化的交流互鉴，这不仅让我们更多地吸取世界文化的优秀成果和智慧，大大地拓宽我们的眼界或视野，而且让我们更直接地把中国的立场、观点和表达推向世界，让世界更容易理解变化中的真实的中国。话语方式的变革，能够拓宽我们的理论视野和行动视界，挖掘具有世界意义的文化内涵和思想理念，让中国以更加文明和自信的姿态成功地走向世界。

第三节

话语方式创新需要立足于中国传统思想文化

习近平总书记在哲学社会科学工作座谈会上的讲话中提出要加快构建中国特色哲学社会科学。当代中国哲学社会科学的“中国特色”，首先在于它是基于当代中国实践、面向当代中国问题、回应当代中国需求的哲学社会科学研究活动和学术体系。同时，当代中国哲学社会科学的“中国特色”，也在于它是立足于中华优秀传统文化以及对中国人民各个历史时期诉求的思想把握和理论发展，是一脉相承的中国学术和思想文化源流的创造性转化和创新性发展。过去，我们的先辈一直通过中国的学术话语体系表达中国人对世界的认识，因此就有了源远流长、博大精深的中国思想、中国理论、中国文化。今天，我们要理解中国学术思想的脉络，把握中国学术演化的进程，就会迎面碰到许多特殊的或非常具有中国特色的术语，如“阴阳”“中道”“和合”“义利”“厚德载物”“自强不息”“知行合一”……我们需要理解这些术语，正确地把握中国的思想文化。

在漫长的中华文明演进历史中形成的中国传统思想文化的术语，对于构建当代中国哲学社会科学的话语体系具有根基性意义。

首先，中国传统思想文化的术语蕴含着中国文化传统和思想意识的精髓。面对不同历史时期的挑战，不同的民族在生产方式和生活方式上产生了特定的差异。譬如，在人们的生产活动和生活方式方面，热带和温带肯定不同，以平原为主的地域和以山峦为主的地域当然有差异，沙漠地带和沿海地区显然有别，牧区和农业区也会有许多迥异之处。这些生产活动和生活方式的特点逐渐积淀凝结，就必然影响到民族的文化样式、行为习惯和精神特质。民族的文化样式、行为习惯和精神特质反过来又阐释、维护和强化着促使其形成和发展的特定生产方式和生活方式。例如，以农业为主的古代中国，只有靠一定规模且利用有序的水利工程才能保证民众的安全和生产。在农耕文明的进程中，中国人强调和谐与秩序，因此就有了很多体现这一特点的思想文化术语，譬如，“家国天下”之中的“家”和“国”就有了特定的精神内涵。英语中的“国家”有“nation”“country”“state”等表达方式，但“nation”更倾向于从国民、民族的角度谈国家，“country”则倾向于以国土的视角看国家，“state”是从制度的侧面看国家，所有这些表达都与“家”没有半点关系。但中国人一提到“国家”就会联系到“家庭的温暖”，国家与作为社会细胞的家庭之间的内在联系就得到了很好的确证。

其次，中国传统思想文化的术语体现着中国人特有的思维方式和理解结构。中国的“中庸之道”与中国人的理智密切相关，这有效地消解了时常出现的思想极端化的倾向；“和而不同”在理性处理人际关系方面有明显的中国特色，这种思想是对西方“唯我独尊”、自以为“普世”的价值观的强有力的批判。实际上，即使在学习外来的理论和思想时，我们也是按照中国人固有的理解结构和想象力来理解外来的东西的。譬如，我们在进行中国特色社会主义市场经济体制改革时，就不搞所谓的“休克疗法”，而是“摸着石头过河”，这种理智的方式保证了中国改革开放和经济发展沿着正确的道路高速前进，从而取得了举世瞩目的成就。另外，在学术方面我们也不断进步，我们在世界学术界的影响力开始提升，这就说明我们有自己的文化传统和学术理解结构，这种结构对外来的思想和理论进行消化、转化，从而有利于学术上的自主创新。显然，我们是根据中华民族在长期认识世界、改造世界过程中形成的“理解结构”，自主地、有选择地吸取和消化外来学术成果的。

最后，中国传统思想文化的术语是构成中国话语体系的表达方式的符号，或者说，是构成中国话语体系中链接思想观念的关节点。很多思想文化的学术理论或学说，都有普遍的世界意义。但是，不同的理论或学说却各有自己的表达方式，理论的独特性往往是由不同的术语或概念来体现的。譬如，约瑟夫·奈提出所谓“软实力”和“硬实力”的区分，但中国几千年前就有了“王道”和“霸道”的区分。所谓“王道”，就是中国古代统治阶级，按照当时通行的交往规范和社会道德标准进行治理；反之，如果统治阶级依靠武力巧取豪夺，就称为“霸道”。另外，处理相辅相成的事物或关系时，各国都有保持某种平衡的观点，但中国阴阳平衡的思想就更加积极，中国认为“柔弱胜刚强”，阴阳之中的“阴”不仅不是消极的，并且在特定条件下可以成为积极的力量。西方在看待竞争时，往往采取的是“零和思维”，而中国秉持你中有我、我中有你以及二者相互转化的理念，更加愿意采取双赢、多赢、共赢的方法。由于同样的原因，中国的术语“礼”就包含英语中“propriety”等词语所无法表达的文化及人际关系的制度性内容。

可见，加快构建中国特色哲学社会科学，提升我国思想文化的影响力，离不开千百年来凝练、沉淀下来的具有中国特色的思想文化术语。我们不能削足适履，不能毫无选择地用西方的概念理解中国的问题。我们必须用符合中国人思维习惯的术语和概念去表达中国问题，同时提醒其他文化背景下的人，在考察、思考和理解中国问题时，要考虑中国本身的概念和术语，要弄清楚这些概念和术语的特殊内涵和规定性。显然，对内涵丰富、多姿多彩的思想文化术语进行整理、研究和翻译，就成为特别有意义的工作。这个工作的开展必将有利于继承和弘扬中华优秀传统文化，有利于加快构建中国特色哲学社会科学，有利于中国文化的国际传播，有利于提高我国的文化软实力。

第四节

话语创新来自对时代的深刻理解和准确把握

党的十八大之后，我们党在转作风、正学风、改文风方面取得越来越明显的成果。习近平总书记系列重要讲话所包含的思想、观点和方法，对促进我们转变作风、端正学风、改变文风有重要的启迪和推动作用，他犀利而又易懂的语言、形象而又深刻的比喻、平实而又真诚的风格，起到了高位引领作用。

语言是表达思想和观点的工具，而思想和观点是对时代和社会的理解和描述。因此，语言的力量来自思想对时代和社会实践的深刻理解和准确把握。孟子说："诚者，天之道也；思诚者，人之道也。"意思是说，诚实是天地之大道，是自然界的根本规律；追求诚信，做一个真实的、表里如一的人，则是做人的根本原则。凡能够准确地表达深刻理解和把握时代问题和实质的语言，都能够穿透现象的迷雾，直指问题的实质，给人以启迪。习近平总书记为我们树立了典范，他所讲的"中国梦"，就以形象的语言反映了中国人民的普遍追求和根本愿望，引起了海内外中华儿女的普遍共鸣。习近平总书记在讲每个国家应该有自己的发展道路和方式时说道："鞋子合不合脚，自己穿着才知道。一个国家的发展道路合不合适，只有这个国家的人民才最有发言权。”这一下子抓住了问题的实质。

我们平时说话写文章，都是为了表达我们对社会和时代问题的理解和看法。我们的这些理解和看法，就是我们看问题的观点。观点体现着我们的思维方式和对问题的认识水平，反映的是我们的世界观、人生观和价值观。不同的观点体现出不同的思维方式和认识方法，也体现了世界观、人生观和价值观的差异。我们的语言，就是我们关于事物的观点的话语表达。在这里我们关于事物的观点是第一位的，在某种程度上它决定着我们的语言。一般来说，有什么样的观点就会有什么样的语言表达方式。但是，语言表达方式反过来也会对观点产生反作用，一种语言表达方式运用的时间长了也会对人们的观点产生影响。常说空话、大话、不着边际的话，会让人逐渐陷入教条主义、形式主义、官僚主义、主观主义的泥潭。

我们平时讲话、写文章，无非要表达自己的观点。这就要讲别人能够听进去、听得懂的话，让人能够理解我们的意思。即使是同样的观点，也可以有不同的说法，在不同的情景下可能也需要有不同的说法，这就需要根据实际情形寻找合适的说法。我们与工人讲话，就要以工人喜闻乐见的方式表达；与农民谈话，就要讲农民关心的话题；与青年人沟通，就要以青年人能够接受的方式表达；与外国人讲话，就要使用外国人能够理解的方式。在这些方面，习近平主席堪称典范。2014 年在联合国教科文组织总部发表演讲时，他用中国的俗话“萝卜青菜，各有所爱”来说明各种文明之间只要秉承包容精神，就不会存在“文明冲突”；在中阿合作论坛第六届部长级会议开幕式上，他用“我们既要让自己过得好，也要让别人过得好”来论述中国追求的是共同发展。习近平主席以形象、生动、活泼的语言，把文明的多样性和中国的文化包容精神讲得非常透彻，极具说服力。

语言的力量来自对时代和社会实践的真实把握，这就需要我们从思想上、从世界观上解决问题。当我们的内心真正把人民群众当作社会的主人时，我们的看法和说法就必然会发生改变，我们就不会总说些不痛不痒的官话、空话。看问题的方式来自世界观和方法论，一个人的表达方式必须与这个人的世界观和方法论相适应。当认为自己比群众高明时，他不会说出让人民群众感同身受的话。语言的表达方式与一定的世界观和方法论相联系，有什么样的世界观就会有什么样的话语表达方式，要改进我们的说话方式，就要审视我们看问题的方式，改造我们的世界观。不同的说话方式反映的是不同的思维方式和看问题的方式。

作为理论工作者，我们不仅要研究中国化时代化的马克思主义，还要将马克思主义大众化。这就要求我们学会用人民群众的语言表达学术问题，这样的学术才能让人民群众感兴趣、听得懂，从而让越来越多的群众能够理解马克思主义的理论实质和价值追求。马克思主义大众化还要求我们在话语体系和表达方式上下功夫。虽然马克思主义的大众化不仅仅是语言和词语问题，但是，没有合乎人民群众需要的语言是万万不能的。

问题是时代的呼声。只有合乎时代要求的语言，才能更好地发出这种声音。马克思主义的大众化要求通俗化的表达，马克思主义思想来源的基础就在于大众的社会实践活动。理论的大众化不仅仅是表述方式的问题，更是理论自身生成的问题。如果马克思主义追求关于社会历史发展的规律性认识（真理），那么我们的学术研究就应该基于人民群众的社会实践。如果说问题是时代的呼声，那么群众的呼声就是最紧要的时代问题，我们必须从群众的需要和呼声中寻找研究的问题，回答具有时代性的问题。所以，马克思主义大众化的关键就是解决理论源于何处、来自何处的问题，实际上就是解决理论研究“依靠谁”的问题。

简言之，只有投身人民群众的社会实践，依靠人民群众，才能研究出人民群众能够感同身受、对人民群众有用的学术成果，才能找到人民群众喜闻乐见的语言表达方式。只有投身社会实践，才能讲出反映实际问题的话语；只有与人民群众心心相印，才能讲出人民群众能够理解并且喜闻乐见的话语；只有与时代同步，才能讲出打动世界的话语。

第五节

网络和新媒体时代的价值观传播与话语策略

一、网络与新媒体对传播的影响

中国经济正在高速发展，生产力特别是信息技术也在发生革命性变化，这深刻改变了中国的社会结构、人们的生活方式和思想意识。例如，基于网络的新媒体正在改变人们的交往、沟通和交流方式，我们必须关注新媒体发展带来的新问题。

第一，传统的传播方式已经逐渐让位于网络互动式的传播方式，这使得价值观的传播方式越来越多样化。过去的媒体传播是专业性质的传播，更具有组织性，要经过仔细的筛选和优化调整，以便达到最佳的传播效果。这种传播方式更能体现主流社会的价值观取向，更能反映国家意志。但是，现在的移动终端所形成的自媒体现象，使传播成为大众交互式的，并且变得越来越具有自发性、随意性，信息呈现碎片化趋势，反映的往往是不同人群的即时感觉。

第二，过去的传播因信息的核对和信息内容表述的再组织而需要一定的时间才能完成，现在的传播往往是即时的、同步的，具有很强的时效性，但也容易变成促进事态进一步发展的因素。这就是说，信息的传播本身成为事件发展的内在动力，引导着价值观的嬗变与生成。这种变化的积极方面就是促进了思想文化的不断丰富和更新，但它也对文化的连续性和社会的稳定性造成一定的负面影响。

第三，过去有组织的、自上而下的传播正在让位于每个人率性的信息发布，这大大体现了社会交往和信息交流的民主性，但也在削弱社会共识的达成能力。在社会结构和文化范式的快速转型之中，人们的价值观或思想取向发生某种不确定的“漂移”，这种“漂移”因为自媒体的发展得到进一步强化。人们的生存状态差异造成了人们思想意识和价值观的差异，人们率性的表达使这种差异得到进一步显现。正因为如此，中国人的生活的确比过去富裕了，但似乎不像原来那么宁静了。

总之，新媒体使人们的生活变得更加便捷、更加丰富、更加具有自主性，但同时也使社会意识出现碎片化的现象，这种碎片化如果仅仅体现为价值观的多样化，那么差异还是可控的，但当价值观相互对立甚至彼此冲突的时候，社会共识就会成为牺牲品。没有社会共识，一个国家就不能成为一个整体。习近平总书记在主持中共中央政治局第十三次集体学习时强调，我们要“把培育和弘扬社会主义核心价值观作为凝魂聚气、强基固本的基础工程”①。这就是说，对于现代社会而言，共同的价值观是非常重要的，是必不可少的。共同的“价值观之所以重要，是因为它们将国家和民众凝聚在一起。它们帮助定义一个社会所支持和所反对的东西”。“培育和弘扬核心价值观，有效整合社会意识，是社会系统得以正常运转、社会秩序得以有效维护的重要途径，也是国家治理体系和治理能力的重要方面。历史和现实都表明，构建具有强大感召力的核心价值观，关系社会和谐稳定，关系国家长治久安。”②

二、如何应对新媒体时代的挑战

我们如何在新媒体环境下培育和弘扬共同的价值观，达成社会共识呢？我认为，首先，我们要积极介入自媒体，有意识地设立讨论话题，如经济社会发展、文化的进步等等。英国学者马丁·雅克说：“近年来，世界经济的重心开始向发展中国家倾斜。对发展中国家而言，同中国的经济往来变得越来越重要。中国是很多发展中国家最大的贸易伙伴，也

①② 习近平．习近平谈治国理政．北京：外文出版社，2014：163.

是发展中国家的转型推动器。很多发展中国家都将中国视为学习的榜样以及未来的目标。”①

其次，让模范人物运用自媒体，谈身边的事，从点滴之间反映人性的力量。榜样的力量是无穷的，广大党员、干部必须带头学习和弘扬社会主义核心价值观，用自己的模范行为和高尚人格感召群众、带动群众。

再次，要学会少用大概念，多用生活世界中的话语，少讲抽象的大道理，多讲生活世界中的故事，只有这样才能打动人民群众的心，引起他们的共鸣。人民的日常生活，看似平凡，却承载着历史的存在与发展。人民最普遍的日常生活，才是人性的基础，在这里有文化的源泉，有价值观的真正体现。

最后，在制度上鼓励积极因素，批评负面意识，形成正能量，取得扬善抑恶的效果。正如习近平总书记所强调的，要切实把社会主义核心价值观贯穿于社会生活的方方面面。要通过教育引导、舆论宣传、文化熏陶、实践养成、制度保障等，使社会主义核心价值观内化为人们的精神追求，外化为人们的自觉行动。要润物细无声，运用各类媒体形式，生动具体地表现社会主义核心价值观，用高质量、高水平的文化作品形象地告诉人们什么是真善美，什么是假恶丑，什么是值得肯定和赞扬的，什么是必须反对和否定的。要用法律来推动核心价值观建设，各类社会管理者要承担起倡导社会主义核心价值观的责任，注重在日常管理中体现价值导向，使符合核心价值观的行为得到鼓励、违背核心价值观

① 雅克．中国梦蕴含自信心．人民日报，2014－02－21.

的行为受到制约。

三、网络与新媒体背景下改进话语方式和概念术语的策略

毋庸讳言，由于网络和新媒体的出现，党和政府及主流媒体话语的公信力和影响力的确存在逐渐减弱的危险。这既有复杂的社会分化和利益多元化的客观原因，也有我们在政治生活和公共领域中话语方式和概念术语落后于社会发展和时代要求的原因。落后于社会发展和时代要求的话语方式有许多表现，例如：(1)“八股化”，讲话和写文章有许多套话、空话，让人感觉千文一面，每句话似乎都不错，但都是“正确的废话”，没有一句话管用，缺乏针对性；(2) 讲话和写文章总想面面俱到，但谈什么都蜻蜓点水，没有讲透、讲深、讲清楚；(3) 讲话和写文章心里没有人民群众，做表面文章；(4) 讲话和写文章缺乏全面而慎重的考虑，使用了许多不合时宜的概念术语，有的作茧自缚，还有的落入了西方话语的陷阱之中。

为了牢牢掌握社会舆论的主导权，扩大主流思想和价值观的影响力，我们必须改变我们的文风，改善我们的话语方式，完善和重构我们的概念术语。

要改变文风，提高我们的话语影响力，首先，要增强话题的设置能力，尽量减少套话和空话。改文风是一件严肃的事情，绝不只是改变一下说话方式和叙事方式，更不是换换说话的词语和口气就够了。当然，优化叙事方式、更新词语和改进说话的调门都是有益的，有时也是必要的。改文风要转变看问题的方式，而看问题的方式是我们世界观的体现。

譬如，我们在写东西和讲话时，是从实事求是、求真务实的立场出发，讲真话、讲实话，还是从概念到概念、从理论到理论，讲空话、讲套话，这显然反映了不同的世界观。我们要提高理论话语的时代穿透力和社会解释力，在没有弄清楚时要少说；要说有用的话，否则还不如不说。

其次，要集中主题，增强议题的针对性。这就是说，说话、写文章时要有什么事就讲什么事，有什么问题就说什么问题，有什么想法就表达什么想法，而不是不分场合地讲究系统、全面，应该一事一议，而不能什么事情都从头讲起，讲它的方方面面。我们应该讲短话，讲有针对性的话，尤其是讲针对某一突出问题并且能够切中要害的话，而不要每次都讲“具有普遍指导意义”的话，不要次次都讲“全面系统”的话，这种话可能讲一次还有点意义，但讲多了必定造成“审美疲劳”。

再次，要善于讲群众关心和能够理解的问题，为此就要善于从人民群众那里学习在他们生活中涌现的鲜活话语。我们要学会把马克思主义理论和概念术语用群众的实际生活语言和实践叙事方式表达出来。我们不能反复重复概念术语本身，这就像盐和油可以调出味道鲜美、富有营养的菜肴，但我们不能让人直接吃盐、喝油。另外，我们讲话或写文章，是把人民群众当作主人翁还是把人民群众当作教育的对象，这显然是基于不同的世界观和历史观。我们要学会用群众的语言讲话、写文章，向群众解释政策、宣传理论。

最后，要清理现在使用的不合时宜的概念和不太正确的术语。我们常常无意识地跟随西方的表达方式，譬如，有些媒体称西方发达国家为“西方民主国家”，称印度为“最大的民主国家”等，这样的表达似乎将我国判定为不民主的国家。我们轻易地把“民主”的旗帜和招牌让给了别人，殊不知在国际“舆论场”内“民主”是一个非常积极的词语，谁与之联系在一起，谁就可以获得许多“资本”或“软实力”。当我们把这个荣誉拱手让给对手的时候，我们就在话语体系之内把自己置于需要不断为自己辩护的尴尬境地。

我们必须重新梳理一些概念术语，开展正名行动。实际上，我们有民主制度性安排，即中国的人民代表大会制度、中国共产党领导的多党合作和政治协商制度，这种民主不限于政治投票，而是体现在经济、政治、文化和社会的方方面面。我们也时常无意识地跟着西方的话语体系，称西方国家为“自由国家”，甚至时常在批评它们的新闻政策时说它们鼓吹“新闻自由”，似乎我们就反对新闻自由或者我们是缺乏自由的社会。实际上，这样说时恰恰遮蔽了中国社会民众日常生活的巨大自由度。见过西方国家如美国警察执法的人就会知道，西方国家自由的界限是非常严格的。我们也不能简单地跟着西方说西方国家“新闻自由”，实际上它们的新闻往往是建立在“自由”的、有选择性的偏见的基础上的。西方新闻的双重标准是众所周知的，同样的事情如果发生在不同的地方它们就会给出不同甚至相反的判断。西方国家所谓的“新闻自由”，有时也往往堕落成为一种缺乏责任感的“偷窥癖”。英国制定的新闻监管的制度，就是对这种“自由”的限制。另外，我们的主流报刊总是批评有人鼓吹“西方的普世价值”。我觉得，这种表达也容易落入西方话语的陷阱，似乎我们的价值就不是“普世价值”。西方的价值观实质上也是特殊的地方性价值，由于它们的阶级偏见反而显得更狭隘，只是它们自称具有“普世性”而已。我们要把重点放在揭露西方价值的非普世性或片面性上，而不是直接批评“普世价值”。

总之，在网络和新媒体时代，国内舆论场已经与国际舆论场融为一体。我们既要改变我们的文风，也必须谨防无意之间落入西方话语的陷阱之中，跟随它们的话语逻辑，缺乏重构话语的能力，让自己陷于被动之中。

第六节

当代世界的变化需要中国的新理念和新话语

德国社会学家贝克认为当代社会是“风险社会”，这是因为人类掌握数量越来越多、功能越来越强的可以改变世界的技术手段，但人类驾驭自己欲望和情感的能力似乎并没有明显提升，人类改造世界所产生的变化，再加上不同的人、不同的群体相互矛盾的利益追求，使人类陷入越来越多的不确定性之中，人类的前景是祸是福，人们似乎越来越难以判定了。正是基于此，人们对当代社会和人类文明有某种深深的忧虑：当前，似乎全世界都处于某种混乱状态，或者说，社会处于“混沌”状态，处于一种明显的不确定性之中。由于欧美干预而形成的中东乱局[①]，导致社会分崩离析，“伊斯兰国”等极端主义崛起，恐怖主义活动成为

① 教皇方济各批评西方列强试图向伊拉克和利比亚这样的国家输出自己品牌的民主，而不尊重当地的政治文化。他说：“就像一个利比亚人最近说的，‘我们过去只有一个卡扎菲，现在却有 50 个’。”（教皇批评西方搞“民主输出”．参考消息，2016－05－18.）

常态，难民和人权问题日益严重；经济全球化造成世界格局的变化，欧美民粹主义和民族主义势力抬头。2017 年 2 月在慕尼黑举行的安全会议的主题是“后真相、后西方、后秩序?”，充分反映了当前世界对未来前景的茫然状态。

先看西方世界，欧美国家借助冷战的胜利，不断进行“颜色革命”，压缩战略对手的活动空间和发展可能性。它们对中东地区进行干预，不仅没有能够按照西方人设定的民主模式改造中东，反而让中东陷入了愈加难解的错综复杂的混乱之中，西方国家出现了无力感；另外，中国、印度等亚洲国家的迅速发展，也导致了西方国家自身的自信心受挫。历史的辩证进程使西方的价值观本身所产生的影响反过来也对西方社会造成了伤害，譬如，它们在人权高于主权旗帜下做出的干预行动所造成的无序、混乱、恐怖主义、难民、偷渡等问题在改变着当代欧洲的秩序。英国脱离欧盟，标志着欧洲一体化进程的倒退，也许会是欧洲重新碎片化的开端；不只在欧洲与亚洲、非洲接壤的文化边缘地带，如巴尔干、高加索、乌克兰等地出现紊乱，在法国、比利时乃至德国都开始不断地发生严重的恐怖事件。在北美，美国的“特朗普现象”和“桑德斯现象”说明右翼和左翼民粹主义的崛起；另外，达拉斯等地出现了美国黑人连续有意识地枪击警察案件，特别是 2021 年 1 月 6 日发生的特朗普支持者冲击美国国会的事件，这也许是美国内部体制分裂的开始。社会紊乱是社会内部病态问题的症候。

西方资本主义制度本身面临发展的停滞和制度老化，这使西方国家产生彷徨和无力感，而面对新兴市场经济国家的迅速崛起，欧美也不知如何有效应对。对中国来说，由于中国共产党和中国人民一直进行自觉的改革，而且明确要不断深化改革，因此关键问题是“如何变才是对的”；对欧美来说，在苏联解体之后，欧美一直认为自己是“普世价值”的代表，人类文明的历史已经终结了，但是全球形势目前的演化趋势让西方世界也无法像20世纪末那样自信了。由于亚洲的一些国家的迅速崛起，现在许多西方人也开始反思自己的道路和模式了，也就是说西方目前的关键问题是“变，还是不变”。特朗普一句“美国优先”，就把西方人在意识形态上的优越感搞得“一地鸡毛”，也让许多盲目崇拜美国的人感到茫然无助，“普世价值”似乎应声化为泡影。

实际上，整个世界都面临着迅速变化带来的不确定性，让世人感到焦虑不安。在世界已经变成一个“一荣俱荣、一损俱损”“你中有我、我中有你”的“地球村”的背景下，中国也无法完全置身事外，必须未雨绸缪，在反思经验教训的过程中探索发展的新理念、新方向，所以中国开始阐述“人类命运共同体”的新国际观。

中国发展到现在，温饱问题已经基本得到解决，但温饱之后人们对于财富、享乐、声誉的追求，让人在职场中忙忙碌碌，却难得有时间去思考生活的意义何在，社会似乎出现了秩序紊乱的风险。意义的缺失动摇了社会规范的严肃性，从而进一步增加了失序的可能性。目前中国社会的风险，与其说是经济发展的问题，不如说是如何保持持续稳定发展的制度性问题。更加重要的是要避免在生活水平提高后人们陷入无意义的虚无感之中，探索在社会经历了“祛魅”之后，如何赋予生活新的、真实的意义。对于“下一步我们应该如何走”这个问题，不同的人有不同的想法。人们意识形态方面的分化，在以互联网为代表的新媒体的推动下，更容易出现分裂化、对立化甚至“极化”的现象。人们都因权利意识的觉醒而坚决捍卫自己的利益，但有的人沉溺于一己私利，尽力逃避自己所承担的义务；许多人固守自己的认识，不仅不愿接受更广阔的视野，甚至排除所有与自己不一致的观点和话语。在这种情况下，党和政府已经在某种意义上处于一种两难境地：如果强化意识形态和“思想政治教育”，那么不仅可能进一步疏离广大民众，还可能使意识形态的争论持续地分裂社会；如果不强化意识形态，社会就会进一步失去“有意义的生活空间”，最终必定让社会发展失去方向感，而没有统一的意义和发展方向感，社会就因没有黏合剂而碎片化。这就是当代中国如此重视培育和弘扬社会主义核心价值观的原因。社会主义核心价值观的提出，是为了给中国人民构建一个精神家园，使社会生活更有意义。

对于中国来说，过去改朝换代，都要寻找一种对“天命”的解释，即谁真正“奉天承运”，谁在延续“三皇五帝”以来的正统皇祚，谁是所谓的“真命天子”。近代，中国遇到西方文化有了新的参照，从而出现了所谓“三千年未有之变局”。但是，近代的中国社会结构仍然是农村的自然经济，我们是带着对欧美不情愿的羡慕心情来思考中国的变化的。改革开放后的中国社会结构发生了翻天覆地的变化，同时各种形态的社会要素、问题和矛盾叠加，例如，农业社会、工业社会、后工业社会；意识形态方面“左”的、右的、保守的、现代的、后现代的；阶层分化后产生的利益多元化，思想和价值观随之出现的分化。这些要素、问题和矛盾纠缠在一起，构成了一个非常复杂的现实中国。对“中国的路应该怎么走”这一问题，不同的人提出不同的方案。对于这个问题，一方面，我们很早就提出构建“和谐社会”的理念，党的十八大之后又提出实现中华民族伟大复兴的中国梦，之后在党的十八届五中全会上提出坚持以人民为中心的发展思想，团结全体中国人民，集中精力推动中国的和平崛起；另一方面，我们提出全面依法治国，通过建立完善的法律体系、法治体系，实现社会治理的现代化。

实际上，中国近几十年的发展相对顺利，正是因为逐渐变革了自己僵硬的文化模式，从而获得了汲取其他文化资源养分的能力，同时也变革了以意识形态为绝对标准的国际交往形式，在全世界范围内做生意，并且在经济贸易交往中逐渐激发了技术和社会组织机制的创新欲望和能力。中国人曾带着仰视的眼光与欧美人打交道，但在发展中逐渐掌握了制造业和商业上的自主权，甚至在某些方面还获得了优势地位，但对于这种地位，我们自己大多数情况下并没有自觉。我们中的某些人往往以欧洲的标准为标准，以美国的准则为准则。当我们没有了自信的时候，我们却在构建着一个扩展的自我，并且在羡慕地借鉴学习他人的过程中，奋力地追赶并且超越他人。我们现在提出要继续全面深化改革，就是要避免出现盲目的自信，从而把自己的边界固定下来，丧失了变革自我、汲取各种资源、构建更大的自我的可能性。

但是，如果我们总是认为别人比自己好，那么我们很难成为自己。这就是习近平总书记要求我们增强文化自信的原因。我们要在对中华优秀传统文化进行创造性转化和创新性发展的基础上，建立与所有优秀文化相媲美的当代中国文化。在文化自信的基础上，中华民族才能重新获得经济、政治和社会层面的自信和自尊。

西方国家在最近几个世纪的成功中获得了空前的自信心。它们认为，只有西方文化才是典型的人类文明，其他文化都是不成熟的或有缺陷的文化模式。社会主义阵营的出现，曾经迫使资本主义世界反思自己并且采取许多方式吸纳许多社会主义的政策，从而创造了战后西方世界的繁荣。由此，西方人就更加傲慢了，他们开始认为，只有西方的价值观才是“普世”的价值观，其他价值观都应该被替代。他们自以为西方的“自由民主制度”是最理想的制度，其他文化模式下的文明形态可能只具有人类学上的特殊价值。他们也认为，只有个人权利优先的自由主义意识形态、资本优先的资本主义制度，才是符合人性的合理选择，其他所有制度都是违背人性的安排或狂想。基于这种心理，西方人变得越来越傲慢无礼，不愿意再倾听其他不同声音，对与自己不一致的声音往往采取压制的态度。长此以往，西方人就失去了向其他文化学习的意愿，甚至羞于向其他文化学习，特别是在苏联解体之后，西方人的自信心得到了极大增强。西方人认为，在逻辑上人类文明已经在西方社会形态中达到顶点并完成了，他们沉溺于“不战而胜”的得意和“历史终结”的白日梦之中。

不过，世界格局正经历结构性变化，中国、印度等新兴国家的崛起，压缩了欧美在世界力量中所占有的份额。尤其是中国的崛起，使美国感受到自己绝对霸权瓦解的可能，鉴于所谓的修昔底德陷阱，美国开始对中国采取或明或暗的各种压制手段。与之相对，中国反而显得更加理智，提出了中美之间建立“不冲突不对抗、相互尊重、合作共赢”的新型大国关系的理念。许多美国观察者也认识到中美两国和则两利、斗则两败的境遇。譬如，美国前总统国家安全事务助理布热津斯基认为，“与北京对立不符合我们的利益”，“在当今世界，中国和美国都无法成为唯一的领导者。……如果美国试图抛弃中国单独行动，在这个世界上就难有自己的一席之地”，“今天的世界是极不稳定和不可预测的。美国的长期利益根本上在于深化与中国的关系，而不是为了战术利益去撕裂这种关系”①。

无论如何，我们必须基于构建人类命运共同体的理念面对纷争的世界。首先要倡导理性精神。正如美国学者保罗·布卢姆指出的：“理性是世界上许多重要事物——包括人类独有的重塑环境以追求更高目标的计划——的基础。”② 一旦失去理性，世界就可能陷于恐怖的对立与冲突之中。其次，要倡导合作共赢精神。习近平总书记说，“我们既要让自己过得好，也要让别人过得好”。在经济全球化的背景下，只有大家都顺利发展，自己才能有更好的发展前景；只有共同发展，才有各国的发展。最后，我们还要使人类文明更加人性化。面对世俗的社会生活，我们必须有更高的发展目标，正如唐太宗在《帝范》中所说：“取法于上，仅得为中；取法于中，故为其下。”我们必须以构建和谐世界的美好理想，推动人类文明不断进步。

---

① 布热津斯基建言特朗普抛开中国单干不符合美国利益．参考消息，2017－01－05．

② 布卢姆．理性之战．国外社会科学文摘，2014（9）．

第四章

对外文化和价值观传播中的话语创新

第一节

建设文化强国是提高文化传播力的基础

文化的传播力来自文化本身的活力和魅力。一种生机勃勃、有生命力的文化本身就有吸引力和感召力。提高文化和价值观的传播力，必须建设中国特色社会主义文化强国。

建设文化强国必须有深厚的文化根基。中国有 5 000 多年的历史，有绵延不断的优秀文化传统，有着连续而又开放的独特精神世界，这是中华民族屹立于世界民族之林的文化基础。习近平主席在德国柏林同德国汉学家、孔子学院师生代表座谈时讲道："作为中国的领导人要干什么呢？就是不要把中国五千年的文明文化搞丢了。"2014 年 2 月 24 日，中共中央政治局就培育和弘扬社会主义核心价值观、弘扬中华传统美德进行了第十三次集体学习。习近平总书记强调，培育和弘扬社会主义核心价值观必须立足中华优秀传统文化。对历史文化特别是先人传承下来的价值理念和道德规范，要坚持古为今用、推陈出新，有鉴别地加以对待，有扬弃地予以继承。根深才能叶茂。树根深了，生命力才旺盛；文化积累厚实了，才能拥有深厚的文化力量。

建设文化强国必须有先进的文化理念。习近平总书记在北京市海淀区民族小学主持召开座谈会时讲道："一个民族的文明进步，一个国家的发展壮大，需要一代又一代人接力努力，需要很多力量来推动，核心价值观是其中最持久最深沉的力量。”价值观是文化的灵魂。有共同的文化传统和核心价值观，中华民族才能有共同的精神家园。2014 年 5 月 4 日，习近平总书记在北京大学师生座谈会上讲道：“如果一个民族、一个国家没有共同的核心价值观，莫衷一是，行无依归，那这个民族、这个国家就无法前进。”我们需要什么样的价值理念呢？2016 年 5 月 17 日，习近平总书记在哲学社会科学工作座谈会的讲话中指出，“要加强对中华优秀传统文化的挖掘和阐发”，“把跨越时空、超越国度、富有永恒魅力、具有当代价值的文化精神弘扬起来”。在党的二十大报告中，习近平总书记强调，要“以社会主义核心价值观为引领，发展社会主义先进文化，弘扬革命文化，传承中华优秀传统文化，满足人民日益增长的精神文化需求，巩固全党全国各族人民团结奋斗的共同思想基础，不断提升国家文化软实力和中华文化影响力”①。社会主义核心价值观是中国特色社会主义的价值理念。这种价值理念是在马克思主义中国化时代化的过程中，通过马克思主义基本原理同中国具体实际相结合、同中华优秀传统文化相结合而形成的当代中国价值观。这种结合让我们的文化自信和价值自信达到了新高度。在经济全球化和文化多样性的背景下，只有符合历史发展规律、反映社会前进方向的价值观才具有超越时空、跨越国度的世界历史意义。我们的价值观是基于中国道路和中国实践形成的，因而必定具有中国特色和中国形态。但是，从历史发展的角

---

① 习近平．高举中国特色社会主义伟大旗帜 为全面建设社会主义现代化国家而团结奋斗：在中国共产党第二十次全国代表大会上的报告．北京：人民出版社，2022：43.

度看，由于中国特色社会主义道路和实践遵循着人类社会文明进步的轨迹，因此我们的核心价值观必定具有普遍的世界历史意义。正因为如此，我们应该把注意力放在阐发社会主义核心价值观反映人类历史发展方向的先进性上，以便产生更广泛的世界意义。

建设文化强国必须有持续的文化创造力。文化是一个最具创造性的过程，文化的魅力在于创造力。人类历史上所有的进步都是由具有精神内涵的行动推动的。既然人类是靠思想站立起来的，那么中华民族要屹立于世界民族之林，就要激发我们民族的思想生产力。我们不能只消费别人的文化和思想，我们还要创造自己的文化和思想。我们不能被动地受各种价值观的支配，我们应该成为新价值观的提出者和引领者。只有充满文化创造活力的国家，才可能成为文化强国。

建设文化强国必须有强大的文化传播能力。文化只有传播开来才有影响力，传播能力与文化力量是相辅相成的。习近平主席指出，介绍中国，既要介绍某一个特色，也要进行全面的介绍。既要介绍历史的中国、古代的中国，也要介绍现代的中国。既要介绍中国，也要介绍中国人，还要介绍中国文化。通过与世界文化的亲密对话，不断丰富中国文化的表达方式，提升中国的话语权和议题设置能力，让国际社会加深对中国发展进程的理解，增强对我国和平发展理念的认同。

总之，没有先进文化和价值观的引领，一个国家、一个民族就不可能屹立于世界民族之林，也不可能成为黑格尔所说的“具有世界历史意义”的民族。提高文化软实力和文化影响力，不仅需要把我国建设成具有强劲文化创新能力的现代化文化强国，还要创造性地提升我们的文化传播能力。文化创造和文化传播是理论界在新时代应该加强研究的课题。

第二节

价值传播的话语创新

要创新对外表达中国立场和中国声音的话语方式，提升我们对外文化传播的能力，就必须做到：基于中国的历史传统和社会发展现实，提炼出适合描述中国道路、反映中国力量、体现中国价值、表达中国精神的中国话语；立足反映中华民族生生不息的日常生活和文化传统，提炼出能够打动“他者”的话语；紧跟社会发展和文明进步的步伐，适时地提出具有原创性和时代特征的话语议题；对接经济全球化的世界格局，构建人类命运共同体，凝练出能够让世界理解的具有世界历史意义的话语；重视提升用外语讲述中国故事、传播中华文化的能力。

人类历史充分证明，没有先进文化和价值观的引领，一个国家、一个民族，就不可能屹立于世界民族之林，就不可能成为黑格尔所说的“具有世界历史意义”的民族。环顾当今世界，文化已经成为综合国力竞争的重要内容。占据文化制高点，提升国家文化软实力，关系到我国在世界格局中的国际地位和国际影响力，关系到建成社会主义现代化强国奋斗目标和中华民族伟大复兴中国梦的实现。要提高文化软实力和文化影响力，不仅迫切需要把中国这个有丰富文化资源的文明古国、文化大国转变为具有强劲文化创新能力的文化强国，而且还要创造性地提升我们的文化传播能力。

实际上，在全球化的时代，文化创新与文化传播已经统一在一个过程之中了，由于文化生成的问题已经国际化，文化的创新只能在不同文化的交流互鉴中得到实现。经济全球化、新科技革命和信息技术的发展，使世界处在一个大变革时期，在这个时期，谁能够掌握文化引导力量和话语权，谁就能够掌控文化创造和传播的过程。作为哲学社会科学工作者，我们必须认真寻找和创新对外表达中国立场和中国声音的话语方式，提升我们对外文化传播的能力。

第一，在推进对外文化和价值观传播的创新过程中，我们必须基于中国的历史传统和社会发展现实，提炼出适合描述中国道路、反映中国力量、体现中国价值、表达中国精神的中国话语。

在 21 世纪，不能寄希望于某一种文化能拯救世界，我们更需要文化之间的交流互鉴、相互合作。交流的作用表现在：一是通过其他文化能够更好地反思自己的文化，重新界定自己的文化；二是通过其他文化可以拓宽自己的文化视野，即伽达默尔所说的“视野融合”；三是文化之间的相互借鉴可以丰富各民族文化的内涵；四是激发文化的创造力。

我们参与文化交流互鉴的前提，就是必须有自己自觉而清晰的中国文化的表达，有我们自己作为主体的“前理解结构”①。我们必须以

① 主权国家仍然是当今国际社会的权力的载体，经济全球化和区域化并不能完全消解国家的力量。正如约瑟夫·奈所说的：“信息革命、技术变革和全球化不会取代民族国家，但会让世界政治的行为体和所有问题变得更为复杂。”（奈．硬实力与软实力．北京：北京大学出版社，2005：187.）又如英国学者杰索普指出的：“在当前全球化的以知识为基础的经济当中，民族国家仍然重要，它不是正在消亡，而是正在被重新想象、重新设计、重新调整以回应挑战。”［杰索普．重构国家、重新引导国家权力．求是学刊，2007（4）.］

“贴切我们想法的话”与“他们”对话，而不是用“贴切他们想法的话”与“他们”对话。如果“我们”变成“他们”，那就没有必要与“他们”对话了。正如荷兰学者洛伦兹所说：“认同即意味着相同，差异即意味着不同或他者；因此认同和差异互为前提，没有认同就无所谓差异，没有差异就谈不上认同。”[①] 中国文化是一代代中国人在中国辽阔的疆域中，用自己历史性的实践活动创造的灿烂的中华文明。习近平总书记指出：“历史和现实都证明，中华民族有着强大的文化创造力。每到重大历史关头，文化都能感国运之变化、立时代之潮头、发时代之先声，为亿万人民、为伟大祖国鼓与呼。中华文化既坚守本根又不断与时俱进，使中华民族保持了坚定的民族自信和强大的修复能力，培育了共同的情感和价值、共同的理想和精神。”[②] 在中国的文化传统宝库中，有丰富而深邃的哲学和思想，有多姿多彩的文学艺术形态，有生生不息的民间文化，所有这些都是我们提炼新时代话语的传统文化资源。有自己独立的话语体系是参与话语对话的前提。如果我们没有自己的话语，那么就会成为或被人视为只是别人思想的应声虫[③]，并且逐渐失去自主思考的能力。

文化是一种反映社会生成活动的现象。要贴切地表达中国文化，就

① 洛伦兹．比较历史学理论框架的初步思考．山东社会科学，2009（7）．

② 习近平．在文艺工作座谈会上的讲话．人民日报，2015－10－15.

③ 欧美人往往自诩是文化的自觉者，认为其他民族不具备文化自主能力。正如美籍学者萨义德揭露的：“东方学的局限……乃伴随弃除、抽离、剥光其他文化、民族或地区的人性……它不仅认为东方乃为西方而存在，而且认为东方永远凝固在特定的时空之中。东方学描述东方和书写东方……以致东方文化、政治和社会历史的所有时期都仅仅被视为对西方的被动回应。西方是积极的行动者，东方则是消极的回应者。西方是东方人所有行为的目击者和审判者。”（萨义德．东方学．北京：生活·读书·新知三联书店，2007：142.）

必须使其反映我们的现实社会和生活。在当代中国，表达中国文化的话语方式，必须反映中国特色社会主义的伟大实践。中国的话语必须依靠中国实践着的力量。依靠“中国力量”即中国人民走出了一条“中国道路”——中国特色社会主义道路，创造了举世瞩目的“中国奇迹”，因此表达中国文化的话语也应该是反映创造“中国奇迹”历史进程的“中国话语”：一方面，全球化并没有消解国家主权，只是改变了主权国家之间的交往方式[①]；另一方面，全球化使区域性的话语大行其道。就像胡里奥·里奥斯指出的，“在不丧失自身特点的情况下，中国制订了适应、复制和模仿它认为好的东西的计划，而不是盲目追随。中国当年不希望成为苏联，现在同样没有必要希望成为美国”。“中国必须走自己的道路”，“‘中国梦’是成为中国自己”[②]。由此可见，表达中国人民光荣与梦想的文化话语，应该是用中国话语表达中国自己的情感、梦想和价值追求。

任何话语都不是天生就具有普遍的世界影响力的，西方的“普世的话语”本质上也是区域性话语的表达，其在世界范围内的影响是它们建构话语霸权体系的结果。如赫勒指出的，尽管福山声称冷战的结束意味着“历史的终结”，然而，事实的发展并非如此。“相反，社会和政治领域的发展趋势却远不是齐一的或线性的。而且在将来也很难期望它如此。”[③] 中国人必须走自己的路、说自己的话、构筑自己的精神家园。

① 英国学者鲍伯·杰索普指出：“在当前全球化的以知识为基础的经济当中，民族国家仍然重要，它不是正在消亡，而是正在被重新想象、重新设计、重新调整以回应挑战。”［杰索普．重构国家、重新引导国家权力．求是学刊，2007（4）．］

② 里奥斯．“独创性”助中国取得经济成功．参考消息，2013－07－16.

③ 赫勒．现代性理论．北京：商务印书馆，2005：98－99.

我们已经过多地消费了别人的话语，这容易让我们失去自主话语表达者的地位。正因为如此，在中国因暂时的落后而面临向何处去的选择困境时，有些人曾经希望走“全盘西化”的路，有些人企图通过“中体西用”的方式实现自强的目的。即使在新中国成立之后，我们也曾说“苏联的今天就是中国的明天”，我们要以“大跃进”的速度“超英赶美”。显然，一代代中国人都梦想实现中华民族的伟大复兴，但却在自己的梦境中移植了别人花园中的景物。现在，我们成功地走出了自己的道路，就需要我们说出自己的话语，表达我们自己的价值观，这样才能成为自主自觉的文化创造者。作为自主自觉的民族文化共同体，我们必须注重对话语方式的研究，找到贴切表达中国文化的话语，这样才能重新掌握自己的话语权。

第二，在推进对外文化和价值观传播的创新过程中，我们必须立足反映中华民族生生不息的日常生活和文化传统，提炼出能够打动“他者”心扉的生活话语。

要让中国文化的基本特征、价值和功能获得最广泛的理解，就必须回到作为文化基础的生活世界本身。这就要求讲述中国文化的话语应该让人愿意听，听得进去，听了能理解，理解了能有共情的体悟。我们过去总认为对外传播是“高大上”的行为，总是以悬在空中的抽象理论作为话语的表达原则，从而让我们的对外表达话语失去了感性的生命色彩和触动情感的灵动。只有拥有同样的生活、同样的情感、同样的希冀，才能产生心灵的共鸣。由此，我们的话语只有“深深融入人民生活，事业和生活、顺境和逆境、梦想和期望、爱和恨、存在和死亡，人类生活的一切方面”[①]，才能引起人们的共鸣，给人们以启迪。一些人在贬低我们的文宣方式时，会说我们只运用“概念化的套话和原则”，尽管他们这样的说法是别有用心的，但是也值得我们去反思。我们要从批评中寻找提高自己话语能力的途径，我们必须牢记，概念是灰色的，而生活之树常青。

我们是历史唯物主义者。按照唯物史观，人民群众是历史的创造者。许多惊心动魄的历史事件，实际上只是人类发展长河中翻腾的浪花。真正支撑文明进程的，是那些人民生活的实景：日复一日勤奋地劳作，不辞辛苦地养育子女，闲暇时的娱乐活动，等等。这些话题是最基础、最具共性的话语领域。人民的生活既充满多样性和创造力，又容易引起共情、共鸣和相互理解。话语具有生活基础可以防止话语的模式化或僵硬化。政治是生活的集中体现，当政治话语反映人民生活的内容时，不同文化之间就更容易相互理解。对外传播无非要表达自己的看法，以便与人沟通、让人理解自己。要让人理解，就要讲别人愿意听、听得进去、听得懂的话，那就要想尽办法找到共同的话题。要学会通过生活和实践的叙事，学会用人民群众的语言和人民群众的亲身经历来讲故事，让中国文化和中国人的梦想，通过鲜活的生活故事和行动故事显现其理念的光辉和理想的力量，从而打动世界人民的心。

第三，在推进对外文化和价值观传播的创新过程中，我们必须跟上社会发展和文明进步的步伐，适时地提出具有原创性和时代特征的话语议题。

① 习近平．在文艺工作座谈会上的讲话．人民日报，2015－10－15.

创新是一个民族进步的灵魂，是一个国家兴旺发达不竭的动力源泉。我们不仅要研究已经成为话题的话语，如“民主”“人权”“恐怖主义”“网络安全”“反恐”等等，以便保持对话的能力，还要学会创设新的话语和议题。话语的原创性也来自民族的创造力。议题设置能力决定了话语权，因为设置何种议题就决定了拥有何种价值取向和标准的话语权。譬如，当欧美提出“人权高于主权”时，你虽然批评这种观点，但在逻辑上已经站在为自我辩护的弱者地位上了。而当我们提出“国家不分大小，应该一律平等相待”的原则时，霸权主义国家就需要为自己辩解。

原创不是无源之水、无本之木，原创恰恰要依靠正本清源才能独辟蹊径，使创造力的活水源远流长；原创不是脱离基础构建空中楼阁，原创恰恰是基于传统的创新，使创新的活力奔腾在历史的主流之中。“问渠哪得清如许？为有源头活水来。”民族生命力的活水源头就在其历史传统之中，离开了民族传统我们就失去了创造力的源泉。中华民族的伟大复兴是民族文化的“再青春化”（黑格尔语），因此，讲述中国文化的中国话语也是在传承中创新的。譬如，“和谐”价值观的话语就可以利用古代“和而不同”“协和万邦”等思想资源，重新审视现代全球治理的问题。

话语的原创动力是基于实践和生活本体的，离开了实践和生活就没有真正的创造。只有通过坚守实践和生活的恒常之道，经过艰苦卓绝的探索，才能实现有生命力的原创性表达。原创性的话语，不是经过精细包装和雕琢的东西，而是来自生活实践本身的璞玉。实事求是，回到生活世界或事物本身，就能够找到话语的坚实基础和不竭的活力之源。因此，我们必须在实践和生活的创造与创新中，寻找话题和话语原创的基础和动力。

原创性话语的生命力基于其是否面向未来。如果没有面向未来的视角就不会有创新，创新就是基于现实而面向未来的探索，原创性话语就是这种面向未来的创新性探索的表达而已。话题是为了解决社会问题，但是话题也会促进社会的变化。话题与社会是相互塑造的关系。我们需要设置有利于中国发展和人类文明进步的话题，这样才能够从根本上掌握议题设置权和话语权。譬如，当我们提出“构建人类命运共同体”时，我们已经在设置议题了。当我们说不能搞“我赢你输”的零和游戏，而只能走“合作共赢”的道路时，我们已经在谈论如何实现“人类命运共同体”的话语了。当我们提出“一带一路”倡议和建设“亚投行”的设想时，我们已经在创设新的话语了，这种创新能独辟蹊径地拓展我们的国际合作空间，创造性地扩大我们的国际影响力。我们不能只做话语的追随者，而要做自主的话语讨论参与者。自主的话语讨论参与者，必须有设置话题和掌握话语标准的能力。

第四，在推进对外文化和价值观传播的创新过程中，我们必须对接经济全球化的世界格局和推动构建人类命运共同体，凝练出能够让世界理解的具有历史意义的话语。

中国的发展是中国的成就，但也是世界发展的重要组成部分，中国的发展有利于世界的发展。如果说西方的话语是“霸权话语”，其本质是要用自己的话语消灭并替代其他话语，那么中国的话语则属于“和谐话语”，其实质则是建立各话语系统之间“和而不同、相互交流”的关系。西方话语自诩是“普世”的，总想用各种方式，甚至以武力的方式粗暴地碾平差异世界看似不平坦的道路。与西方不同的是，“古往今来，中华民族之所以在世界有地位、有影响，不是靠穷兵黩武，不是靠对外扩张，而是靠中华文化的强大感召力和吸引力”[①]。所谓“远人不服，则修文德以来之”的道理，就是中国话语的特点。中国话语是中国的，但也是为世界添彩的话语，中国话语不是要取代其他话语，而是作为众多话语方式中的一种。中国的话语不是西方的霸权主义的话语，而是希冀“万紫千红总是春”的状态。这正如毛泽东的诗词所表达的意境：“待到山花烂漫时，她在丛中笑。”

幸福生活和美好未来是全人类的共同追求，也是推动文明进步的不竭动力。中国的和谐价值观具有普遍性世界意义，因为这是适合国际对话和合作的话语。主张构建“协和万邦，和谐世界”的中国文化，并不是要与其他文化对立，而是循着自己的传统追寻有更美好意义的发展道路。美国政治学者桑德尔的观点有一定的道理，按照他的看法，“全球市场的兴起以及全球性的环境问题，都要求我们发展一种全球性的公民品质——某种共享的政治伦理和相互责任，超越国家疆界的限制。然而，在如此广大的范围内，要培养一种强有力的社群感与公民义务感是困难的。因为大家容易认同的是那些与自己分享共同经验和传统的人。而全球政治伦理，需要我们培养一种多元交叠的公民身份认同——某些

① 习近平．在文艺工作座谈会上的讲话．人民日报，2015-10-15.

要比对民族国家的认同更宽泛，有些更特殊”[1]。中国人的“各美其美，美人之美，美美与共，天下大同”，不正是为全球化时代的复合性认同开辟了道路吗？

中国的发展是当今世界发展的重要组成部分。中国梦既是中国人民的追求，也与世界人民的梦想相通。中国的和平与发展，有利于世界的和平与发展，从中国经济的互惠性质我们就可以看到这一点。中国经济不仅成为拉动世界经济的主要引擎之一，而且中国作为全球第二大进口市场仍然具有发展的广阔前景。另外，近年来，我国对外直接投资规模呈指数级增长趋势，这直接惠及了对象国的经济发展和就业。目前，中国已经成为全球重要的对外投资国，对外投资额已经超过了外资引进额，这对促进世界经济，特别是发展中国家的经济起到重要的推动作用。因此，讲述中国文化的话语就要讲中国发展对世界发展有利的道理，要讲世界能够理解并且能够从中感受到鼓舞的话语。

中国梦是现实中华民族伟大复兴的埋想，也是朝向文明进步和人类未来方向的理想。这个道路既是中国的康庄大道，也与人类历史前进的方向相一致。自古以来，中国就有“天下为公”“天下大同”的理想，因此中国梦与全人类的未来是契合的。中国道路是中国特色社会主义道路，而社会主义的价值追求是每个人自由而全面的发展。中国人民实现民族复兴的梦想是朝向理想社会的，而未来的理想社会应该是全世界人民自由、公正、合作的和谐社会。因此，表达中国梦的中国话语不仅是中国的话语，也应该是表达人类未来发展方向的世界性话语。这样的话

① 刘擎．现代民主与公民政治：桑德尔教授访谈录．中国图书评论，2008（10）．

语不仅是民族的，而且也具有世界历史意义。

第五，在推进对外文化和价值观传播的创新过程中，我们也必须重视提升用外语讲述中国话语、传播中华文化的能力。

随着中国综合国力和国际影响力的提升，“国际社会对中国的关注度越来越高，他们想了解中国，想知道中国人的世界观、人生观、价值观，想知道中国人对自然、对世界、对历史、对未来的看法，想知道中国人的喜怒哀乐，想知道中国历史传承、风俗习惯、民族特性，等等”[①]。这些都为我们推进对外文化传播创造了很好的条件，但是如何实现有效的传播仍然是值得我们思考的，还需要我们进行持久的探索。即使在纯粹的话语形式层面，我们也应该注意话语交互理解的可能性。当与外国人讲话，表达我们的利益追求和看法时，我们就不能自说自话，要使用外国人能够理解的说法或话语。讲述中国文化，我们不仅要讲中国话语，而且要讲能够打动世界的中国话语；不仅要学会用中国语言讲述中国文化和中国话语，还要学会运用外国语言讲述中国文化和中国话语；不仅要用英语、法语、日语、德语等发达国家的语言讲述中国文化和中国话语，还要学会运用亚、非、拉广大地区的各发展中国家的语言讲述中国文化和中国话语。

在全球化背景下，向世界讲述中国文化，就需要掌握用外语讲中国话语的本事。用外语讲好中国话语的核心内容，能够更好地向世界讲述中国文化。正像“新自由主义”的话语翻译成汉语，仍然是地道的西方话语，用其他语言贴切而恰当地讲述中国文化，依然可以是真切的中国

① 习近平．在文艺工作座谈会上的讲话．人民日报，2015-10-15.

话语。中国正扮演一个全球性的角色，而且国家利益也越来越具有全球性质，我们必须学会用各种语言表达我们的话语和利益。

总之，哲学社会科学工作者应该承担起寻找和提炼中国话语方式的历史使命和责任，维特根斯坦曾经说，我们语言的界限就是我们世界的界限。借用他的话来说，我们话语的局限就是我们思维方式的局限。要创新话语体系，就必须转变和改造我们的思维方式，话语方式的突破首先需要思维方式的突破。在全球化和信息化的时代，我们应该树立大传播观，跳出内外有别的传播模式，在“人类命运共同体”的框架下，寻找和构建真诚而贴切地表达中国人民的希望与期盼的话语，并让这种话语表达与世界人民的希望和期盼相契合，为世界和平和人类文明做出更大的贡献。

第三节

如何讲好中国故事

讲好中国故事首先要有文化自信。没有文化自信，就会失语，就只能用别人的话语讲述自己，用别人的剧情框定自己。

创新对外传播，必须跟上社会发展和文明进步的步伐，适时提出具有原创性和时代特征的话语议题。我们提出“国家不分大小，应该一律平等相待”的话题，即包含着和平共处、和而不同的价值观，如果这种议题成为一个在世界范围内广泛讨论的主流议题，那么霸权主义国家就需要为自己辩解了。

在前文中我们已经指出中国话语不是要取代其他话语，而是要作为众多话语方式中的一种。表达中国梦的中国话语，不仅是中国的话语，也应该是表达人类未来发展方向的话语，即人类命运共同体的话语。这种话语不仅是民族的，而且具有世界历史意义。

一、从中国的和平崛起看文化自信的根基和价值

中华文明曾经有过辉煌而悠久的历史，因而中国被称为“文明古国”。可是，由于近代的落后，中国人的自信心受到极度摧残。偌大的中国，不仅在西方的坚船利炮面前变得不知所措，而且还受到周边较小国家的欺凌。法国人佩雷菲特称当时的中国是“停滞的帝国”，更有列强把中国人称作“东亚病夫”，他们把中国看成“永远逝去的落日”，认为中国再也不可能成为世界历史舞台的主角。但是，这些人显然不理解中国文化内在的自强不息的生命力，没有看到中华民族与历史命运相搏的顽强韧性。实际上，近代不堪回首的漫长辛酸岁月，在大历史的维度里，只是文明演进的一个片段。在“中华民族到了最危险的时刻”之警醒下，我们通过几代人前仆后继、不屈不挠的奋斗，实现了迅猛发展，中华民族重新登上了世界舞台。由此，习近平总书记指出：“当今世界，要说哪个政党、哪个国家、哪个民族能够自信的话，那中国共产党、中华人民共和国、中华民族是最有理由自信的。”①

① 习近平．在庆祝中国共产党成立95周年大会上的讲话．人民日报，2016－07－02.

中华民族的文化自信有深厚的历史根基，有坚实的现实基础，有稳定的制度性保证。在中华优秀传统文化之中，可以找到中国改革开放和经济社会成功发展的依据；反过来，中国改革开放和经济社会成功发展也在确证和巩固着我们的文化自信。

首先，中华民族的文化自信基于中华民族在历史中形成的坚如磐石的自主意识，无论碰到什么风浪，无论遭遇什么样的挫折，我们都不会动摇独立自主、走自己的路的意志。中华民族独立自主的意识来自何处？其答案就在深厚的文化传统之中，这是我们自信的历史根基。正如习近平总书记指出的："在几千年的历史流变中，中华民族从来不是一帆风顺的，遇到了无数艰难困苦，但我们都挺过来、走过来了，其中一个很重要的原因就是世世代代的中华儿女培育和发展了独具特色、博大精深的中华文化，为中华民族克服困难、生生不息提供了强大精神支撑。"① 早在夏、商、周时期，我们的祖先就创设了礼制，从春秋战国时期的百家争鸣，到秦朝统一、两汉雄风、大唐盛世，再到宋、元、明、清时期的文化繁荣，历史已经证明，中华民族是一个有创造力的民族。习近平总书记说："站立在 960 万平方公里的广袤土地上，吸吮着中华民族漫长奋斗积累的文化养分，拥有 13 亿中国人民聚合的磅礴之力，我们走自己的路，具有无比广阔的舞台，具有无比深厚的历史底蕴，具有无比强大的前进定力，中国人民应该有这个信心，每一个中国人都应该有这个信心。"② 习近平总书记在 2016 年哲学社会科学工作座

① 习近平．在文艺工作座谈会上的讲话．人民日报，2015－10－15.
② 习近平．习近平谈治国理政：第 2 卷．北京：外文出版社，2017：339.

谈会上的讲话中指出："我们说要坚定中国特色社会主义道路自信、理论自信、制度自信，说到底是要坚定文化自信。文化自信是更基本、更深沉、更持久的力量。"[①] 正是这种文化自信，保证了中华文明穿越历史的风风雨雨，绵延数千年；正是这种文化自信，给了中国人不屈不挠的精神气质，即便遭遇困难也能勇往直前；正是这种文化自信，给了中华民族开放包容的恢宏气度，勇于在文化交流互鉴过程中不断拓宽自己的文化视野、扩充自己的文化内涵。有了这种文化自信，即使有历史的起伏、暂时的挫折，中华民族也不会自暴自弃，而是永葆自强不息的精神意志。这种文化自信，不仅造就了中华民族的辉煌历史，而且也奠定了当代中国改革开放事业的成功基石。

中华民族的文化自信为中华文明绵延不绝的自主发展历史奠定了基础；反过来，中华文明绵延不绝的自主发展历史进一步增强了中华民族的文化自信。第一，我们的文化自信给中华文明的自主历史发展提供了一个有丰富文化内涵的起点。有了这个起点，我们的任何努力都是在丰富壮大自己，使中华民族和中华文明得以延续，而且一旦时机成熟就会激发出勃勃生机。有了这个起点，作为中华民族的"我"在变化之中就会成为一个更新、更丰富、更强大的"我"；缺少了这个起点，"我"在变化之中就可能成为"非我"，成为"他者"。也就是说，如果没有这样一个起点，我们就会失去自己的文化根基，甚至改变自己的文化基因，我们的历史性努力可能就是白费功夫，甚至是在做自我摧毁的事情。正如习近平总书记指出的："文化是一个国家、一个民族的灵魂。历史和

① 习近平．在哲学社会科学工作座谈会上的讲话．人民日报，2016－05－19.

现实都表明，一个抛弃了或者背叛了自己历史文化的民族，不仅不可能发展起来，而且很可能上演一幕幕历史悲剧。文化自信，是更基础、更广泛、更深厚的自信，是更基本、更深沉、更持久的力量。坚定文化自信，是事关国运兴衰、事关文化安全、事关民族精神独立性的大问题。”[①] 第二，中华文明绵延不绝的自主发展历史，也给当代中国社会的时代性发展提供了丰富的、可资借鉴的文化资源，从而为民族复兴开辟了广阔的空间。中国悠久的历史传统就是我们的一笔财富。与美国的文化相比，我们的文化有历史的厚度；与许多较小的国家相比，我们的文化有空间上的广度；中国文化在外来文化的冲击下仍然从容发展，更是说明了我们文化的深度。就文化形态而言，中国文化自主性之“我”，不仅能够保持为“我”，而且是内涵丰富、表现形式多样、有内在深度的“我”。

其次，中华民族的文化自信是建立在坚实稳健的发展现实基础上的。中国特色社会主义事业的成功，中国改革开放所创造的“中国奇迹”，让中华民族的文化自信得以确证、彰显和巩固。同处在一个“地球村”，同处于经济全球化时代，为什么中国能够在短短几十年间实现快速发展？在百舸争流的全球化浪潮中，为什么中国人能够创造“中国奇迹”？原因就在于，中国不仅拥有自己一脉相承的文化传统，而且能够自信地面对文化与文化之间的竞争。这就是说，中国的发展本身给了中国人文化自信的理由，而中国的文化自信本身又是中国发展的根源之一。实际上，中华文明绵延不绝的自主发展历史，正是中国社会不断发

① 习近平．在中国文联十大、中国作协九大开幕式上的讲话．人民日报，2016-12-01.

展的动力。中国文化多元一体，其内在的丰富性与统一性相得益彰，本身就构成了一个具有内在发展活力的共同体。面对中国令人惊讶的发展变化，美国企业战略家库恩·劳伦斯·罗伯特曾认为，中国在“经济上的变化只是我所看到的第二大变化；中国真正最大的变化是人民的思想和精神的变化——他们的看法和见解、开放性的思维、对自己国家和人民的自信、他们走上世界舞台时所表现的那种热情，还有他们现实生活中所拥有的个人自由，都表明了中国人在思想和精神上的巨大变化”①。另有学者指出：“中国在改革起步阶段就致力于通过市场开放来提高企业的竞争力，而没有像其他东亚国家那样采取贸易保护主义政策。”②敢于在开放中交流互鉴，敢于在竞争中一试身手，敢于在对抗中壮大自己，敢于大胆地改、大胆地试，这就是中华民族文化自信的表现。

实际上，一部中国史就是中华文明与其他文明交流互鉴的历史。一方面，“中华民族从一开始就是多元的，在漫长的发展过程中，汉族不断与周围的民族相融合，形成了由五十六个民族组成的大家庭”；另一方面，“中华文明和域外文明的接触，无论是与印度佛教文明的接触，还是与西方近代文明的接触，都促进了中华文明的发展”③。中华民族在与其他民族的相互交往中不断融合、成长壮大，例如，在汉唐之际就以包容的胸怀、恢宏的气势与周边民族交流互鉴，造就了汉唐盛世，扩大了中华文明的影响力。明朝时期，郑和“七下西洋”的壮举，也展示了中华民族广阔的文化视野。相比之下，随后的闭关锁国、故步自封只

① 罗伯特．我看到的中国变化．环球时报，2005－11－16.

② 赵英男．中国的软实力：资源与前景．国外社会科学文摘，2009（1）.

③ 袁行霈，严文明，张传玺，等．中华文明史．北京：北京大学出版社，2006：13.

是中国历史的细枝末节。中国人民能够以开放的胸襟面向世界，是因为中国的“天下观”本身就是开放的，其理想是不同文化之间的差异不影响和平共处，这就是“和为贵”的初衷用意、“和而不同”的方法途径、“协和万邦”的目标追求。可以说，“天下为公”的价值理念决定了中国文化的开放性、公允性。这种文化发展到今天，就演变成为人类命运共同体的理念，就成为中国“坚持主权平等、共同安全、共同发展、合作共赢、包容互鉴、公平正义”的外交政策。正是基于对自己文化的自信，中国才能够为自身的发展创造良好的国际环境。也正是这种自信，让我们有了敢于学习外来文化优秀成果的博大胸襟，有了把“差异”变成丰富自身构成的因素，把“不足”变成与时俱进的动力的可能性。

最后，中华民族的文化自信有着稳定的制度性保证。当代中国经济社会的发展成就说明，绵延 5 000 多年的中华文化是中国特色社会主义事业发展的深厚根基。中国 40 多年的发展是有原因的，它一方面源自中国传统文化本身，另一方面是因为中国找到了符合自己传统文化的发展道路、理论体系和社会制度。关键就在于，中国的发展道路、理论体系和社会制度是有自己的历史根基的，有了这种历史根基，我们在学习外来文化时，就不会迷失自我；有了这种文化根基，我们的发展就不是无本之木、无源之水，中国的发展就像一棵根深叶茂的大树，树越长越高，根越扎越深。

面对中国的高速发展，西方人的傲慢心态开始变化了。英国工业革命以来，西方国家在与亚非国家交往的过程中滋生了优越感，它们把欧美的道路视为国家发展的标准路径。以西方为中心的世界观，让西方人习惯性地低估非西方文明和发展中国家在历史发展中的作用。特别是在苏联解体之后，有些人甚至认为“历史终结”了，即在逻辑可能性上，世界的发展只能是西式民主和自由主义市场经济的“天下”，以后的历史演化只是这些模式在时间中的展开而已。英国著名学者马丁·雅克指出：“当时西方还有一个有失偏颇的观点，认为现代化只有一种模式，那就是西方式的现代化。”这显然是偏见，但是这种偏见却成为西方学术的“集体无意识”。可以说，中国发展道路的成功，使“西方中心论”的历史观遇到了一个真正的历史性挑战。过去，西方遇到的挑战大都属于“内部的危机”，“可现在，这种竞争来自中国特色的社会主义。在西方经济陷于困境之时，中国经济表现出色，增强了制度吸引力”①。显然，在当今世界，中国的文化自信不仅是历史的延续，而且是现实的确证，这种确证是以中国特色社会主义为根本保证的。

对于正处在实现中华民族伟大复兴中国梦征程中的中国人民而言，文化自信有着特殊的价值，因为这种自信是更基本、更深沉、更持久的力量。首先，文化自信可以增强民族自信心，增强中华民族的文化认同，从而激发全体中华儿女为实现民族复兴的伟业而奋斗的激情和意志。其次，文化自信可以破除一些人崇洋媚外的虚幻思想。曾经有人说，中国为什么发展如此之快？那是因为学习了西方。为什么中国还有许多不完善的地方？那是因为学习西方还不到家。实际上，中国在改革开放的过程中既参照了西方的一些经验，也是“摸着石头过河”，而所

① 奥特曼，哈斯．美国人的挥霍与美国的权力：财政不负责任的恶果．国外社会科学文摘，2011（4）．

摸的“石头”是作为中国发展问题的“石头”，因此是因地制宜，做符合自己国情的事情，从而取得了成功。改革开放以来所取得的巨大成就之所以被称为“中国奇迹”，就在于中国的发展规模和速度都是空前和罕见的。最后，中华民族的文化自信可以为世界增添新的发展愿景并提供参照。在当今世界，任何道路如果不能实现国家又好又快的发展，就是无效率的和不可持续的。如果这种发展不能让绝大多数人获得好处，那就是无意义的或不公正的。中国特色社会主义以人民为中心的发展思想，正是为了让这两个方面统一起来，并且已经取得一定的成效。在胜于雄辩的事实面前，英国学者罗思义也认为，“中国的社会主义模式优于资本主义模式”，其给出的理由一是“当前世界上增长最快的经济体并非遵循……‘华盛顿共识’发展，而是仿效中国的‘社会主义发展战略’或深受其影响”；二是“仿效中国的发展战略或深受其影响的国家对世界减贫的贡献率是85%，而资本主义国家的贡献率仅为15%”[①]。的确，中国不仅实现了快速的发展，而且让几亿人摆脱了贫困。联合国报告指出，近30年全球减贫成果的70%是由中国贡献的。中国人民有资格为解决世界问题提供中国方案。

总之，“中国共产党、中华人民共和国、中华民族最有理由自信”，就在于当代中国人民基于中国的文化传统和现实实践，找到了一条中国特色社会主义道路，构建了中国特色社会主义理论体系，创设了中国特色社会主义制度，建设了中国特色社会主义文化。这种发展道路、理论体系、制度文化，一方面保证了我们能够实现经济的高速发展，另一方

① 罗思义．没错，“中国模式”优于“西方模式”．环球时报，2016-09-20.

面也能够让以人民为中心的发展思想规范我们的发展。对于人类文明而言，这两个方面都是不可或缺的。邓小平同志指出："贫穷不是社会主义，社会主义要消灭贫穷。"[①] 邓小平同志所说的消灭贫穷，是实现"共同富裕"，而共同富裕又需要以经济发展作为支撑，即发展才是硬道理。正如马克思指出的，生产力的巨大增长和高度发展"之所以是绝对必需的实际前提，还因为如果没有这种发展，那就只会有贫穷、极端贫困的普遍化；而在极端贫困的情况下，必须重新开始争取必需品的斗争，全部陈腐污浊的东西又要死灰复燃"[②]。马克思的话是十分深刻的，他告诉我们，只有物质文明的高度发展才能确证文化的理想、保障文化的自信。正是中国特色社会主义事业的成功，才让中国人民摆脱了近代以来自卑的心态，在真正意义上恢复了文化自信。经济社会发展良好，说明我们的道路走对了，我们的理论是正确的，我们的制度是合理的，我们的文化是值得骄傲的。

二、用社会主义核心价值观讲好中国故事

中国人崇尚实干，倡导少说多做。但是，文化软实力需要思想和价值的话语力量。俗语说，"酒香不怕巷子深"。但是，在信息化时代，人们往往根据信息来对一件事情做出判断，在国际上，大多数人不可能有机会考察其他国家的实际情况，对其他国家和地区的了解主要依赖各种媒体的报道。由于历史和其他原因，西方发达国家掌控着从传统媒体到

① 邓小平．邓小平文选：第 3 卷．北京：人民出版社，1993：116.
② 马克思，恩格斯．马克思恩格斯文集：第 1 卷．北京：人民出版社，2009：538.

网络新媒体的全方位的传播手段，实际上控制了国际话语权和议题的设置权，因此我们往往被无端地抹黑，甚至被“妖魔化”。我们的经济社会发展了，人民生活改善了，社会越来越开放了，但“骂”我们的人却没有减少。我们已经解决了“落后就要挨打，贫穷就要挨饿”的问题，但还没有解决“失语就要挨骂”的问题。由于国际舆论“西强我弱”的格局没有根本改变，面对一些国家或个人信口雌黄、颠倒黑白的指责，我们则往往有理说不出，说了也传不开。可见，谁掌握了话语权和议题设置权，谁就掌握了判断是非的权力。正如哈尔珀所说的：“打赢如今的战争靠的不是最好的武器，而是最好的叙述方式。”① 这也是西方学者鼓噪其文化软实力的一个重要原因。

所谓文化软实力，就是一个国家基于文化传统和价值观念而形成的凝聚力和生命力，以及由此产生的对他国的吸引力和国际影响力。纵观人类历史，任何一个大国的崛起，既是经济总量、军事实力等硬实力提升的过程，也是思想文化、价值观念等软实力提升的过程。过去，中国的综合国力有限，较少主动参与国际事务，主要是“把自己的事情搞好”。现在，中国已经发展成为世界第二大经济体、第一大货物贸易国，相应地，对国家软实力和国际话语权要予以足够的重视。因为这影响着中国和平发展的战略目标和前景，别人对中国形象的抹黑会给中国的发展造成极大阻力。正如习近平总书记指出的，提高国际软实力，关系我国在世界文化格局中的定位，关系我国国际地位和国际影响力，关系建成社会主义现代化强国奋斗目标和中华民族伟大复兴中国梦的实现。

---

① 纳瓦罗．中国“三战”战略让美国束手无策．参考消息，2016－01－07.

要提高国家软实力，我们就必须夯实基础，把中国建设成为社会主义文化强国。其中，培育和弘扬社会主义核心价值观是关键。因为“核心价值观是文化软实力的灵魂、文化软实力建设的重点。这是决定文化性质和方向的最深层次要素。一个国家的文化软实力，从根本上说，取决于其核心价值观的生命力、凝聚力、感召力”①。弘扬社会主义核心价值观，提升我国的文化软实力，首先，要以科学的态度对待中华传统文化，传承和弘扬传统文化的思想精华。中华优秀传统文化是中华民族的“根”和“魂”，中华民族之所以生生不息、繁衍发展，就在于我们有这样的文化资源，这是我们民族的突出优势。我们应该坚持古为今用、推陈出新，有鉴别地加以对待，有扬弃地予以继承，取其精华、去其糟粕，用中华民族创造的一切精神财富化人、育人。我们绝不能对自己的文化传统搞虚无主义，自断民族精神的命脉。不忘本来才能开辟未来，善于继承才能更好创新。因此，就要讲清楚中华优秀文化传统的历史渊源、发展脉络、基本走向，讲清楚中华文化的独特创造、价值理念、鲜明特色，增强文化自信和价值观自信。深入挖掘和阐发中华优秀传统文化讲仁爱、重民本、守诚信、崇正义、尚和合、求大同的时代价值。其次，要对传统文化进行创造性转化、创新性发展。创造性转化，就是根据时代发展的特点和要求，对那些至今仍然有借鉴意义的文化加以改造，赋予其新的时代内涵和现代化的表现形式，从而激活其生命力。创新性发展，就是根据时代的新进展，对中华优秀传统文化的内涵加以补充、拓展、完善，增强其影响力和感召力。最后，继承和弘扬中

① 习近平．习近平谈治国理政．北京：外文出版社，2014：163.

华优秀传统文化，不是回到过去、故步自封，对世界文化成果充耳不闻。文明从来都因交流而多彩，因互鉴而丰富。作为一个海纳百川、兼容并包的民族，中华民族历来包容差异、择善而从，在漫长的历史进程中，不断吸取和学习他人好的东西，并赋予其自身的民族特色，将其转为自己的东西。基于优秀的传统文化，借鉴世界一切优秀的文化成果，我们就一定能够把中华文化推向新的历史高度。正如习近平总书记所说的："中华民族创造了源远流长的中华文化，中华民族也一定能够创造出中华文化新的辉煌。"①

要提高国家软实力，我们就必须传播好社会主义核心价值观。我们用短短几十年，就把积贫积弱的国家建设成一个蒸蒸日上的大国，成功地走出了一条中国特色社会主义道路，用无可争辩的事实证明，我们的道路、理论、制度都是成功的，我们以人民为中心的发展思想是正确的。中国人注重合作、共享、和合的和谐价值观，明显优于西方人排他性的个人主义和自由主义的价值观。实际上，中国的"仁""义"的价值理念，在美国、德国、俄罗斯等发达国家都得到了高度认同。就此，关世杰教授指出："共享性中华核心价值观不仅可以增强我国在国际文化关系中的影响，而且可以引领世界文化潮流，为构建世界新秩序提供精神支柱。"② 我们要集中讲好中国特色社会主义的故事，讲好中国梦的故事，讲好中国人的故事，讲好中华优秀传统文化的故事，讲好中国和平发展的故事，把中国的价值观讲得越来越动听、越来越有吸引力。

① 习近平．习近平谈治国理政．北京：外文出版社，2014：156.

② 关世杰．对外传播中的共享性中华核心价值观．人民论坛・学术前沿，2012（11）.

要提高国家软实力，我们还必须完善话语体系，主动设置议题，讲好中国故事，展示中华文化的独特魅力。我们在国际话语权方面的“无语”或“失语”状态，有历史的原因，也有语言方面的障碍，但主要还是由于我们还没有建立起完善的话语体系，缺乏主动设置议题的能力，没有把我们发展的优势和综合国力转化为话语优势。要改变这种状态，就必须重视对外话语体系建设，摒弃“口号式”“八股式”的话语方式，创新对外表达中国立场和中国声音的话语体系，提升我们对外文化传播的能力，构建融通中外的新概念、新范畴、新表述，以适合国外受众的方式把我们想讲的内容说出来，增强跨文化传播的亲和力。为此，我们就必须基于中国的历史传统和社会发展现实，提炼出适合描述中国道路、反映中国力量、体现中国价值、表达中国精神的中国话语；立足反映中华民族生生不息的日常生活和文化传统，提炼出能够打开“他者”心扉的生活话语；紧跟社会发展和文明进步的步伐，适时地提出具有原创性和时代特征的话语议题；对接经济全球化的世界格局和推动构建人类命运共同体，凝练出让世界能够理解的、具有世界历史意义的话语。最后，还应重视提升用外语讲述中国话语、传播中华文化的能力。我们要统筹各方资源，奏响“交响乐”、唱响“大合唱”，把传递中国价值观的故事讲得越来越精彩，让中国的声音越来越洪亮。

三、讲好中国故事需要根据受众的差异进行有策略的叙事

中国的国际形象在过去往往是被他者所塑造的，是他人想象中的中

国。现在，我们渐渐意识到了该问题的严重性，开始自己讲述中国故事，讲述内容也随之成了一个首要问题。一方面，官方需要制定相关的大政方针；另一方面，学者需要从普通人的日常生活出发，更多地讲述中国自身发展的故事，通过日常生活中的故事来体现中国社会的发展变化，如生活方式的变化、器物的变化、学生教育方式的变化等，讲述普罗大众容易接触和理解的事物。

在中国，我们常常需要习惯于在政治层面上来理解问题，这是对的。因为这是我们的生活环境框架，我们能够很好地加以理解。但是，当我们以外国人为叙述对象，讲述中国故事时，我们反而需要从文化、思维方式、生活方式上讲述政治问题，或者学者从学理、学术上解释中国问题，这样才能把问题讲清楚，使外国人理解我们。政治是社会生活的集中反映，但是对社会外部的人来说却不易理解，通过容易共情的社会生活的讲述，反而能够引导外部的他者理解我们的社会、我们的政治理念。

第一，讲好中国故事，需要结合时代背景，重视对象差别。

目前，世界面临百年未有之大变局，中国取得了世界瞩目的成绩，正在努力实现中华民族伟大复兴的中国梦。在讲述中国故事时，如果过分强调我们的政治诉求，政治色彩太浓厚，国外对此就容易产生拒斥心理。

目前，主要有四对矛盾左右全球历史进程。一是文化上的“东西矛盾”。二是发达国家和发展中国家之间的“南北矛盾”。英国历史学家克莱夫·庞廷在《绿色世界史》中指出，人类社会和动物界一样，是存在食物链的。西方国家之所以富裕，实际上是因为他们站在了全球资源分配这条食物链的顶端。很长时间内，全球进入现代化的人口仅为 8 亿，直到今天也只有 10 亿左右，如果以中国为首的人口众多的发展中国家进入现代化，那么在科学技术没有新进展的情况下，有限的资源无可避免地面临着重新分配。因此，西方发达国家的优越生活必然会受到影响，这就是“南北矛盾”。三是社会主义和资本主义之间的矛盾。从数量上看，社会主义国家没有几个，但是从影响上看，社会主义制度严重影响了西方人对于自身制度的信心，这特别表现在作为社会主义国家的中国的迅猛发展上。四是地缘政治矛盾。在地缘政治下，世界各国似乎都把别国看作力图实现自身优势的竞争对手。但是，在这四对矛盾中，核心焦点是中美矛盾，中国和美国分别是最大的东方国家和最大的西方国家、最大的发展中国家和最大的发达国家、最大的社会主义国家和最大的资本主义国家。从矛盾的多样性和差异性的观点出发，就出现了一个很重要的对谁讲的问题，对美国怎么讲好中国故事呢？这是需要研究的问题。此外，对西方国家、东方国家怎么讲好中国故事，对发达国家、发展中国家怎么讲，对社会主义国家、资本主义国家怎么讲，对距离近的和距离远的国家怎么讲，这都需要进行分类。毕竟，让倾听中国故事的对象国容易接受，那才是问题的关键。

第二，讲好中国故事，需要重视外语教育。

众所周知，英语是世界性语言。但是回顾语言发展历史，直到 16 世纪，莎士比亚才将英语从远离欧洲大陆的岛国语言提升为一种具有文明色彩的语言，而英语之所以成为世界性的语言，是因为英国和美国连续的世界霸权塑造了当今世界的语言地图。

目前，随着中国的发展，有人说，学外语不重要了。但实际上，在语言方面，中国还缺乏足够的“本钱”。一方面，英语仍然是世界主流的讲述载体，另一方面，汉语作为一种完全不同于西方语言的语言体系，对于外国人而言，学习难度较大。我们希望越来越多的外国人学习汉语，但短期内可能还不太现实。

此外，从话语体系的角度而言，如果用汉语讲的内容依然是“新自由主义”，那其实是“换汤不换药”，本质上仍然不是中国特色的话语体系，而只是西方话语体系的汉语表达而已。但是，如果中国可以通过外语讲述中国故事，那也是属于中国的话语体系，是中国故事和中国话语的外语表达，同时相比而言，外语表达最初会更具有创造力和传播力。

因此，讲好中国故事，外语教育非常重要，不可半途而废。正是因为不断地面对越来越广泛的他者，才会形成一个更强大的自我，国家也是如此。如今，中国日益走近世界舞台的中央，但还不够强大。中国首先要做好自己的事，要不断地理解世界范围内的他者，以便让自身成长为一个更强大的国家。

第四节

如何讲好中国价值观的故事

价值观无非是人们评判是非曲直的标准和规范。人类有许多共同的美好追求，因而也就必然有共同珍视的价值，如和平、发展、公平、正义、民主、自由，如此等等。人类共同价值是人类美好追求的精神凝结，彰显着人类关于未来美好生活的理想。当然，人类追求更加美好的生活是一个漫长的历史过程，对共同价值的理解也就同样有一个历史过程。不同时代、不同民族因为面临的环境和挑战不同，对和平、发展、公平、正义、民主、自由等价值的理解也就必然有这样或那样的差异。可以说，一个民族、一个国家的价值观，就是这个民族、这个国家追求理想生活目标的故事叙述系统。一个民族的兴旺、一个国家的发展，同时也是这个民族、这个国家讲述价值观故事的成功。我们应该如何讲好中国价值观的故事呢？

讲好中国价值观的故事，首先要破除西方价值观的话语陷阱和羁绊，这就要求我们必须坚定文化自信，构建基于中国理念的价值体系。人类有共同价值，但这并不能够证明西方价值观是“普世”的。毫无疑问，近代以来人们常说的自由、民主、人权的确算得上是人类共同价值。但是，这并非说西方人所宣扬的“自由”“民主”“人权”的价值观就是人类共同价值，西方的有关价值观是具有历史暂时性、特殊性和片面性的观念。当然，基于欧洲近代资产阶级革命的需要，西方所谓的自由、民主、人权等价值观，是作为封建主义的对立面出现的，曾经发挥过推动历史进步的积极作用。这种价值观让人们摆脱了封建主义的思想羁绊，激发了人们的首创精神，促进了人类社会向现代社会的迈进。在一定的历史阶段，西方价值观曾经引领过我们，我们也应该充分尊重其历史性的贡献。然而，一方面由于资产阶级的历史局限性，使西方价值观无法跟上历史的步伐；另一方面由于西方人的偏见，让西方价值观带有非常狭隘的特征，缺少广泛的包容性。譬如，西式民主更多的是资产阶级统治权力合法化的形式，对于人民经济、社会、文化等方面的民主权利却付之阙如，即使存在这点形式上的民主，也越来越劣质化，逐渐演变成难有建设性成效的党争或恶斗。西方自诩的周期性"投票权"，也不是那么光彩，最初不仅排斥作为"消极公民"的无产者和占人口半数的广大妇女，而且西方殖民者长期把殖民地人民视为不配享有民主权利的劣等民族，如香港在回归祖国之前香港人对任何一届港督都没有行使过"投票权"，更别说美国有长期"合法"存在的种族歧视的丑恶历史。另外，西方的"自由"从一开始就更多的是为了资本的自由而规定和阐释的。不难设想，没有经济上生存的自由，劳动者几乎享受不到有尊严的自由。过去，西方人对其他种族更多采取的是"血与火"的手段，哪顾得上讲什么"自由"。美国不仅屠杀了无数土著居民，而且有公开的奴隶制历史，是一个建立在美洲原住民和黑奴鲜血之上的有严重污点、充满偏见且极为不平等的社会。从"弗洛伊德之死"和"黑人的命也是命"的运动足以表明，直到今天美国社会仍然系统存在着种族歧视。西方的"人权观"更是一幅自嘲的讽刺画。西方人经常罔顾事实指责他国侵犯人权，就是不愿意承认自己的污点。且不说历史上西方殖民者是侵犯人权的惯犯，时至今日，美、英、澳等国军队也多次犯下滥杀无辜的罪行，其残忍行径令人发指，做的坏事罄竹难书……在他们眼中，似乎只有西方人是人。更加不可理喻的是，当其他国家的人们指出欧美侵犯人权的事实时，他们却恼羞成怒，表现出极度的傲慢。西方人做惯了“人权祖师爷”，听不进任何不同的声音，时常蛮横地以“炮舰外交”和野蛮轰炸予以回应，凡是与他们的调门不一样的，要么被冠以“政治宣传”“战狼外交”的字眼，要么直接加以妖魔化处理，营造只有西方人才能谈价值观，只有按照西方立场和标准说话才算价值观正确的寒蝉效应。然而，一方面人类历史的步伐早已经超越了西方价值观的故事框架，另一方面西方在阿富汗、伊拉克、叙利亚等地方犯下的罪行，让西方价值观无法自圆其说，西方内部的民粹主义、美国国会山的暴力等剧目，已经无法让西方人到处煽动他们的“美丽的风景线”了。西方人讲砸了自己的故事，其价值观已经变成傲慢、虚伪、欺骗的遮羞布，根本无法引领人类社会的发展。我们要讲好中国的故事，就必须破除西方价值观话语陷阱的藩篱，构建中国价值观的叙述系统和话语系统。

讲好中国价值观的故事，还必须叙述好中国人民追求美好生活的奋斗经历，这就要求我们在现实中实现这个故事所追求的崇高理想。人类有共同价值，但价值观是具有历史性和民族性的。每个时代都有凝聚着这个时代精神的价值观念，每个民族都有自己独特的价值观念。习近平总书记指出：“一个民族、一个国家的核心价值观必须同这个民族、这个国家的历史文化相契合，同这个民族、这个国家的人民正在进行的奋斗相结合，同这个民族、这个国家需要解决的时代问题相适应。”[①]“社会主义核心价值观是当代中国精神的集中体现，是凝聚中国力量的思想

① 习近平．习近平谈治国理政：第1卷．北京：外文出版社，2018：171.

道德基础。”[1] 这种价值观是适应历史条件、符合人民需要的价值观，也是凝聚中国力量、体现中国智慧、引领中国社会发展的价值观。从本质上说，中国价值观的魅力就在于它讲述了中国人民创造历史新辉煌的奋斗故事。中国共产党自成立以来就把全心全意为人民服务作为自己的根本宗旨，把人民对美好生活的向往作为自己的奋斗目标。社会主义核心价值观清晰地告诉我们，封建专制、缺乏自由、贫穷落后、不关注人权绝不是社会主义的特征，社会主义国家的人民享有更高程度的民主、更为全面自由发展的权利。中国人民所要的不是没有实际意义的“投票权”，而是真真切切的生存权和发展权，而且在这个基础上还应该享有广泛的经济、政治、文化和社会日常生活的协商权、监督权、参与权，中国人民希望生活在一个人人均可“出彩”的社会，中国人民希望每个地区、每个家庭、每个人都能够摆脱绝对贫困。中国的价值观就是要讲好这个故事的叙事情节：新中国的成立，让中国人民有了平等公正的社会制度；中国的改革开放，让中国人民逐渐富裕起来，彻底摆脱了缺衣少食的绝对贫困状态；新时代开启了社会主义现代化建设新征程，中国不断推进国家治理体系和治理能力的现代化，目的是最大限度地提升人民的福祉。中国的故事是一个成功的故事。俄罗斯学者米哈伊尔·莫罗佐夫指出：中国不仅在过去有长期高速发展经济的经历，而且在抗击新冠疫情中，“中国表现出快速有效克服危机的能力，那‘中国奇迹’的秘诀是什么？……这是有效措施与系统优势相结合的结果。这证明，中国拥有掌控经济的有效杠杆，能（从容）应对风险并实现既定目标。中

① 习近平．习近平谈治国理政：第2卷．北京：外文出版社，2017：351.

国的管理模式，已被证明能快速应对挑战”①。中国的故事告诉世界：在当代中国，人民当家作主，享有充分的生存权、发展权和充分的自由。美国哈佛大学肯尼迪政府学院2020年发布的《理解中国共产党韧性：中国民意长期调查》表明：2003年以来，中国民众对政府的满意度全面提升，至调查结束的2016年，民众对各级政府的满意度保持在70%以上，其中对中央政府的满意度高达93.1%。这显然得益于中国数十年改革开放和经济社会发展的成果，同时也是中国通过社会治理推动减贫事业、保障弱势群体利益、全面有效地促进社会公平的反映②。人民的满意是最大的成绩，人民的赞成是最高的荣誉，因为人民是历史试卷的阅卷人。中国特色社会主义事业，不仅实现了社会主义的价值追求，而且也是当今时代具有世界历史意义的最成功的故事。可以说，社会主义核心价值观是讲述人民作为历史创造者的故事，是讲述中国人民争取民族独立、国家富强和人民追求美好生活的故事，这个故事就是中国人民自己为之骄傲的故事。

讲好中国价值观的故事，也应该积极参与国际合作与全球治理，为世界的和平发展提供中国智慧和中国方案。只有符合时代发展要求的价值观，才是那个时代共同价值的集中体现。每个时代都有凝聚着这个时代精神的价值观念。对于当今时代而言，“全人类的共同愿望，就是和平与发展”③。因此，有利于世界和平与发展的价值观，才是人类所需要的价值观。在当今世界讲好中国价值观的故事，就必须从理论和实践

① 莫罗佐夫．为什么中国成为唯一．环球时报，2020-08-05.

② 陈禹同．美调查报告显示：中国民众对政府满意度高．中国社会科学报，2020-07-31.

③ 习近平．习近平谈治国理政：第2卷．北京：外文出版社，2017：538.

相结合的角度，围绕社会主义核心价值观与共商共建共享的全球治理观、全人类共同价值等的关系，阐释好中国的民主观、自由观、人权观的正当性和自洽性，讲清楚中国的价值观才是当今时代人类所需要的价值观。中国价值观应该把握时代发展的脉搏，引领世界发展的方向和潮流。这就需要我们积极参与全球治理，加强国际合作，不断推动人类命运共同体建设。

自东欧剧变、苏联解体以来，西方人洋洋得意、踌躇满志，以为历史已经“终结”，自己的路就是人类的路，自己的价值观就是“普世”价值观。在西方人眼中，其他国家若有成功之处，就是它们向西方看齐的结果，其他国家出现了麻烦则是它们脱离西方“灯塔”指引的产物。一方面，在失去制衡力量的情况下，欧美往往听不得不同的声音，时常以武力去踏平一切，给许多国家造成动荡、混乱，流离失所的难民也反噬着西方社会本身；另一方面，西方社会却在自满中出现越来越多的矛盾和问题，最为严重的就是社会不平等程度的加剧，还有西式民主制度本身的功能失调和劣质化。在经济极端不平等的背景下，西方人权现状也到了非常难堪的境地。例如，美国的疫情让数十万人失去了生命，其中黑人的病死率远高于白人。问题是，那些做惯了“人权祖师爷”的人总是“灯下黑”，看不到自己的问题。社会是在不断变革中发展的，可是西方已经失去了自省的能力，反而总是将问题归咎于别人。西方社会似乎越来越不相信国际合作与竞争、共同利益与相互促进、文明之间的交流互鉴与进步，反而转向民粹主义、排外主义、蒙昧主义。相较之下，孰优孰劣，立马分明。

因此，我们要在比较中把中国价值观的故事讲清楚。中国一直主张建设一个普遍安全、持久和平的世界，这一点越来越为世人所公认。譬如，美国哥伦比亚大学教授杰弗里·萨克斯就不同意美国前国务卿蓬佩奥关于中国霸权主义野心的说法。他指出："美国在过去40年里发动了许多海外战争，而中国没有发动过任何战争。""中国拒绝美国的霸权，并不意味着中国也在谋求霸权。事实上，在美国以外，几乎没有人相信中国的目标是要称霸全球。"[①] 中国一直主张建设一个开放包容、共同繁荣的世界。西方的问题不是发展程度不高，而是只能自己发展，不允许他人发展。欧美自认是世界的中心，把发展中国家作为世界体系的边缘加以利用，企图以发展中国家永恒的屈从地位保证自己的霸权和优越感。中国价值观的故事与之不同，在中国的故事中，中国离不开世界，世界也离不开中国。其他国家的发展是中国发展的前提，而中国的发展也将成为其他国家发展的条件。世界足够大，容得下所有国家的繁荣发展。中国一直主张建设一个山清水秀、清洁美丽的世界。作为负责任的大国，中国带头践行绿色发展的理念，积极落实《巴黎协定》的目标，而不像美国多次"退群"。中国一直主张构建人类命运共同体，这不仅仅是中国的价值理念，也是中国人的现实实践。美国的价值观维系的是自己的霸权，欧洲的价值观体现的是自己的优越感，而中国的价值观却能让人站得更高、看得更远。不难理解，面对诸如气候变化、环境污染、病毒传染以及热核战争的前景，即使竞争者也有着广泛的共同利

---

① 萨克斯．蓬佩奥对华发动"十字军东征"．环球时报，2020-08-07.

益。面临“一荣俱荣、一损俱损”的前景，我们认识到，整个世界日益成为一个你中有我、我中有你的命运共同体。面对世界经济的复杂形势和全球性问题，任何国家都不可能独善其身、一枝独秀，这就要求世界各国同舟共济、携手前行。中国人相信：“一花独放不是春，百花齐放春满园。”中国的全球治理理念是：推动国际关系民主化，世界上的事情由各国政府和人民共同商量着办，反对一个国家或少数国家说了算的霸权主义；推动国家关系法治化，各国权利、义务、责任相统一的国际法治精神，各方遵守国际法和公认的国际关系基本准则，反对双重标准和国际关系中的霸凌主义；推动国际关系合理化，推进全球治理体系改革，构建合作共赢、共同发展的世界秩序，反对赢者通吃的单边主义。中国价值观的故事告诉世人，中国人民非常乐意“开展文明交流对话，增进彼此战略信任，同世界各国人民一道，推动构建人类命运共同体，携手建设更加美好的世界！”①

总之，人类共同价值是大家都会讲的，可问题不在于讲什么，而在于讲述者关于共同价值的价值观念是基于什么利益、采取什么立场、指向什么方向。只有基于本国大多数人民和全人类根本利益的价值观，才能代表历史发展的价值方向。讲好中国价值观的故事，我们必须坚定文化自信，走出西方价值观设置的话语陷阱和情节限制，按照中国理念和中国话语，实事求是地讲述中国人民创造历史的成功故事，讲述中国人民愿意走和平发展、合作共赢道路的故事，讲述同世界人民一道进行交

① 习近平．习近平谈治国理政：第3卷．北京：外文出版社，2020：438.

流互鉴、共建人类命运共同体的故事。

第五节

在跨文化视域中阐释中国道路、中国理论、中国制度

中国只有走自己的道路，才能提出自己的理论，形成自己的社会制度。只有有了自己的道路、理论和制度，我们的哲学社会科学和学术研究才能提出具有原创性和时代特征的议题。

要让中国特色社会主义道路、理论和制度的基本特征、价值和功能获得最广泛的理解，就必须回到作为文化基础的生活世界本身。由于生活本身是文化生命力的源泉，话语的生活基础可以防止话语模式化和僵化；由于政治是生活的集中体现，当政治话语反映人民生活的时候，不同文化之间就更容易相互理解。

一个国家的软实力并不仅仅是文化软实力，国家软实力是一种综合性的整体性的有机力量。一个国家的软实力，源自这个国家的发展道路、思想理论和社会制度。软实力也许常常以文化的形态表现出来，但是其存在的基础和内在的本质是国家有机体健康发展所产生的影响力的总和。当代中国的软实力，不是“大红灯笼高高挂”就可以获得的，也

不是把舞龙舞狮搞到欧美就能够获得的。民族国家的软实力来自这个国家的内在活力和健康发展。有了国家的健康发展，文化自然就更有吸引力和感召力。国家的健康发展是因，文化软实力是果。我们不能倒因为果，更不能舍本逐末。有了国家的内在活力，舞龙舞狮就可以舞得更加舒展；有了国家稳健的可持续发展，中国红就显得更加娇艳夺目；有了国家内部社会的创造力，我们才会有更多引领时代潮流的文化形式。

首先，一个国家的软实力缘于这个国家发展道路的正确。在人类历史的舞台上，上演过许许多多国家兴亡盛衰的悲喜剧。天若有情天亦老！人世间的国家兴亡远远快于自然界的沧桑变幻。“月亮还是那个月亮”，但一个个强悍的霸权国家却有可能在一夜之间崩溃；“太阳还是那个太阳”，原本贫穷落后的民族却亦可能一跃成为具有世界历史意义的民族。蓦然回首，我们不难看出，当所走的道路与历史发展方向相悖时，国家就必定衰落甚至覆亡；当所走的道路顺应了历史演进的潮流时，国家就可以发展并强盛起来。道路选错了，结果就可能南辕北辙。若入歧途，即便人民勤劳勇敢，国家也可能仍然要挣扎于水深火热之中。中国近代史就是明证。中国有广袤辽阔的疆土，有古老而又博大精深的传统文化，有亿万勤劳勇敢的人民，可是我们却在列强的侵略面前败下阵来。我们可以把失败归罪于“三千年未有之大变局”，可是我们为什么没有在这一“变局”中引领潮流呢？我们显然是在“变局”前未看清路，在“变局”中又选错了路，在该变的时候没有以自身的改变适应时代的变化，在要变的时候也没有找对变革的路。我们也可以把失败归罪于入侵的强敌，可是如果自己本身强大又怎么会被强敌轻而易举地打败呢？强敌的入侵只不过是在国家生命体奄奄一息时给的最后一击而已。当时我们不仅败给了作为“新兴文明”的西方列强，我们也败给了在西方列强刺激下遽然强盛起来的日本。可见，对于国家的发展来说，走什么路才是硬道理。例如，当资本主义生产方式崛起的时候，不思改革进取而走封建主义老路的国家必然走向衰落。荷兰、英国、德国、美国的兴起，都与道路的选择有着直接的关联。

从根本上说，中国的软实力取决于中国特色社会主义道路的成败。我们对自己正在走的道路充满自信。在中国共产党的领导下，中国人民坚持改革开放，用短短几十年的时间，把一个相对落后的国家发展成世界第二大经济体、第一大货物贸易国。如今，中国是全球120多个国家最大的贸易伙伴。道路如果不对，我们能走这么快吗？中国特色社会主义道路就是经济上科学发展、政治上人民民主、文化上构建充满活力的先进文化、社会上追求公平正义、生态上追求与自然和谐共存的道路。当然，选对了道路，不是说我们就没有问题，就可以高枕无忧了。我们的道路是随着历史的进程不断继续开辟的道路，我们的经济发展模式也有一个转型期和完善期，我们的人民民主也有一个不断拓展的过程，随着社会的发展，我们将越来越注意社会公平，随着生产力的提高，我们也将越来越意识到生态文明的重要性。无论如何，中国特色社会主义道路的国际影响越来越大，吸引力越来越强，这是不可否认的事实。

其次，一个国家的软实力缘于这个国家思想理论的先进。社会理论来自社会实践，又反过来指导着实践。宇宙是永恒变化着的，自然的变化是盲目的演化进程，而人类的活动是有目的的实践活动。人类总是通过自己有目的的活动使自然更加符合人的需要，更加具有人性化的特征。虽然人类社会的发展仍有各种“看不见的手”在起作用，但是随着人类认识水平的提高，社会发展越来越成为一个自主自觉地走向自由王国的进程。在这个通往自由王国的进程中，人类历史上出现过的伟大理论，都在自己的时代发挥着重要的引领和启蒙作用。中国先秦时期诸子百家的思想构建了中国人的思维方式，不仅确立了中国作为文明古国的历史地位，而且也为中华民族的伟大复兴奠定了精神基石。纵观世界思想史，希腊先哲所开创的哲学思考，不仅奠定了欧洲文化的根基，而且直到现在仍然是西方思想界不断回溯和寻找灵感的源泉。文艺复兴时期的思想巨匠，通过基于社会发展的人本主义思考，清除了中世纪“黑暗时代”漫长的神秘主义阴霾。法国启蒙思想家的理论不仅促成了欧美的民族独立和资本主义革命，而且使18世纪被铭记为“法国的世纪”。德国古典哲学家深刻地反思了资本主义在欧洲的发展历史，他们提出的诸多问题和概念成为马克思主义诞生的宝贵思想资源。那些伟大的理论家，都曾经给人以时代的启迪，也都曾经给其所在的国度带来文化的软实力。但是，只有马克思主义基于对人类历史特别是资本主义发展历史的考察，吸取了前人的思想理论成果，从理论上总体把握了人类历史规律性的发展趋势。

中国特色社会主义理论体系是在改革开放进程中形成的马克思主义中国化的理论成果。中国特色社会主义理论体系系统回答了什么是社会主义、怎样建设社会主义，建设什么样的党、怎样建设党，新形势下实现什么样的发展、怎样发展等问题，科学地阐明了中国特色社会主义的思想路线、发展道路、发展阶段、根本任务、发展动力、发展战略、依靠力量、国际战略、领导力量等重大问题，是贯通马克思主义哲学、政治经济学、科学社会主义等领域，覆盖经济、政治、文化、社会、生态、国防、外交、统一战线、祖国统一、党的建设等方面的系统的科学理论体系。在此基础上，以习近平同志为主要代表的中国共产党人，坚持把马克思主义基本原理同中国具体实际相结合、同中华优秀传统文化相结合，在总结党成立以来的历史经验的基础上，从实际出发，创立了习近平新时代中国特色社会主义思想，科学地回答了新时代坚持和发展什么样的中国特色社会主义、怎样坚持和发展中国特色社会主义，建设什么样的社会主义现代化强国、怎样建设社会主义现代化强国，建设什么样的长期执政的马克思主义政党、怎样建设长期执政的马克思主义政党等重大理论问题，创造性地提出了一系列新的重大理论观点、重大战略思想，在新的实践基础上丰富和发展了马克思主义。中国共产党的理论是先进的、开放的、与时俱进的。中国共产党从不故步自封，总是强调实践是永无止境的，理论创新也是永无止境的。正是这种与时俱进的品格，让中国共产党永葆青春活力。在中国特色社会主义理论体系和习近平新时代中国特色社会主义思想的指导下，我们的国家已经取得了举世瞩目的成就，这种理论也将使中国获得持久的国际影响力。

最后，一个国家的软实力缘于这个国家社会制度的成功。在环境资源和人力资源相同的情况下，经济发展的快慢、社会是否稳定和谐、文化是否充满活力，往往是由这个国家的制度所决定的。社会形态是多层面的，按照历史阶段来划分，主要是原始社会、奴隶社会、封建社会、资本主义社会、社会主义社会以及未来的共产主义社会。在同一历史阶段的同一社会形态下，又有不同的政治制度，如在古希腊奴隶社会就有君主制、贵族制、民主制等。在当前的资本主义国家中，也有不同的经济、政治制度，如盎格鲁-撒克逊的自由资本主义、莱茵河社会资本主义、北欧福利资本主义、日本财阀资本主义等。在同一时代，不同的制度之间往往进行着对立和竞争，比较成功的制度就会获得人们的青睐。在对立和竞争过程中，不同的社会也往往会从对方那里学习一些好的制度设计。譬如，德国的俾斯麦一边无情地镇压社会民主党，一边又把社会民主党的一些社会主义主张纳入德国资本主义的制度设计之中，从而缓和了社会矛盾，促进了社会的发展。第二次世界大战之后，西方资本主义国家实行了社会主义的许多政策，这对资本主义发达国家实现战后繁荣起到了重要的作用。

社会主义是一种崭新的社会形态，它仍然在探索之中。这一自觉构建公平正义，且人人可以得到自由和全面发展的社会制度，从产生伊始就形成了巨大的影响力，并引起了资产阶级的恐惧。资产阶级担心社会主义革命的“多米诺骨牌效应”，试图用各种方式将这种新兴的制度扼杀在摇篮里。当然，社会主义在探索进程中也出现了许多失误和挫折，过于僵化的计划经济体制产生了不良的后果。苏联解体之后，西方国家一度处于亢奋状态，认为历史彻底“终结”了。可是，中国的改革开放和社会主义市场经济建设，为社会主义制度开辟了新的发展空间。中国特色社会主义制度包括人民代表大会这一根本政治制度，中国共产党领导的多党合作和政治协商制度、民族区域自治制度和基层群众自治制度等基本政治制度；包括公有制为主体、多种所有制经济共同发展，按劳分配为主体、多种分配方式并存，社会主义市场经济体制等基本经济制度；包括中国特色社会主义法律体系，以及建立在这些制度基础上的其他政治制度，如经济制度、文化制度、社会制度。坚持中国特色社会主义制度，就是要坚持把根本政治制度、基本政治制度、基本经济制度和其他各方面的机制体制有机结合起来，坚持把国家民主制度和基层民主制度结合起来，坚持把党的领导、人民当家作主、依法治国有机结合起来。中国特色社会主义制度有自己的核心价值观，即国家发展的价值目标是富强、民主、文明、和谐，社会治理的价值取向是自由、平等、公正、法治，人民道德生活的价值规范是爱国、敬业、诚信、友善。这些先进的价值观是符合时代要求、代表历史前进方向的理念，也是主张人民民主，从而构建公平正义和谐社会的理念。中国特色社会主义制度，顺应了历史的发展规律和中国人民的要求，不仅使社会生产力得到空前的发展，而且大大促进了中华民族伟大复兴的历史进程。在中国特色社会主义制度框架下，勤劳勇敢的中国人民创造了“中国奇迹”，这种制度也将为我们的国家带来文化上的吸引力、感召力和影响力。

总之，软实力必须有坚实的根基，软实力必须有硬实力作为支撑。中国国家软实力的根基就是中国特色社会主义的伟大实践，中国国家软实力有中国特色社会主义事业成功的支撑。国家的繁荣昌盛所提升的硬实力与体现国家国际影响力的软实力是交相辉映的。对于我们走的道路、我们倡导的理论、我们创设的制度，也许仍然有很多不协调甚至是质疑的声音，而这正是我们影响力增强的表现。也就是说，对于不喜欢我们的道路、理论、制度和文化的人来说，他们越来越不能忽视我们了。为了降低中国日益增强的影响力，他们就得千方百计地抹黑中国。不过，事实胜于雄辩。在中国共产党的领导下，依靠中国特色社会主义制度，中国道路走得越来越顺畅，它已经证明，并且还将继续证明中国的国家软实力。

第六节

要向世界证明中国正迈向人民民主新境界

西方舆论界总是把印度说成是这个世界“最大的民主国家”，急切地期冀印度的经济社会发展能够迅速超越中国，以证明所谓的西方民主制度的优越性。另外，西方媒体还把中国香港的反对派称为“泛民主派”，而把维护基本法的人说成是“建制派”，等等。国内的一些媒体也在无意中接受了此类说法。殊不知，这些说法本身就是一种政治话语操纵，其目的是把中国排除在“民主国家”的行列之外，给中国特色社会主义制度贴上“非民主”的标签，在世界舆论中制造“中国不是民主国家”的价值判断。

一、西方无权垄断“民主国家”的标准

西方话语的实质是，试图垄断“民主国家”内涵与标准的解释权和

话语权。与人权、自由、正义等价值概念一样，民主是具有二元对立或定性的价值概念。一旦命名，就会形成民主或非民主、正义或非正义、自由或不自由、尊重人权或无视人权的评价或判断。我们必须摆脱西方的话语操纵，避免落入其话语陷阱。在这里，所谓“最大的民主国家”显然是指印度的人口在所谓“民主国家”中最多，而中国就被排斥在外了；相应地，依据这一逻辑，如果中国香港的反对派是“泛民主派”，那么爱国爱港且支持中央的人就成为“非民主派”了？

实际上，有些西方学者也知道，民主制度具有多样性和复杂性。譬如，巴里·霍尔登就曾经区分“多元民主”、“精英民主”、“自由民主”、“激进民主”和“新激进民主”，达尔的民主制度分析也建立在“麦迪逊民主”、“人民主义民主”和“多头统治民主”的三分法之上，而萨托利则区分了“选举民主”、“参与式民主”、“公民表决式民主”和“竞争民主”[①]。既然如此，西方国家凭什么就认定它们的制度就是民主制度的标杆呢？难道美国的民主就是完美的民主形式吗？众所周知，在2016年的美国大选中，希拉里所拿下的普选得票数比特朗普多了280万张，却成为美国历史上第五位赢得大多数选票却输掉大选的总统候选人。另外，美国初选中的超级党代表，也起着防止像桑德斯这样更受下层人民青睐的候选人出线的作用。美国选举式的竞争民主就真的反映了民意吗？英国、荷兰、比利时、瑞典、西班牙等国均是所谓“君主立宪制”国家，这就意味着在这些国家中至少国家元首不是选举产生的，而且许多上议院仍会为贵族保留一定的议员名额，难道这样的民主就是真正的民主？西方

① 萨托利．民主新论．北京：东方出版社，1993：16.

人不顾自身民主的复杂性，轻易地否认他国的民主形式，断定中国的“人民民主”不是民主，中华人民共和国不是“民主国家”。这无异于“山羊说绵羊不是羊，黑山羊说白山羊不是羊”。显然，西方人的逻辑是典型的“白马非马”式的诡辩。

历史证明，通过依法选举，让人民的代表来参与国家生活和社会生活的管理，保障人民当家作主，十分重要。通过选举以外的制度安排，让全体人民广泛地参与国家生活和社会生活的管理，也是十分重要的。看一个国家是否有效地实现了民主治理，应该看以下几方面：一是国家领导层能否依法有序更替；二是全体人民能否依法管理国家事务和社会事务，管理经济和文化事业；三是人民群众能否通畅地表达利益要求；四是社会各方面能否有效地参与国家政治生活；五是国家决策能否实现科学化、民主化；六是各方面人才能否通过公平竞争进入国家领导和管理体系；七是执政党能否依照宪法法律法规实现对国家事务的领导；八是公权力运用能否得到有效制约和监督。中国的实践证明，我们正在有序地解决这些问题。

民主是社会成员之间为了达成利益分配而安排的某种协商程序，以便能够形成公共生活秩序。民主原则应该贯彻在经济、政治、文化和社会等领域，但欧美却将其严重狭隘化，使之局限在政治领域的周期性投票行动内。人民有了投票权，却没有广泛的参与权，人民只有在投票时被动员，投票后却被甩到一边，这样的民主是缺少实质内涵的形式主义。即使有这种周期性投票行动，他们也未必照单全收，西方人真正的民主标准是看这种选举结果是否符合欧美垄断资本的利益。例如，反美的巴勒斯坦哈马斯组织在2006年赢得巴勒斯坦选举时，美国根本就不承认哈马斯的合法性。伊朗总统也是民选的，欧美也从未把伊朗看作“民主国家”。事实上，1973年，美国中央情报局就曾经支持皮诺切特集团发动流血军事政变，悍然推翻了智利民选左派总统阿连德领导的政府。

民主是人类文明的潮流。世界潮流浩浩荡荡，顺之者昌，逆之者亡。中国的迅速发展，恰好证明了现代中国正走在人类文明潮流的康庄大道上。人民当家作主是社会主义民主政治的本质要求，中国正沿着民主法治的道路，坚定地进行改革，完善和发展中国特色社会主义制度，推进国家治理体系和治理能力现代化。可是，为什么西方人不愿意承认中国是“民主国家”呢？约翰·卡珀一语道破天机，他指出：“西方学者不愿相信中国是民主的，许多人甚至拒绝承认中国正走向民主。……他们认为西方政治制度更优越，中国只有向西方学习才能实现真正的政治现代化。”① 由此可见，我们必须认清西方“民主话语”的虚妄性，阐明我们国家的民主性质，认真对待民主价值的命名权，争夺民主价值观的话语权。

二、西式民主并不像西方人说的那样光鲜

民主既是一种价值理想，也是一种现实的社会治理安排。从发展的角度看，社会应该是越来越民主的社会，人民应该有越来越多的机会参

① 卡珀．在竞争与合作中定义新的平衡：美国人眼中的中国角色．人民论坛·学术前沿，2012（8）．

与国家生活和社会生活的管理。这也说明，民主制度是基于一定的历史条件展开的，其实现形式一定具有历史性和民族特点。

首先，我们要认识到，西式民主仍然只是民主在当下历史条件下的一种暂时的历史形态。在历史上，雅典的民主制是建立在所谓“自由民”对大量奴隶的奴役基础上的，当时雅典的妇女没有民主权利，奴隶只是“会说话的工具”，根本不被当作人来看。美国建国时就提出了民主的价值和原则，但直到 1865 年南北战争结束，美国黑人才获得宪法赋予的形式上的自由权利，直到 1920 年，女性经过近百年的斗争才获得了投票权。当下西方的民主形态，也只是 21 世纪发达资本主义国家的制度体现，其本质仍然是维护资本利益的有效机制。西方的“竞争式”民主，最近几十年已经劣质化为不同集团攫取权力的零和游戏。特朗普上台后，就致力于把奥巴马政府时期的医疗保险等方案完全推翻，完全不顾大多数人民的利益和感受。真正的民主应该让社会各种力量进行充分的协商，以便达成利益的妥协和平衡，而不是进行零和博弈，以压倒和战胜对方为目标。

其次，我们应该认识到，西式民主在不同国家也有着非常不同的表现形式。这不仅与历史阶段有关，而且与国家的文化传统和人口规模密不可分。实际上，“在面对面的民主和大范围的民主之间存在着巨大的沟壑，人类为了在这个沟壑之上建一座桥梁已作了 2 500 年有余的努力”①。因此，就出现了多种多样的民主模式。譬如，在法国是公民直选总统，而在美国却是选举人团选举总统；在英国是君主立宪制，而在

① 萨托利．民主新论．北京：东方出版社，1993：17.

法国则是共和制；在美国是总统制，而在德国等国却是形式各异的议会制。由此可见，不同的国家都是根据自己的发展阶段和文化特点，构建国家管理和社会治理的制度，因此其民主的形式也是多种多样的。我们不禁要问，西方国家的民主都不是一致的，凭什么要用它们的民主标准来判断世界各国民主与非民主的分野呢？实际上，任何国家都无权垄断民主制度的标准，更无权把自己的制度强加在别国之上。

最后，我们要认清西式民主未必适合其他文化背景和不同历史发展阶段的国家。不能笼统地说“民主是个好东西”，只有符合这个国家的文化传统、发展阶段和人民群众的发展需要，民主才是好东西。“阿拉伯之春”和“茉莉花革命”等残酷现实告诉我们，一个国家如果没有稳定和秩序，不仅人民难以享受民主成果，国家也必定走向社会无序的内乱甚至生灵涂炭的内战，其结果与文明进步的目标背道而驰。鞋子合适不合适，只有穿鞋的人自己清楚。千万不能按照别人的尺寸选自己的鞋子！

三、中国正在稳步迈向人民民主的新境界

中国成功走出了一条人民民主政治道路，人民民主是社会主义的生命。民主是社会主义制度的本质要求，没有人民民主就没有社会主义，就没有社会主义现代化。

中国共产党自诞生以来，就把为中国人民谋幸福，为中华民族谋复兴确立为自己的初心和使命，为实现人民当家作主的社会理想，进行了不懈探索和奋斗。

中国共产党经过长期的不懈努力，在实践中成功开辟了一条中国特色社会主义政治发展道路。中国共产党领导中国人民，经过 28 年的人民民主革命，实现了国家独立和民族解放，建立了人民民主专政的国家政权，为人民民主的实现提供了政治前提；通过社会主义改造，建立了社会主义制度，实现了人民的经济平等，为人民民主的实现奠定了制度基础。

改革开放以来，我们总结发展社会主义民主正反两方面经验，强调人民民主是社会主义的生命，坚持国家一切权力属于人民，不断推进政治体制改革，社会主义民主政治建设取得重大进展，成功开辟和坚持了中国特色社会主义政治发展道路，为实现最广泛的人民民主确立了正确方向。由此可见，人民民主从一开始就是我们党追求的价值目标，我们党一直倡导人民民主的价值观。人民民主是我们党始终高扬的光辉旗帜，是中国特色社会主义道路的核心价值观。建设人民当家作主、公平正义、人人自由全面发展的社会主义现代化国家，已经成为全体中国人民的共同理想和奋斗目标。中国共产党人所做的一切都是为了扩大人民民主。

随着历史的前进，中国的民主参与越来越广泛、民主程序越来越制度化。特别是党的十八大以来，在推进国家治理体系和治理能力现代化进程中，中国的社会主义民主也实现了飞跃，全过程人民民主的优越性日益凸显。社会主义愈是发展，民主程度也应该愈高。在这个过程中，我们必须改变那些还不够民主的地方，甚至也要学习西方政治民主运作中有益的东西，但是我们决不照搬西方的民主制度。我们在历史的进步中会越来越民主，但绝不是越来越像已经问题丛生的西式民主。人民当家作主是社会主义民主政治的本质和核心，要不断推进和完善民主进程。

经过艰苦卓绝的实践和探索，党从国内外政治发展的成败得失中深刻认识到，坚定中国特色社会主义制度自信，首先要坚定对中国特色社会主义政治制度的自信，建设社会主义民主政治，发展社会主义政治文明。我们的社会主义民主政治坚持党的领导、人民当家作主、依法治国有机统一，积极发展全过程人民民主，健全全面、广泛、有机衔接的人民当家作主制度体系，构建多样、畅通、有序的民主渠道，丰富民主形式，从各层次各领域扩大人民有序政治参与，使各方面制度和国家治理更好体现人民意志、保障人民权益、激发人民创造。

全过程人民民主是中国式现代化道路之所以能够成功的重要原因，也构成了中国创造的人类文明新形态的重要内容。

中国建立的全过程人民民主是新型民主制度。中国的全过程人民民主是社会主义性质的民主。在社会主义制度下，人民是国家的主人，国家的一切权力属于人民。社会主义民主是建立在生产资料公有制和按劳分配基础之上的。在社会主义公有制条件下，人民享受着最广泛的民主和自由。

中国的全过程人民民主是以人民为中心的政治制度安排。按照我们社会主义的民主理念，一切权力属于人民，一切服务于人民，民主的运作都依靠人民。正因为如此，我国改革开放的总设计师邓小平同志曾鲜明地指出：“社会主义民主，是工人、农民、知识分子和其他劳动者所共同享受的民主，是历史上最广泛的民主。”我们的民主必须充分了解民意、民需、民心，回应人民需求，代表人民群众的利益。为此，我们保障人民行使权利、拓宽人民民主实现形式，建立倾听人民群众呼声、反映人民群众愿望渠道，使人民群众多元化需求得到充分表达。

中国的全过程人民民主是程序民主和实质民主的有机统一。在中国，民主绝对不是纯粹的程序和形式，而是维护人民的主体地位、保障人民参与决策和监督的权利；与此同时，推进实质民主的发展，必须借力程序民主的制度性安排，在程序民主的制度性建设中保障实质民主的真正实现。

中国的全过程人民民主是符合中国国情、具有鲜明中国特色的民主。经过新中国成立 70 多年尤其是改革开放 40 多年的快速发展，我国的生产力水平、综合国力、国际地位和国际影响力显著提高。但是，我国仍处于并将长期处于社会主义初级阶段的基本国情没有变，我国是世界最大发展中国家的国际地位没有变。基于这样的国情，我们的民主制度成长必须与社会经济发展水平相适应。正如习近平总书记指出的，“中国特色社会主义政治制度过去和现在一直生长在中国的社会土壤之中，未来要继续茁壮成长，也必须深深扎根于中国的社会土壤”。

民主是历史的产物，因而具有历史性。中国的全过程人民民主制度仍然处在不断发展完善的过程之中。民主是一个过程，民主建设不可能一蹴而就。这主要是因为，在当前和今后的一个相当长的时期，我国仍将处在社会主义初级阶段。一方面，中国 2 000 多年封建制度遗留下来的官僚主义、特权思想、专制主义等政治思想糟粕还有较大市场，影响和干扰着政治民主的推进。在发展中国特色社会主义民主政治的进程中，进一步清除这些封建思想糟粕的任务还很繁重。另一方面，我国的经济、政治、文化和社会发展虽已取得显著成就，但总体来看，现有的经济文化和社会建设水平还制约着民主建设的正常发展。要使社会主义民主不断制度化、规范化和法治化，并使其成为广大人民群众的政治生活习惯，也必然需要一个很长的历史过程。

在话语竞争的背景下，我们必须确认我国的政治制度确实是属于民主制度范畴的，中国是民主国家。一个不断进步的社会，应该是越来越民主的社会。民主一直是中国共产党人倡导的核心价值观。实现所有人自由而全面的发展，是中国人民矢志不渝的奋斗目标。

首先，我们应该认识到，同世界上的许多国家一样，中国也有追求民主价值的深厚历史渊源和思想基础。从“民贵君轻”到“民惟邦本”，从“民之所欲，天必从之”到“天视自我民视，天听自我民听”，从“天下为公”到“天下为主，君为客”，无不体现着中国人民的民主追求。有西方学者也注意到了这一点。例如，约翰·卡珀指出：“西方人想通过否认中国是民主国家以显示自身政治制度的优越性。美国人为自己的政治成就骄傲到自满，他们不过多谈论儒家人文主义，而儒家人文主义堪称中国的国家意识形态，持续了两千年之久，如今又开始盛行，在若干重要方面倡导民主。”① 卡珀的话是很有道理的。

其次，我们应该确信，中国的民主制度是真实、广泛、有效的民

① 卡珀．在竞争与合作中定义新的平衡：美国人眼中的中国角色．人民论坛·学术前沿，2012（8）．

主。中国的人民代表大会制度就是当代中国根本的民主制度，在这种制度下我们的人民代表按人数比例选举产生，同时让中国的各民族、各阶层都有自己的代表参与国家事务的协商和决策，实现了国家领导人依据制度设计换届，并按照选贤任能的原则把一批又一批的优秀领导者推到各级领导岗位上，通过监督把权力关进制度的“笼子”里。不像一些国家，尽管有着民主之名，却只能在资本和利益集团的运作下，在几个有势力的政治世家中选择领导者。正像有些学者看到的，西方人“心中的民主化的标准是全国性政党竞争和普选，但他们忽略了以下事实：中国的地方选举存在竞争（这意味着中国的民主是自下而上的），中国的法治化进程越来越深入，邓小平成功解决了社会主义国家特有的领导人接班问题”①。

再次，我们要论证我们的民主制度是最符合中国历史发展实际的民主，也是最有利于中国人民根本利益的民主形态。当然，我们也从不否认，我国的人民民主仍有很大的改善和提升空间。中国作为一个人口数量庞大的发展中国家，其民主更是需要一个长期的、不断完善的过程。正如萨托利所指出的：“如果我们仍想要政治上的民主，我们就不能指望大规模的笨重的政治民主制度提供给我们能要求于微观民主的事情。事实上，由微观向宏观的过渡涉及规模的变化，甚至是规模的飞跃，在这种变化中，规模或单位增长十倍，可能使复杂性百倍甚至千倍地增长。”② 民主不是一个理想的模式，而是一种通过文明治理的探索实现

① 卡珀．在竞争与合作中定义新的平衡：美国人眼中的中国角色．人民论坛·学术前沿，2012（8）．

② 萨托利．民主新论．北京：东方出版社，1993：17.

人们幸福生活的手段，是一个过程。在当代中国，发展社会主义民主政治，必须以保证人民当家作主为根本，坚持和完善人民代表大会制度、中国共产党领导的多党合作和政治协商制度、民族区域自治制度以及基层群众自治制度，更加注重健全民主制度、丰富民主形式，从各层次各领域扩大公民有序政治参与，充分发挥我国社会主义政治制度的优越性。

最后，民主的目的不是呈现民主的某种形态或形式，而是实现社会协商和社会善治的目标。中国的民主不仅体现在政治领域，而且贯穿于经济、文化、社会等各个领域；中国的民主不仅是有投票权的民主，而且是对经济、政治、文化、社会各领域中广泛问题的民主协商；中国的民主不仅是在国家政治运作的层面，而且是在基层社会各方面的民主实践。党的十八届三中全会进一步将“协商民主”纳入全面深化改革的方案之中。2015 年，中共中央印发《关于加强社会主义协商民主建设的意见》，政党协商、人大协商、政府协商、政协协商、人民团体协商、基层协商和社会组织协商，这七种协商民主的渠道，从顶层设计的高度，系统谋划了协商民主的发展路径。2015 年，中共中央办公厅、国务院办公厅印发《关于加强城乡社区协商的意见》，对协商的主体、形式和程序等做出了具体规范，这让基层协商有了具体的“操作指南”。用群众习惯的方式来解决群众身边的问题，“大家的事情大家商量着办”，城乡社区协商正逐步上升为城乡社区的基本工作制度。正是有这样广泛而深厚的民主制度安排和民主实践，中国特色社会主义才得以激发全社会的活力，才能让我们在短短几十年里就创造了快速发展的“中国奇迹”。

总之，我们要说明当代社会主义中国的民主国家属性，阐明当代中国政治制度在实现民主价值方面的成就和优势，回击国内外一些人和势力出于政治目的和意识形态偏见而对“民主国家”内涵的垄断与歪曲，彰显中国特色社会主义民主制度的自信与优势。我们必须认识到，与世界各国各式各样的民主尝试比较，中国的民主是真实、广泛、有效的民主形态。我们完全可以理直气壮地说，中国不仅是人口数量庞大的民主国家，也是民主参与比较广泛而又有效的国家。

四、全过程人民民主制度的世界历史意义

中国共产党的百余年奋斗深刻影响了世界历史进程。中国共产党团结带领中国人民成功走出了一条中国式现代化道路，创造了人类文明新形态，拓展了发展中国家走向现代化的途径，给世界上那些既希望加快发展又希望保持自身独立性的国家和民族提供了全新选择。与此同时，“改革开放以后，党领导人民坚持中国特色社会主义政治发展道路，发展社会主义民主，取得重大进展”。我们“坚持党的领导、人民当家作主、依法治国有机统一，积极发展全过程人民民主，健全全面、广泛、有机衔接的人民当家作主制度体系，构建多样、畅通、有序的民主渠道，丰富民主形式，从各层次各领域扩大人民有序政治参与，使各方面制度和国家治理更好体现人民意志、保障人民权益、激发人民创造。”①中国的全过程人民民主，为世界上探索既促进国家治理体系和治理能力

① 中共中央关于党的百年奋斗重大成就和历史经验的决议．北京：人民出版社，2021：39.

现代化又符合自己国情的民主政治制度的国家提供了全新的参照。老挝学者蓬瓦·披马空认为，中国是21世纪民主与经济良性互动的样板。他指出："民主可以被视为一种政府形式，其中每位公民对管理国家的人选以及所做的决策都具有平等的发言权。平等的原则是民主所固有的，是一个国家实现经济更加健全和繁荣的手段。中国取得了巨大的成功，可以作为我们的参考样板。"①

中国在民主政治道路上的探索，走出了人民民主政治新形态，为世界各国超越片面虚伪的西式民主开辟了新道路。意大利学者罗密欧·奥兰迪认为，中国的民主丰富了人类政治文明形态。他指出："随着全球化的发展，民主的含义也随之不断改变。中国民主的目标之一就是解决落后与发展问题，中国的理念也得到了包括亚洲、非洲和拉美的发展中国家在内的其他发展中国家的认同。"② 中国的全过程人民民主，既有鲜明的中国特色，也体现了全人类对民主的共同追求；既推动了中国的社会发展与中华民族的复兴，也丰富了人类政治文明形态。历史已经证明，没有一个民族、一个国家可以通过依赖外部力量、照搬外国模式、跟在他人后面亦步亦趋实现强大和振兴。那样做的结果，不是必然遭遇失败，就是必然成为他人的附庸。走自己的路，是中国共产党和中国人民艰辛奋斗得出的历史结论。英国历史学家汤因比曾预言，"如果中国能够在社会和经济的战略选择方面开辟出一条新路，那么就会证明自己有能力给全世界提供中国与世界都需要的礼物"。汤因比的预言已经进

① 以人民为中心的民主才是真民主．中国社会科学报，2021-12-16.

② 全过程人民民主是中国之治的"密码"．中国社会科学报，2021-12-14.

入了现实的历史进程。

中国的民主制度以其治理成效，已经产生了广泛的国际影响。在这个意义上，中国的全过程人民民主具有普遍的世界意义。这种世界意义表现在以下几个方面：

第一，中国的全过程人民民主以最广泛、最真实、最管用的民主，彰显了社会主义政治文明与发展道路的先进性。实践是检验真理的标准，也是检验民主制度优越性的标准。中国特色社会主义道路的成功，中国创造的“中国奇迹”，就已经历史地确证了中国民主制度的优越性和先进性。澳大利亚学者罗兰·博尔就指出：“不同民主形式具有各自的优越性，每个国家需要根据本国实际情况选择最适合自身的民主道路。事实表明，中国的社会主义民主非常适合中国的发展，同时拥有高度的制度优越性。中国的成功让全球都意识到社会主义民主的重要性和有效性，相比于资本主义民主，毫无疑问，中国的民主更加高效。”[①] 全过程人民民主是中国共产党带领人民追求、发展、实现民主的伟大创造，既有完整的制度程序，也有完整的参与实践，能够有效防止选举时漫天许诺、选举后无人过问的现象。在这个意义上，美式民主“不是真正的民主”，更算不上是“好的民主”。美国一直把自己的民主作为样板，但是美国将其强行推行到其他国家和地区，带来的都是混乱、纷争甚至是战争。中国民主制度的探索，给世界的一个启示是：好的民主应该能够为人民解决问题，而不是制造更多的问题，应该能够凝聚社会共识而不是制造社会撕裂和冲突，应该维护社会公平正义而不是导致社会

① 全过程人民民主是中国之治的“密码”. 中国社会科学报，2021－12－14.

阶层和利益固化，应该保持社会秩序稳定而不是带来混乱、冲突和动荡。

第二，中国的全过程人民民主破除了西式民主的神话，打破了欧美国家对民主的垄断。西方所谓的“自由民主”是其核心的制度和价值观神话，这种神话首先表现在将民主与西方的历史传统联系起来，将非西方与专制主义画等号。历史表明，在西方历史中也不乏专制主义统治，而在东方也有追求民本和注重反映民意的民主追求。其次，在制度性质上，西式民主把资产阶级精英统治集团的主体地位当作全民的主体性，把资本或资产阶级的利益伪装成全民的利益。再次，西式民主在制度设计上将民主仅仅局限于周期性政治换届的选举上，并且在选举过程中做出限制底层人民参与的安排，最开始是明确的财产、种族、性别规定，后来是各种形式的规定。最后，西式民主在实践过程中，一方面越来越多地将人民排除在民主进程之外，例如，近来美国许多州立法机关在选举上对选民做了限制性规定，另一方面则是西式民主因党争而发生了极化、劣质化的现象。

第三，中国的全过程人民民主提升了社会主义政治制度的影响力和感召力，重构了世界政治话语竞争的大格局。历史上美国民主的发展有其进步性，政党制、代议制、一人一票等是对欧洲封建专制的否定和革新。但是，随着时间的推移，美国的民主制度逐渐异化和蜕变，已经越来越背离民主制度的内核和制度设计的初衷。“金钱政治、身份政治、政党对立、政治极化、社会撕裂、种族矛盾、贫富分化等问题愈演愈烈，民主制度的功能出现衰退。”近年来，美国国会山暴力事件、种族歧视、疫情在美国本土大规模暴发等，充分暴露了美国民主实践乱象。美欧国家不顾世界上不同国家和地区在经济发展水平和历史文化方面存在的巨大差异，将自己的政治制度和价值理念强加于人，推行“民主改造”，肆意干涉他国内政。美国自诩世界民主国家领袖，实为打着民主的幌子，打压遏制与其社会制度不同、发展模式不同、文化传统不同的国家；美国是假借民主的名义，通过拉帮结派，维护其在世界上的独霸地位；美国还以民主为旗号，肆无忌惮地干涉别国的内政，甚至通过谋划政变、“颜色革命”、轰炸乃至出兵颠覆其他国家政权，给世界造成灾难性后果；美国经常滥用民主的价值，以自身划线，不仅在世界上制造分裂，而且竭力让西方保持话语特权和利益全球配置的权力，让发展中国家永远“屈从于”以美国为代表的欧美国家。相反地，中国则是力所能及地帮助发展中国家。美国学者威廉·琼斯指出：“与西方不同的是，中国没有对受援国提出繁多的附加条件，没有要求它们必须坚持与自身传统、文化不符的某种治理模式。中国认为发展道路有多种，不会强推任何特定的模式。”另外，“中国致力于帮助发展中国家实现工业化，防止它们退回落后的老路”①。

显然，越走越宽广的中国道路，让科学社会主义在中国焕发勃勃生机，在终结“历史终结论”的同时，也深刻启迪和极大鼓舞着发展中国家的人民；愈来愈耀眼的人类文明新形态，让古老的东方文明以充满活力的雄健姿态屹立于世界，深刻重塑着人类文明发展的格局与趋势。塞尔维亚前总统托米斯拉夫·尼科利奇指出：“要评估一个国家所取得的

① 琼斯．建党百年：中国共产党如何改变世界．国外社会科学，2021（3）．

成就，并不存在统一的标准。‘民主’其本意是人民当家作主，即争取人类平等。延伸到国际关系领域，则意味着国际关系行为主体，即国家在享受权利和承担义务上的平等。在《威斯特伐利亚和约》（1648 年）签订前长达数千年的国家形成的历史中，国家间大量的问题、争端和冲突，都是通过两个利益相关者之间的直接协商来解决，协商的参与者只有产生冲突的这两个国家。直到 17 世纪，欧洲社会才开始意识到，协商的参与者可以有多个国家，即通过多边方式找到解决重大问题的方案。”“中国多年来一直遵循上善若水的哲学理念，选择了一条不同的道路来提升自己的国际影响力。她拥有如水一般的力量，绕过障碍物，最终击碎最坚硬的石头。”“我相信，摒弃霸权可以为世界上所有国家和人民创造一个更安全的未来。我也相信，世界多极化比强权政治更能保障广泛的民主，因为强权政治要求的是无条件服从和奴役。同时，我也相信，在国际关系中，合作才是正确的选择。”①

实际上，不同的地理环境使各种生产方式带有不同的地域特色，这必然影响到人们的生活方式。国家的疆域大小不同、人口密度有别，加上不同的文化传统，必然产生不同的社会治理和政治交往方式，从而塑造世界政治文明的多样性。用某种特殊的单一标准来衡量世界各国丰富多样的政治制度，用某种特定的眼光审视不同国家缤纷多样的政治文明，这本身就是控制性的不民主行为。

① 尼科利奇．民主的本意是人民当家作主．中国社会科学报，2021－12－20.

第五章

基于人类命运共同体新理念的国际交往价值观

和平发展既是中国人民的理性选择，也是中国人民的郑重承诺。从构建和谐世界的目标，到构建人类命运共同体的理念，都反映了中国走和平发展之路的战略定力。在此基础上，和平发展、合作共赢、公平正义、休戚与共，就成为中国处理国际问题和外交事务的核心价值观。

中国的和平发展对中国和世界来说都有重要意义。它既有助于中国摆脱贫穷落后的状态，实现民族的复兴，也给整个世界的发展带来机遇。中国是一个有着巨大潜力的广阔市场。随着中国国际地位的提升，中国的文化传统、中国人打交道的方式、中国人在国际关系中持有什么样的价值观也会越来越为世界所关注。

第一节

走向人类命运共同体

一、人类命运共同体理念的提出

在当今世界，中国共产党“站在时代潮头，把握历史方向，提出一系列新思想、新理念。比如打造对话而不对抗、结伴而不结盟的伙伴关系，进而建立以合作共赢为核心的新型国际关系，在此基础上，各国共建人类命运共同体。这些新的思想和理念，摒弃了结盟对抗的旧思维，超越了零和博弈的老套路，既有鲜明中国特色，又有重大世界意义，不仅是新时期中国外交的行动指南，也将对人类发展进步事业产生深远影响”[①]。

中国走和平发展的道路，主张构建和谐世界，是中国人民的理性选择，这个选择是以中国文化传统和社会价值观取向为基础的。早在1985年，邓小平就提出了“和平与发展”的时代主题。他指出：“现在世界上真正大的问题，带全球性的战略问题，一个是和平问题，一个是经济问题或者说发展问题。”[②] 以江泽民同志为核心的党的第三代中央领导集体提出了新安全观、“与邻为善、以邻为伴”的周边外交方针和“睦邻、安邻、富邻”的外交政策，致力于维护世界和平。为了创造和平发展的国际环境，2005年4月，胡锦涛出席雅加达亚非峰会时指出，“综观当今世界，和平、发展、合作已成为时代潮流。经济全球化趋势深入发展，科技进步突飞猛进，生产要素流动和产业转移加快，各国相互依存日益加深”，各国应“推动不同文明友好相处、平等对话、发展繁荣，共同构建一个和谐世界”[③]。2005年9月，在联合国成立60周年首脑会议举行的第二次全体会议上，胡锦涛发表题为《努力建设持久和平、共同繁荣的和谐世界》的讲话，再次重申了和谐世界的理念。

和平发展既是中国人民的理性选择，也是中国人民的郑重承诺。习近平总书记指出：“中国走和平发展道路，不是权宜之计，更不是外交辞令，而是从历史、现实、未来的客观判断中得出的结论，是思想自信

---

① 就中国外交政策和对外关系答中外记者问．人民日报，2017-03-09.

② 邓小平．邓小平文选：第3卷．北京：人民出版社，1993：105.

③ 中共中央文献研究室．十六大以来重要文献选编：中．北京：中央文献出版社，2006：848.

和实践自觉的有机统一。”这段论述，是对中国走和平发展道路最精辟的论述。既然和平发展不是权宜之计，更不是外交辞令，那就必然有着深刻的价值理念作为支撑。

党的十八大报告提出了“要倡导人类命运共同体意识”的命题，这是一个重要的历史观、文明观和价值理念的宣示。这个宣示是基于中华优秀传统文化，立足于中国经济社会发展，展望中华民族伟大复兴和人类文明发展的前景提出的。

中国有着悠久的历史传统，是一个自主文明不断延续的国家。正因为如此，美国前国务卿基辛格认为，“若要了解 20 世纪的中国外交或 21 世纪中国的世界角色，必须首先对中国的历史有一个基本的认识”①。实际上，人类命运共同体的意识，同样是中国历史思想的创造性转化与创新性发展。正如张立文先生所指出的：“中华民族自古以来就有‘天地与我并生，而万物与我为一’，‘天地之塞，吾其体；天地之帅，吾其性。民，吾同胞；物，吾与也’以及‘天地万物本吾一体’的思想。简言之，是一种命运共同体思想。”②

如何处理当代错综复杂的国际关系是人类命运共同体意识产生的直接原因。人类命运共同体是当代中国共产党人基于经济全球化、通信网络化和日益突出的全球生态和安全问题提出的人类利益共存、合作共赢、休戚与共的文明价值观。

在漫长的文明发展史中，人类曾经长期生活在相互隔绝的环境之

① 基辛格．论中国．2 版．北京：中信出版社，2015：Ⅻ．

② 张立文．王霸之道与和合天下．人民论坛·学术前沿，2016（10）．

中。交通工具的改进，特别是新大陆的发现，让处于分割状态的世界有了相互接触的可能。当今世界，越来越便利的交通促进了各地之间的经济、文化交往，信息技术的突破性发展也进一步把人们的知识和精神生活纳入相互影响的全球网络之中。尽管人们生活在不同社会制度、文化传统和地理空间中，分属于不同的种族，有着不同的肤色，信仰不同的宗教，但在经济发展、生态环境、社会安全等方面却面临着共同的课题。同在地球上，错综复杂且日益紧密的联系构成了你中有我、我中有你的局面，形成了“一荣俱荣、一损俱损”的格局。面对这种情形，中国方案是：构建人类命运共同体，实现共赢共享。

二、人类命运共同体理念的内涵与实质

自党的十八大报告提出“要倡导人类命运共同体意识”之后，命运共同体已经成为习近平主席在众多外交场合，尤其是在论述中国与发展中国家、周边国家和新兴国家外交关系时，反复强调的中国外交理念，其思想内涵在结合各种国际合作的内容中不断丰富。习近平总书记在会见在华外国专家时表示，国际社会日益成为一个你中有我、我中有你的命运共同体。面对世界经济的复杂形势和全球性问题，任何国家都不可能独善其身、一枝独秀，这就要求各国齐心协力、同舟共济。2013 年 9 月，在俄罗斯圣彼得堡举行的二十国集团（G20）领导人峰会上，习近平主席用“一荣俱荣、一损俱损”“一花独放不是春，百花齐放春满园”来形容国际之间的合作，并强调国家间要树立命运共同体意识，也明确表示中国有条件、有能力实现经济持续健康发展，为世界经济带来更多

正面外溢效应。

2013 年 10 月，习近平在周边外交工作座谈会上则强调了“与邻为善、以邻为伴”“睦邻、安邻、富邻”“亲、诚、惠、容”等我国周边外交的基本方针，提出要加强周边宣传工作，让命运共同体意识在周边国家落地生根。习近平主席访问印度尼西亚时谈到中国与东盟的合作，并且明确表示中国愿同东盟国家加强海上合作，共同建设“21 世纪海上丝绸之路”，携手建设更为紧密的中国-东盟命运共同体。习近平主席还先后谈到建立中国-阿拉伯、中国-非洲命运共同体问题。在访问韩国时，习近平主席提出，中韩两国应该构建开放融合发展格局，共同打造利益共同体。参加中国-拉美和加勒比国家领导人会晤时，习近平又进一步强调，要与拉美和加勒比国家加强合作，努力构建携手共进的命运共同体。

在 2015 年的博鳌亚洲论坛上，习近平主席又特别阐明了“迈向命运共同体”必须坚持的原则，即必须坚持各国相互尊重、平等相待，必须坚持合作共赢、共同发展，必须坚持实现共同、综合、合作、可持续的安全，必须坚持不同文明兼容并蓄、交流互鉴。

2015 年 9 月 28 日，国家主席习近平在纽约联合国总部出席第七十届联合国大会一般性辩论，并发表题为《携手构建合作共赢新伙伴，同心打造人类命运共同体》的重要讲话。习近平强调，和平、发展、公平、正义、民主、自由，是全人类的共同价值，也是联合国的崇高目标。当今世界，各国相互依存、休戚与共，我们要继承和弘扬《联合国宪章》的宗旨和原则，构建以合作共赢为核心的新型国际关系，打造人类命运共同体。他还特别阐述了打造人类命运共同体的主要目的：（1）建立平等相待、互商互谅的伙伴关系；（2）营造公道正义、共建共享的安全格局；（3）谋求开放创新、包容互惠的发展前景；（4）促进和而不同、兼容并蓄的文明交流；（5）构筑尊崇自然、绿色发展的生态体系。

中国不是把人类命运共同体当作口号，而是切实落实于实际行动，“一带一路”建设就是明证。在 2017 年 5 月 15 日召开的“一带一路”国际合作高峰论坛圆桌峰会上的闭幕辞中，习近平主席指出，中国“要勇于担当，开拓进取，用实实在在的行动，推动‘一带一路’建设国际合作不断取得新进展，为构建人类命运共同体注入强劲动力”。

显然，当代中国之所以走和平发展道路，倡导构建和谐世界，就在于中国有人类命运共同体的意识和价值追求。这种价值追求的实质就是，各国之间处于一种相互依存、休戚与共的关系之中，只有包容互惠、和衷共济，才能实现合作共赢、共同发展。中国的价值理念已经得到越来越多国家的认同。更为可喜的是，2017 年 2 月 10 日，联合国社会发展委员会第五十五届会议协商一致通过了“非洲发展新伙伴关系的社会层面”的决议，呼吁国际社会本着合作共赢和构建人类命运共同体的精神，加强对非洲经济社会发展的支持。这是联合国决议中首次写入“人类命运共同体”理念。联合国高官菲利普·查沃斯还特别指出：“从长远看，世界各国和联合国都会从这一理念中受益。”他说，这一理念告诉人们不要急功近利，而是把眼光放得更加长远。“中国是一个历史悠久的国家。中国人看问题的角度和眼光比其他许多国家更加长远。”

另外，在2017年2月28日召开的联合国人权理事会举行的第三十四次会议上，通过了关于“经济、社会、文化权利”和“粮食权”两个决议，中国代表明确表示要构建“人类命运共同体”。这是中国提出的人类命运共同体理念首次载入人权理事会决议，标志着这一理念成为国际人权话语体系的重要组成部分。联合国决议写入“人类命运共同体”，体现了中国这一新理念已经得到广大成员国的普遍认同，也彰显了中国对全球治理的巨大贡献。

当今世界正经历百年未有之大变局，全球治理体系面临巨大挑战，世界进入动荡变革期。在这种情况下，人类命运共同体的理念已经从中国提供的全球治理方案逐渐成为国际共识。这一理念不仅获得越来越多的国际支持，而且成了全球治理体系的理念基石。

三、人类命运共同体理念的人文基础

中国共产党已经走过了100多年峥嵘岁月。中国共产党栉风沐雨，经历苦难而走向辉煌，成为带领中国人民成功实现民族独立、人民解放、社会发展的社会主义大国执政党，其力量源泉不仅来自她为中国人民谋幸福，为中华民族谋复兴的初心和使命，而且也来自她为世界谋大同的国际视野和对全人类命运的深切关怀。如果说全心全意为人民服务的宗旨让中国共产党人能够持续获得中国人民的支持，从而为其不断发展壮大确立了坚实的社会基础，那么为世界谋大同的人类命运共同体意识，则不断拓宽着中国共产党人高远理想的视野。在中国共产党的文献中，十八大报告首次明确提出了“要倡导人类命运共同体意识”。随后，习近平主席在各种外交场合反复强调这个理念，特别是在阐述我国与发展中国家、周边国家外交关系时，结合中国发起和参与的各种国际合作机制，不断丰富“人类命运共同体”理念的思想内涵。国内国际对“人类命运共同体”已经有了许多研究，有基于各种不同立场所做出的理解和反应，但总体而言得到了非常积极的评价和回应，已经成为国际关系中最有远见的战略性指引。笔者只是试图从“人类命运共同体”理念的人文基础这个特殊视角，梳理该理念的形势缘起、历史根基、理论源泉以及实践拓展等内容，以求深化对该理念内涵、功能和意义的认识。

（一）人类命运共同体理念是对人类文明和国际形势新发展趋势最具人道主义情怀的回应

“人类命运共同体”理念的提出，可以说是缘起于世界面临百年未有之大变局的国际形势。面对人类文明和世界格局发展的新趋势，中国应该如何应对？携手世界各国走和平发展、合作共赢的道路，共建人类命运共同体，就是中国应对世界变化趋势方案的最新概括。

实际上，伴随着经济全球化和以互联网为代表的信息技术发展进程，过去相对孤立存在的群体、国家之间的联系更加紧密了。环境污染、恐怖主义、难民问题都呈现全球性质，人类社会日益成为一个你中有我、我中有你的命运共同体。突如其来的新冠疫情的大流行，从另外的侧面彰显了人类命运与共的基本现实。面对世界经济的复杂形势和全球性问题，任何国家都不可能独善其身、一枝独秀，这就要求各国同舟共济、和衷共济。

“人类命运共同体”理念，是应对全球性问题的最具人道主义精神的方案。2017 年 1 月，习近平在瑞士达沃斯世界经济论坛 2017 年年会开幕式上指出：今天，我们“生活在一个矛盾的世界之中。一方面，物质财富不断积累，科技进步日新月异，人类文明发展到历史最高水平。另一方面，地区冲突频繁发生，恐怖主义、难民潮等全球性挑战此起彼伏，贫困、失业、收入差距拉大，世界面临的不确定性上升”①。面对这种困境，在逻辑上也许只有三种态度和与之相适应的处理方式：一是采取对问题视而不见、不予理睬的鸵鸟政策。不难理解，这种方式不能解决问题，因为无论理睬与否，问题都客观地存在着。二是个别强势国家从自身利益出发，靠牺牲其他国家和民族的利益，用以邻为壑的办法来控制问题的发展。这种方式不能从根本上解决问题，只是暂时维护着少数国家和人群的利益，最终反而会加剧问题的蔓延和失控。三是采取平等协商、携手合作的方式解决人类面临的共同问题。只有这种方式，才是真正解决事关人类文明前途命运大问题的正道。更为重要的是，第一种方式与人类关注未来命运的特有远见不相符合，显然无法纳入人道主义的范畴；而第二种方式只关心少数国家和人群的利益，有违普遍的人道主义精神；唯有第三种方式是平等、公正地对待所有人，并且考虑所有人未来的根本利益，这才属于真正的人道主义精神。

“人类命运共同体”理念不仅内在地契合深邃的人道主义精神，而且也是唯一符合国际交往规范的可行指南。正如达沃斯世界经济论坛创始人施瓦布指出的，全球治理是解决全球性问题的关键，“没有恰当的

① 习近平．共担时代责任，共促全球发展．求是，2020（24）.

全球治理，我们可能就会无力应对全球挑战”[①]，而恰当的全球治理需要国际合作。唯有各国之间的通力合作，才能让人类走向更加包容、更加公正、更可持续的未来；反之，我们就会陷于更具不确定性、更加动荡、更加危险的境地。“目前最重要的是，在全球治理如此缺失的情况下，只有民族国家拥有足够的社会凝聚力，能够进行集体决策，但是当全球性风险来临、需要协调一致的全球性决策时，这套模式就发挥不了作用了。”[②] 施瓦布还指出：“新冠疫情提醒我们，我们面临的最大问题实际上是全球性问题。无论是大流行病、气候变化，还是恐怖主义或国际贸易，都是全球性问题，唯有通过合作才能解决这些问题并缓解它们带来的风险。”[③] 显然，在施瓦布那里，只有合作才能进行全球治理，而合作就应该按照“人类命运共同体”理念行事。施瓦布还把中国率先走出疫情的重击与中国人对人类命运的认识联系起来，他相信：既然中国能够按照新的理念“实现更加稳健的发展”，那么当然也可以“希望世界各国在此次疫情之后能更加深刻地认识到：我们是同住在一个星球上的人类命运共同体，我们拥有并且应当携手创造一个共同的美好未来”[④]。

目前，越来越多的国际有识之士认识到“人类命运共同体”理念的价值和意义。譬如，美国学者保罗·希尔在《正确认识美中战略竞争》一文中指出：“北京常说的‘人类命运共同体’，不是一些（西方）学者

① 施瓦布，马勒雷．后疫情时代：大重构．北京：中信出版社，2020：88.
② 同①90－91.
③ 同①87.
④ 同①Ⅶ.

所认为的以中国为中心的扩张主义和侵略的愿景，而实际上是个相对温和的口号。其核心强调的是相互尊重——或至少是容忍——不同的治理体系，以及寻求解决全球共同挑战和当务之急的办法。”“中国并未谋求摧毁美国体系，也无意取代美国成为全球霸主。”因此，“采取遏制或政权更迭的对华政策是不现实的，可能适得其反”[①]。如果美国人惧怕这种竞争，恰恰说明他们对自己国家的发展模式失去了信心，而且更为重要的是，反映了美国一直采取唯我独尊的态度，缺乏与其他国家进行平等、公正合作的意愿。实际上，如前文所言，人类命运共同体已经成为国际共识。

（二）人类命运共同体理念深深植根于中华优秀传统文化和人文精神之中

中国是一个有着几千年绵延不绝的文明传统的国家，当代中国首先是古老自主文明传统的延续。中国的一切都与其历史传统有着无法割裂的联系，如美国前国务卿基辛格指出的，“若要了解 20 世纪的中国外交或 21 世纪中国的世界角色，必须首先对中国的历史有一个基本的认识”[②]。由此可见，当代中国主张构建人类命运共同体，坚持走和平发展道路，是有着深厚的历史根基的并且是对文化传统的延续。

中国能够成为一个统一的东方大国，显然是与中国文化传统中“天下一家”的主张密切相关的。虽然中国历史上也存在“华夷之辨”现象，但彼此一旦相遇往往会出现融为一体的趋势。正如秘鲁前总统佩雷

① 希尔．失去自信，美才会怕与中国竞争．环球时报，2020－10－22.

② 基辛格．论中国．北京：中信出版社，2015：XIII.

斯指出的，“希腊思维引向矛盾性，中国思维引向一致性”[①]。由此可见，中国文化传统也孕育并且引出了人类命运共同体的理念。

首先，中华民族“天下大同”的理想是孕育人类命运共同体理念的思想源泉。也许是农耕民族对水利的依赖，造就了中国先民的集体主义意识，中国自古以来就强调群体互助的重要性，并且提出“老吾老以及人之老，幼吾幼以及人之幼”的道德要求。“仁者爱人”“民胞物与”[②]的博爱意识持续支撑和滋养着中华民族的大爱情怀。中国文化向来认为，人与人之间应该相互扶持，主张以同理心对待他人、以“恻隐之心”对待弱者，做到“己欲立而立人，己欲达而达人”。显然，这些思想资源都孕育了人类一体、命运与共的意识。

其次，中华民族“协和万邦”的追求为构建人类命运共同体提供了可以借鉴的路径。在《史记·五帝本纪》中，司马迁就有“合和万国”的记叙。可以说，依靠群体的力量才能生存，要把“和合”塑造成中华文化固有的基因。譬如，作为中国文化主流思想的儒家一直强调“以德服人”，而批评“以力服人”的做法。儒家认为，只有通过讲信修睦、协和万邦，才能做到“保合大和”，从而实现“天下和平”。这就是说，只有做到协和万邦，才能实现国家之间的和平，达到富国安民的目标。在交往中讲信修睦，在合作中协和万邦，就成为构建人类命运共同体路径选择的思想资源。随着经济全球化的发展和全球性问题的凸显，中国提出的不同国家之间合作共赢的主张得到越来越多的认同，因为人们认

① 佩雷斯．儒学与全球化．北京：人民出版社，2014：57.

② 张载说：“民吾同胞，物吾与也。”（《西铭》）意思是说，人人都是天地所生的同胞，而所有事物都是自己的同伴。

识到："没有合作，人类寸步难行。"①

再次，"和而不同"的方法为构建人类命运共同体奠定了基本规范。中国的先民早就认识到"万物并育而不相害，道并行而不相悖"的道理，相信不同的人在保持自己特殊性的情况下可以和谐共生。可以说，这种处世之道已经成为中华民族的"集体无意识"。冯友兰在其撰写的《国立西南联合大学纪念碑碑文》中指出："同无妨异，异不害同；五色交辉，相得益彰；八音合奏，终和且平。"这就是说，保持协同，并不要求人们放弃自己的个性；每个人都有自己的特殊性，并不妨碍大家一起合作。多种颜色才能交相辉映，在互相映衬下更加艳丽夺目；不同的声音一起合奏，在彼此交响中才能奏响和谐动听的旋律。费孝通先生对"和而不同"的思想进行了现代经典阐释，即他所说的"各美其美，美人之美，美美与共，天下大同"。正是这种深沉的人文底蕴，才让当代中国智慧贡献出人类命运共同体的理念。我们之所以主张构建人类命运共同体，就是为了推动构建相互尊重、公平正义、合作共赢的新型国际关系。要真正推进这个进程，很重要的方法就是相互尊重、平等相待。与自认为高人一等的"西方中心主义"文化不一样，我们认为在世界大家庭当中，每个国家无论大小还是贫富，毫无例外都应该是平等的，应该相互平视，没有哪个国家可以高人一等、高高在上、俯视一切。

最后，"万国咸宁"的天下图景为构建人类命运共同体描绘了可以希冀的愿景。回望历史，不难发现中国文化与西方文化具有不同的特质。西方文化，特别是盎格鲁-撒克逊文化，往往试图采取基于实力碾

① 施瓦布，马勒雷．后疫情时代：大重构．北京：中信出版社，2020：222.

压对方的方式，把对自己有利的“规则”强加于其他国家，实现有利于己方的“世界秩序”。因此，就有了霍布斯论证“森林原则”的“利维坦”理论，并且孕育出到目前仍然渗透在西方文化基因中的“社会达尔文主义”。在中国，则有与之完全不同的文化理念。中国自古就倡导“天下为公”理念，主张“强不执弱，富不侮贫”的规范，深知“国虽大，好战必亡”的道理。中国的快速发展和繁荣昌盛是大势所趋，但国强必霸并非历史铁律。中国过去没有对外侵略、掠夺、殖民的历史，现在也没有称霸全球的意图。中国坚持走和平发展道路，这并不只是口号或策略，而是我们的郑重承诺。中国愿意把自身发展同周边及世界各国的发展更紧密地结合起来，欢迎世界各国搭乘中国发展“快车”“便车”，让大家一起过上好日子。中国倡导共建“一带一路”，不是为了地缘政治的目的，而是为了实现合作共赢，中国欢迎世界各国参与到“一带一路”建设中来，携手实现和平、发展、合作的愿景。

总之，文明之间既有共性也有个性。各国有不同的文化传统，在不同的自然环境下开辟自己的发展道路。对问题有不同的看法，有不同的发展道路，这是完全可以理解的。按照中华文化的理念，在推动构建人类命运共同体的进程中，一方面人们应该尊重不同文明的道德认识与规范，因为它们是在不同时空条件下的人们在长期生活中逐渐积累并演化而来的，都有其历史的或特殊的根据。如果世界变得整齐划一，反而令人窒息。另一方面，也应该确定一些普遍的规则，这种规则不应该以某种道德认识和规范否定其他种类的道德认识和规范，而是在相互尊重、相互理解的过程中相互参照并且寻求更大的共识。

（三）人类命运共同体理念是在马克思主义理想的“未来社会”构想指引下形成的

马克思主义是关于实现全人类解放的理论，目的是建设一个没有阶级、没有剥削、没有压迫的社会，在这种未来社会中人人平等，每个人都得到自由而全面的发展。毋庸讳言，面对充满各种矛盾和利益冲突的世界，现在所要构建的人类命运共同体还不是马克思主义所倡导的未来共产主义理想社会。但是，构建人类命运共同体的理念与实现未来理想社会的设想在历史趋势上是一致的。共产主义不可能是一蹴而就的，实现共产主义的目标需要经历一个漫长的历史过程。在这个过程中，我们应该根据历史条件，不断朝这个目标前进。可以说，在很多方面，人类命运共同体理念是对马克思主义的继承与发展。

首先，马克思主义关于世界历史的思想是人类命运共同体理念最直接的理论源泉。伴随着资本主义生产方式和殖民主义的扩张，原来孤立存在的民族与国家日益卷入世界历史的进程之中。马克思、恩格斯指出：“……各民族的原始封闭状态由于日益完善的生产方式、交往以及因交往而自然形成的不同民族之间的分工消灭得越是彻底，历史也就越是成为世界历史。”① 基于此，习近平总书记在纪念马克思诞辰 200 周年大会上的讲话中指出：“马克思、恩格斯当年的这个预言，现在已经成为现实，历史和现实日益证明这个预言的科学价值。今天，人类交往的世界性比过去任何时候都更深入、更广泛，各国相互联系和彼此依存比过去任何时候都更频繁、更紧密。一体化的世界就在那儿，谁拒绝这

---

① 马克思，恩格斯．马克思恩格斯选集：第 1 卷．3 版．北京：人民出版社，2012：168.

个世界，这个世界也会拒绝他。万物并育而不相害，道并行而不相悖。我们要站在世界历史的高度审视当今世界发展趋势和面临的重大问题，坚持和平发展道路，坚持独立自主的和平外交政策，坚持互利共赢的开放战略，不断拓展同世界各国的合作，积极参与全球治理，在更多领域、更高层面上实现合作共赢、共同发展，不依附别人、更不掠夺别人，同各国人民一道努力构建人类命运共同体，把世界建设得更加美好。”[①]

其次，马克思主义解放全人类的理想与人类命运共同体理念在方向上是一致的。既然马克思主义是为了解放全人类，那么社会主义中国在参与全球治理时，就应该朝着对所有民族、所有国家的大多数人都有利的方向来努力。人的解放与社会的进步是一个历史过程的不同表现。正如马克思、恩格斯在《德意志意识形态》中指出的，“每一个单个人的解放的程度是与历史完全转变为世界历史的程度一致的”[②]。毋庸讳言，在阶级社会中，仍然存在阶级斗争，不同社会制度和不同意识形态之间的竞争仍然非常激烈。马克思主义的确讲阶级斗争，但是马克思主义的“阶级斗争”绝不是为了斗争而斗争，而是为了建立没有阶级斗争的人人平等的无阶级社会；即使阶级社会存在阶级斗争，也必须讲究斗争的方式。马克思主义讲阶级斗争不是为了在肉体上消灭阶级敌人，而是为了在建立公平正义的社会制度意义上“剥夺剥夺者”。马克思主义反对和谴责帝国主义者和殖民主义者曾经进行的种族灭绝。在《自然辩证

① 习近平．在纪念马克思诞辰200周年大会上的讲话．人民日报，2018-05-05.

② 马克思，恩格斯．马克思恩格斯选集：第1卷．3版．北京：人民出版社，2012：169.

法》中，恩格斯就对资产阶级学者特别是社会达尔文主义者的“生存斗争”学说进行过严厉的批判，认为他们忽视了斗争与“和谐合作”之间的辩证关系。恩格斯指出：“达尔文的学说刚刚得到承认，……这些人立刻到处只看到斗争。”[①] 实际上，“自然界中无生命的物体的相互作用既有和谐也有冲突；有生命的物体的相互作用则既有有意识的和无意识的合作，也有有意识的和无意识的斗争。因此，在自然界中决不允许单单把片面的‘斗争’写在旗帜上。但是，想把历史的发展和纷繁变化的全部丰富多样的内容一律概括在‘生存斗争’这一干瘪而片面的说法中，是极其幼稚的”[②]。在恩格斯看来，“达尔文的全部生存斗争学说，不过是把霍布斯关于一切人反对一切人的战争的学说和资产阶级经济学的竞争学说以及马尔萨斯的人口论从社会搬到生物界而已”[③]。恩格斯还指出，马克思主义“把历史看做一系列的阶级斗争，比起把历史单纯归结为生存斗争的一些没有多大差异的阶段，内容丰富得多，而且深刻得多”[④]。对于马克思主义来说，无产阶级进行的阶级斗争无非是为了对抗资产阶级的剥削压迫；而且阶级斗争和“无产阶级专政”本身都不是目的[⑤]，而是建立更为美好社会的手段，因此，阶级斗争不是永恒的、绝对的、整体性的，而是暂时的、相对的、局部性的状态。这就是说，无产阶级反对资产阶级的阶级斗争，其目的不是消灭一部分人，更

---

① 马克思，恩格斯．马克思恩格斯选集：第 3 卷，3 版．北京：人民出版社，2012：986.

② 同①986－987.

③ 同①987.

④ 同①988.

⑤ 在马克思主义看来，无产阶级专政“不过是达到消灭一切阶级和进入无阶级社会的过渡”。（马克思，恩格斯．马克思恩格斯选集：第 4 卷．3 版．北京：人民出版社，2012：426.）

不是摧毁整个人类社会，而是建立所有人能够平等相待的公平正义社会，在这样的社会里没有财产和社会地位的差别。尤其在现时代，核战争和其他大规模杀伤性武器威胁到全人类的生存，全球性生态危机可能会造成生命大灭绝，在此情况下，倡导构建人类命运共同体，不仅可以说是21世纪马克思主义对人类文明时代性发展最负责任的回应，也是为未来人类的全面解放开辟道路、创造条件。

再次，马克思主义关于人类从“必然王国”向“自由王国”过渡的思想，也给人类命运共同体思想以启迪。马克思、恩格斯在《德意志意识形态》中认为，没有共同体，就不可能实现人的发展。“只有在共同体中才可能有个人自由。”[①] 马克思主义经典作家坚信，未来社会“将是这样一个联合体，在那里，每个人的自由发展是一切人的自由发展的条件”[②]。这句话是马克思、恩格斯在《共产党宣言》“无产者和共产党人”一节中讲的。在马克思主义看来，在私有制条件下，人们的社会生产与生活还处在必然王国的制约下，这个必然王国主要是指人们进行生产活动的盲目性，即人们自身尚不能自觉地根据需要来调节社会生产，而只能依赖市场自发的行为来调节社会生产。马克思主义的世界历史理论最终指向未来无阶级社会中人的自由和解放。在未来社会中，因为实现了生产资料公有制，所以个体的人和全人类的彻底自由和解放就有了物质基础。就此，习近平总书记指出，“马克思主义第一次站在人民的立场探求人类自由解放的道路，以科学的理论为最终建立一个没有压

① 马克思，恩格斯．马克思恩格斯选集：第1卷．3版．北京：人民出版社，2012：199.

② 同①422.

迫、没有剥削、人人平等、人人自由的理想社会指明了方向”[①]。既然马克思主义认为在未来社会“每个人的自由发展是一切人的自由发展的条件”，那么现时代人类社会也应该朝着合作互助的方向发展。虽然“自由人联合体”是马克思主义对未来无阶级社会中人类生存状态的一种理想性描述，不过，即使在现时代，在人类分为不同的国家、社会分为不同的阶级和集团的情况下，我们也应该创造人与人之间互帮互助、各个国家之间合作共赢、不同文明之间交流互鉴的生成性机制，这样不仅有利于社会持续发展，为未来理想社会奠定更加坚实的物质基础，而且能够通过文明程度的持续提升为未来理想社会培育必要的精神境界。

最后，马克思主义反对一切形式的民族压迫，提倡各民族之间平等交往的思想，也激发了中国共产党人构建人类命运共同体的使命担当。马克思主义深刻揭露资本主义的野蛮本质，认为资本的每个毛孔都带有“血与火”的罪恶痕迹。第二次世界大战以后，欧美发达国家又通过自己的优势地位，构建了中心支配边缘的世界体系。西方国家以人权高于主权的幌子，任意控制、压榨、支配发展中国家，尤其“自苏联解体至今，华盛顿已经习惯了生活在一个美国一家独大的世界里，它想努力保持这种‘历史终结’的局面。尽管这一目标不可能实现，但美国为此所做的事会让这个世界变得非常危险。只有当美国再次学会如何与其他大国共处且不破坏国际秩序稳定，这一情况才会发生改变”[②]。美国的霸凌主义、西方国家的颐指气使，阻碍了建立公平正义世界的路径。西方

① 习近平．在纪念马克思诞辰200周年大会上的讲话．人民日报，2018-05-05.

② 白云怡．俄美冲突的经验教训，中国可借鉴．环球时报，2020-09-02.

所推行的国际关系范式的不包容性，是阶级社会分裂人类共同体的集中体现。“20 世纪的恐怖归结于不同群体不能互相包容地发展。殖民主义的野蛮行为表现的就是把一个群体的意志强加于另一个群体。大屠杀就是德国的一个群体拒绝接受其他群体（犹太人和吉卜赛人）的合法存在。等级的产生也就是一个被迫分裂的共同体的产生，它使一部分人陷入极度贫困，另一些人变得极度富有。”[①]越来越多的发展中国家希望变革现存的不平等的国际关系或“规则”，尽快为发展中国家的发展提供比过去更加民主、合理、有利的国际环境。人类命运共同体理念积极回应当今世界各国对建立更加公平国际关系的强烈期盼，积极回应人类不同文明平等发展和多样化发展的呼声。中国愿意在全球治理中贡献中国力量、展现中国智慧、提供中国方案。根据人类命运共同体理念，不同文明之间应该相互尊重，通过交流互鉴，让人类文明变得更加丰富多彩；不同国家之间应该不分大小、强弱，一律平等，国家之间应该相互尊重彼此自主选择的发展道路；每个国家在发展的同时，不能妨碍其他国家的发展，而要与其他国家共同发展。显然，这是与西方唯我独尊的思路完全不同的，中国理念是讲合作的思路。

总而言之，人类命运共同体理念实质上是为破解全球性问题提出的全球治理方案。人类命运共同体理念超越了“西方中心主义”的世界图景，解构了西方发达国家塑造的中心支配边缘的世界体系，冲击了不平等的国际经济关系，以更加宽广的胸怀、更加高远的眼光为人类文明指

① 阿穆尔．思辨的历史哲学对批判的历史哲学//斯威特．历史哲学：一种再审视．北京：北京师范大学出版社，2008：205.

出一条平等互惠、合作共赢、共同发展的道路。

（四）人类命运共同体理念是在中国共产党人全心全意为人民服务的奋斗实践中逐步拓展而来的

中国共产党自成立以来，就把全心全意为人民服务作为自己的根本宗旨。中国共产党人为中国人民谋幸福，为中华民族谋复兴的初心和使命，一方面是对中华优秀传统文化的传承与弘扬，另一方面也与无产阶级解放全人类的崇高理想密切相关。就前者而言，中国有深厚的人本主义传统，正如《尚书》所说的："天矜于民，民之所欲，天必从之"，故"天视自我民视，天听自我民听"。就后者来说，马克思主义认为，无产阶级只有解放全人类才能真正解放自己，这就是说，以往社会的阶级斗争都是一个阶级推翻另一个阶级，自己解放了，而其他阶级则要受压迫，只是换了统治阶级或统治集团，无非是角色的转换而已，没有实现人的真正解放。解放全人类，就是不再有一部分人压迫另一部分人的现象，每个人的自由成为所有人自由的前提条件。显而易见，马克思主义的这个理想与中国的"天下大同"思想近似。

不过，中国原有的"大同"思想，受历史条件和阶级局限性的限制，在很大程度上只是一种理想而已，很少在现实中有所体现或实现。中国共产党则在具有世界历史性意义的革命、建设、改革中，一步步地以实际社会进步改变着占世界人口1/5的大国——中国的状态，开辟了人类由自然王国迈向自由王国的道路，拓展着人类普遍自由的空间，为实现世界大同的理想不断创造和积累条件。如果说过去的统治阶级注重以民为本，是因为需要人民"载舟"并且害怕人民"覆舟"，那么中国共产党人则是把人民视为自己一切活动的出发点和落脚点，把革命、建设、改革事业都看作人民之舟，一切为了人民、一切依靠人民。正因如此，我们才认为，中国有了共产党，这是开天辟地的大事变，深刻改变了近代以后中华民族发展的方向和进程，深刻改变了中国人民和中华民族的前途和命运，深刻改变了世界发展的趋势和格局①。

作为中国工人阶级的先锋队、中国人民和中华民族的先锋队，中国共产党人继承了中国文化传统中“先天下之忧而忧，后天下之乐而乐”的精神，心系人民，永远保持对人民的赤子之心，为人民的利益抛头颅、洒热血。正是这种敢洒热血、服务人民的精神，让中国共产党从无到有、从弱到强，带领全国人民浴血奋斗，推翻了压在人民头上的帝国主义、封建主义和官僚资本主义三座大山，取得民族独立、人民解放、国家发展的一系列成就。中国共产党的成功在于其全心全意为人民服务的无私奋斗激发出了人民自我解放、自我发展的不竭力量。

中国的发展道路完全不同于欧美。从地理大发现和工业革命以来，发达国家的发展基本上都是按照“弱肉强食”的丛林法则行事，不断寻求殖民扩张，到处奴役其他民族。而在第二次世界大战以后，它们则利用其科技强权、军事强权和强势文化的话语权，来获得政治霸权，从而得以维持其对世界的控制。中国发展道路的成功有力地证明了现代化道路不是只有西方国家走过的那一条。一个国家的发展，也不是只有以西方国家的那种弱肉强食的方式才能实现，而是有可能在和平、合作、互利、共赢的状况下走出一条文明发展道路。正如秘鲁前总统佩雷斯指出

① 习近平．在庆祝中国共产党成立 95 周年大会上的讲话．求是，2021（8）．

的，中国的发展让人们意识到，“西方不是‘世界的全部’，也绝非是‘世界未来’理所当然的范式”①。中国的道路才是人道之路、文明之路、人类进步之路。

中国人向来主张，“穷则独善其身，达则兼济天下”。中国共产党心系天下劳苦大众，先是通过革命战争实现了中华民族的独立自主和人民解放，建立了人民当家作主的社会主义制度，随后又通过改革开放让全中国人民逐渐走上了富裕道路，通过全世界最大规模的“脱贫工程”，让中华民族彻底摆脱了绝对贫困。与此同时，自新中国成立至今，中国在自身还有很多困难的情况下，一直对外进行力所能及的援助。毛泽东早就说过，中国应该对人类做出更大贡献。改革开放以来，中国更是向全世界开放，并且不断加强对外援助与合作，特别是支援发展中国家的社会发展事业，目的是实现与世界各国之间的互利合作、共同发展，在推动全球治理体系变革等方面发挥了重要作用。

中华民族是一个爱好和平的民族，从来没有对外侵略的历史，主张国际关系应该“公道”，而不要“霸道”。这既反映了中国人民对他人的尊重，也反映了中国人民对生命的敬畏。中国不仅关心自己人民的福祉，也不愿看到任何国家、任何民族陷入生灵涂炭的境地。

随着改革开放的深入，中国的综合实力有了明显提升，越来越展现出大国担当。在处理国际关系时，习近平总书记宣布，中国坚持正确的义利观，向世界分享中国的发展经验。所谓正确的义利观，即在利益的问题上坚持以义为先，在与发展中国家的合作中多予少取、先予后取、

① 佩雷斯．儒学与全球化．北京：人民出版社，2014：6.

只予不取。显然，在对外援助的理念上，中国与欧美国家有很大区别，欧美国家一直视对外援助为维护自身利益和地缘政治目标的战略工具，而中国的对外援助则是把“义”放在第一位，不干涉其他国家的内政，不谋求地缘政治利益，鲜明展示了对外援助和国际合作的中国特色、中国风格、中国气派。

“畴昔评君天下宝，当为天下苍生惜。”[①] 随着经济全球化的发展以及环境污染、气候变化、恐怖主义等全球性问题的凸显，面对核战争和大规模杀伤性武器的威胁，如何处理国际关系进入了一个新阶段。处理国际关系必须有新的理念和思路，才能避免人类文明走向自我毁灭。在这种背景下，中国提出了构建不冲突、不对抗、相互尊重、合作共赢的新型大国关系；也正是在这种背景下，中国共产党不仅要为中国人民谋幸福，而且也扩展到“为世界谋大同”。中国原有的“天下一家”的眼界扩展得越来越广阔，充分展现了中国共产党人心系苍生、敬畏生命的精神境界。

为了推动构建人类命运共同体，中国在外交上希望打造对话而不对抗、结伴而不结盟的伙伴关系，进而建立以合作共赢为核心的新型国际关系。这些新的思想和理念，既摒弃了结盟对抗的旧思维，也超越了零和博弈的老套路，既有鲜明中国特色，又有重大世界意义，不仅是新时代中国外交的行动指南，也将对人类发展进步事业产生深远的影响[②]。

中国共产党践行人民至上、生命至上的原则，在新冠疫情中得到集

① 语出宋朝刘克庄的《满江红·送王实之》。
② 就中国外交政策和对外关系答中国记者问．人民日报，2017－03－09.

中体现。面对突如其来的新冠疫情，党和政府把维护人民群众的生命健康放在第一位，不惜一切代价挽救每个生命。而在世界范围内，“对公共卫生与经济增长之间的取舍”却出现截然不同的做法，例如西方一些国家如英国、瑞典的“群体免疫”，以及美国总统特朗普对疫情视而不见并且实行经济问题压倒防疫的政策。很多有识之士认识到了这种差别：在亚洲，“如果有人提出这种方案，那么无异于政治自杀”。“该种政策……是典型的社会达尔文主义。”实际上，与中国自古以来就信奉“人命关天”的主张不同，在西方“将经济置于生命之上的传统由来已久，无论是17世纪英国伦敦大瘟疫期间的锡耶纳商人，还是1892年德国汉堡那些试图掩盖霍乱暴发的商人，都是这种思想的拥趸”。这种政策抉择的差别，“归根结底还是道德选择的问题——是推崇个人主义还是集体主义。这是个人和集体的共同选择……但新冠疫情反映出，高度个人主义的社会不善于表达团结”①。

当今中国，一方面要实现中华民族伟大复兴的战略目标，另 ·方面要应对世界百年未有之大变局。可是，美国为了维持自己独霸世界的地位，千方百计地遏制中国的发展。美国的做法让中国难以理解，因为中国的哲学是：我好、你好、大家都好，我发展、你发展、大家都发展；而美国的哲学似乎是：我好、你不能好，至少不能像我一样好，我发展、你不能发展，至少不能像我一样发展。实际上，国际上你追我赶的发展有利于人类文明的进步，因此中国并不回避竞争，但主张竞争应该

① 施瓦布，马勒雷．后疫情时代：大重构．北京：中信出版社，2020：191，191－192，192.

是你追我赶的良性竞争，而不是美国搞的你死我活、使绊子的恶性竞争①。以美国为代表的某些西方国家所讲的“世界秩序”，无非是中心支配边缘的体系。构建人类命运共同体，就是让人类命运掌握在世界各国人民手中，而不是任由少数霸权国家摆布。某些西方学者也认为，“关于意义共同体……事实上语言是双向交流的——只有在平等的地方才存在。也就是说，每个人都必须调整自我以适应他人”②。既然如此，在国际事务中，不能让所有国家的人听从一个国家或少数国家发号施令，任何国家都应该尊重其他国家的发展权利。正如习近平总书记指出：“世界前途命运应该由各国共同掌握，不能把一个或几个国家制定的规则强加于人，也不能由个别国家的单边主义给整个世界‘带节奏’。世界要公道，不要霸道。大国要有大国的样子，要展现更多责任担当。”③ 如果要实现全球的繁荣发展，就只能按照人类命运共同体的理念去处理国际关系。

总而言之，中国共产党一方面致力于为中国人民谋幸福、为中华民族谋复兴，另一方面也致力于为世界谋大同、为人类进步做贡献。为此，中国始终奉行独立自主的和平外交政策，致力于维护和促进世界和平与发展。和平发展是中国外交的基石，已经被郑重写入中国的宪法。我们相信，只有走和平发展道路，才能够既有利于中国的复

① 正如马来西亚前总理马哈蒂尔指出的：“美国想要一个永远领先的局面，如果我（美国）不领先，我就制裁你，就派军舰去你的国家，这不是竞争，这是威胁，这不是应该使用的办法”。（郭伟民，郑璇．马哈蒂尔：我们将尽可能多地用华为．环球时报，2019－05－31.）

② 阿穆尔．思辨的历史哲学对批判的历史哲学//斯威特．历史哲学：一种再审视．北京：北京师范大学出版社，2008：205.

③ 习近平．同舟共济克时艰，命运与共创未来：在博鳌亚洲论坛2021年年会开幕式上的视频主旨演讲．人民日报，2021－04－21.

兴，也有利于人类文明的进步。近年来，随着中国经济的快速发展，中国的综合国力、国际地位、国际影响力不断提升，给世界带来了更多的机遇，中国也愿意对世界做出更多贡献。但是，不管中国如何发展变化，中国独立自主的和平外交政策不会变，中国永远不称霸、不搞扩张、不谋求势力范围、不干涉别国内政、不进行军备竞赛的外交方针不会变。中国的确比过去富裕了、强大了，但中国将是富而不骄、强而不霸的文明国度。这既是由于中国没有国强必霸的文化基因，也是因为中国意识到国霸必衰的历史教训。中国的发展不是为了超越别的国家，而是为了自强不息地超越自己、做更好的自己，携手全人类追求更加美好的生活。显然，中国的人类命运共同体理念有坚实而深邃的人文精神的支撑。

第二节

协和万邦的国际观

一、中国的国际观有着深厚的历史文化根基

当代中国主张构建人类命运共同体，坚持走和平发展道路，是对有着深厚根基的历史文化传统的延续。《史记・五帝本纪》就有“合和万国”的记载。可以说，和平与和合是中华文化的内在基因。在古代中国

的文明融合进程中，作为主流思想的儒家一直强调“以德服人”，而批评“以力服人”的做法。儒家认为，只有通过讲信修睦、协和万邦，才能做到“保合大和”，从而实现“万国咸宁”“天下和平”。这就是说，只有做到协和万邦，才能实现国家之间的和平，达到富国安民的目标。讲信修睦、协和万邦是中国国际观和外交观的基本内涵。

中国繁荣昌盛是大势所趋，但“国强必霸”不是历史铁律。中国自古就倡导“天下为公”理念，主张“强不执弱，富不侮贫”的规范，深知“国虽大，好战必亡”的道理。中国过去没有对外侵略、殖民的历史，现在也没有称霸世界的意图。中国坚持走和平发展道路，这是我们的理性选择和郑重承诺。中国愿意把自身发展同周边国家发展更紧密地结合起来，欢迎世界国家搭乘中国发展的“快车”“便车”，让大家一起过上好日子；欢迎世界国家参与到“一带一路”建设中来，携手实现和平、发展、合作的愿景。

二、中国的国际观是中国核心价值观在国际关系中的体现

中国的国际观在“和合万国”的历史传统基础上，结合当代和平与发展的时代主题，凝练了人类命运共同体的理念，并为和平发展的外交政策奠定了坚实的哲学理论基础。人类命运共同体理念不仅是中国文化传统的延续，也是当代中国人民的理想愿景。

中国对国际关系的认识和外交实践中所持立场反映出的价值观，是中国价值观在国际关系和外交领域的延伸和具体体现。我们在国内强调富强、民主、文明、和谐，在国际上也主张合作共赢、共同发展，推动

国际关系的民主化。习近平总书记指出，“贯彻落实总体国家安全观，必须既重视外部安全，又重视内部安全，对内求发展、求变革、求稳定、建设平安中国，对外求和平、求合作、求共赢、建设和谐世界”。21世纪以来，中国不断推进全面对外开放，推进与世界各国之间的交流互鉴，加强互利合作。中国提出建设“丝绸之路经济带”和“21世纪海上丝绸之路”的倡议，目的就是实现各国在发展机遇上的共创共享。基于中国对外关系的价值取向，我们可以预期：中国将以更加开放的胸襟、更加包容的心态、更加宽广的视野，大力开展中外文化交流，在学习互鉴中，为推动人类文明进步做出更多、更大的贡献。

我们在国内强调自由、平等、公正、法治，在国际上也秉持公道正义，坚持平等相待。我国主张：世界上的事情由各国政府和人民共同商量着办，积极推动国际关系民主化；倡导各国权利、义务、责任相统一的国际法治精神，希望各方遵守国际法和公认的国际关系基本准则，推动国际关系法治化；积极推进全球治理体系改革，反对双重标准，主张相互尊重、合作共赢，推动国际关系合理化。

我们在国内强调爱国、敬业、诚信、友善，在国际关系中，也愿意妥善处理义和利的关系，我们要注重利，更要注重义。“国不以利为利，以义为利也”，我们主张义利兼顾。实际上，经济全球化时代各国之间“一荣俱荣、一损俱损”，不能只追求“你少我多、损人利己”，更不能“你输我赢、一家通吃”。中国人希望自己过得好，但也希望别人过得好，还通过力所能及的帮助让别人过得好。习近平总书记指出：“中国梦是奉献世界的梦。‘穷则独善其身，达则兼善天下。’这是中华民族始终崇尚的品德和胸怀。”

为了打造人类命运共同体，让国际合作落地生根，习近平总书记提出了“一带一路”倡议。“一带一路”倡议源自中国，但它却属于整个世界。“一带一路”是合作共赢的平台，跨越不同的地域、不同的发展阶段、不同的文明。“一带一路”是合作共赢之路，应该不断向前延伸开拓。

显然，有什么样的核心价值观，就有什么样的国际关系价值观。建立在人类命运共同体理念基础上的国际观，为中国的和平发展道路和构建和谐世界的愿景提供了正确的思想引领和价值规范。

三、以互联互通促进合作共赢

2017 年 5 月 15 日，北京成为全球关注的焦点，在此召开的“一带一路”国际合作高峰论坛圆桌峰会取得了圆满成功。众多国家领导人和国际组织负责人聚集一堂，共襄“一带一路”沿线国家和地区乃至世界合作发展的盛举，这一峰会具有时代性价值和历史性意义。

“一带一路”倡议体现了中国的大国责任和时代担当，回应了当今世界全球性问题和挑战。和平与发展仍然是当今时代的主题，但是和平与发展都面临新的挑战。就发展而言，经济全球化的趋势遭遇逆全球化的暗流，而这种暗流进一步激化了各国之间的利益冲突。如何化解这些挑战？习近平主席给出了中国方案：“只有对接各国彼此政策，在全球更大范围整合经济要素和发展资源，才能形成合力，促进世界和平安宁和共同发展。”

“一带一路”根植于历史，但它却是面向未来的发展之路。古丝绸之路是先辈们踏平坎坷走出来的，在经济全球化的今天，我们应该将这条路开拓得更加宽广、更加通畅。我们从历史走来，更应该携手走向未来。中国有着悠久的历史传统，历来就崇尚“天地万物本吾一体”“天下一家”的理念，倡导“和而不同”“以诚相待”的相处原则，践行“讲信修睦”“协和万邦”的道德理想。可见，当今中国走和平发展、合作共赢、共同发展的道路，既是中国人民的理性选择，也是中华民族历史传统的延续。从构建和谐世界的目标，到人类命运共同体的理念，再到“一带一路”倡议，都反映了中国走共同发展道路的战略定力。

“一带一路”倡议是一个美好的愿景，但它完全能够通过行动转化为丰盛的实际成果。只要大家明确了互联互通、合作共赢的大目标，加强政策协调，对接各自的发展战略，坚持共商、共建、共享，让政策沟通、设施联通、贸易畅通、资金融通、民心相通，依托项目驱动和市场机制，必定可以推动各国的发展和繁荣，造福沿线国家和世界各国人民。

现实从历史走来，我们也要把现时代推向未来。我们依稀可以听到古丝绸之路商队的驼铃声，但更期待看到飞驰的列车和大洋中的巨轮把我们带向和平、繁荣、开放、创新、文明的未来。

第三节

国际交往中应该遵循的价值原则

当今世界正经历百年未有之大变局，中国社会也在发生着深刻的变化。自改革开放以来，中国日益融入世界发展的总体进程中，不仅成为世界第二大经济体，而且还成为世界第一大货物贸易国，在世界产业链和国际贸易中扮演越来越重要的角色。如果说改革开放之前国际交往对中国人而言是一种选择，那么在今天国际交往已经成为一种日常或常态性必然。中国越来越离不开世界，世界也离不开中国。

在国际交往中，不同主体之间必须相互沟通、相互理解，既然同属人类，必然有共同的生存基础，有社会实践能力、自主自觉的思想意识、理性理解力等。这是国际交往能够开展且可以实现的前提。与此同时，人是有思想的存在，一个民族、一个国家是由相互认同的人构成的，因而也有自身特殊的观念世界。这就是说，在与他者交往之前，无论是个人还是群体，都已经历史性地具有了独特的思想意识、价值观念、思维方式。每个国家都有与其他国家不同的历史性“境遇”，即不同的历史文化传统、不同的自然条件、不同的发展阶段、不同的国际环境、不同的生活方式……所有这些都决定了这样的现实，即国际交往必定建立在差异性理解的基础上。国际交往是人类内部他者之间的交往，是一个从差异寻求相互沟通、相互理解，达成共识的过程。国际交往应该遵循什么样的价值原则呢？

首先，国际交往应该遵循“同情地理解”的价值原则，唯有如此才能找到交往的根据和基础。同情地理解也被称为“共情”。无论如何，不同主体不能自说自话，造成鸡同鸭讲的状态，更不能因相互误解而有意无意地激化差异性矛盾，从而毒化对话的氛围。那么，怎样才算得上是同情地理解呢？

一是交往的各方应该寻求能够实现相互理解的共同基础。人类只有通过生产活动或一定的生产方式才能生存发展，因而人类生活本身即通过各种劳动满足生活所需就是人类的共同基础。我们必须回到人类基本的生活现象本身，才能找到共同的基点。因此，从日常生活出发，从生活中的衣食住行等基本事实中，从各国人民都追求能够过上更加美好的生活这一点，也许更容易找到人类交往、对话和理解的共同基础。

二是要相互尊重对方的特殊关注和特殊表达，要尽量理解对方特殊关注和特殊表达的历史原因。在这个过程中，交往各方要意识到这是一个缺乏绝对同一性、一致性的领域，每一方都应该尝试跳出自己的既定思维模式，通过换位思考来理解对方观点的历史性原因、理由和根据。

三是探索能够让自我与他者在对话中相互适应的包容性价值表达话语框架。在这里，“己所不欲，勿施于人”的古训仍然具有现实意义，必须加以遵守。与此同时，在国际的文化差异性背景下，有的时候，己所欲也不能随意施于人，因为自己喜欢的可能会冒犯他人。对于“同情地理解”，中外各种文化传统中都有很多的论述，在现代哲学中，德国哲学家狄尔泰就对这个问题有许多深入的研究，其思考对处理国际交往是有启发意义的。

一言以蔽之，我们在国际交往中，要加强同情地理解，多从不同的角度去思考。不能只顾自己的利益而忽视他者的利益，更不能为了自己的利益而侵犯他者的利益；不能只顾自己的尊严而轻视甚至忽视他者的尊严，更不能为了自己的尊严而侵犯他人的尊严。

其次，国际交往应该遵循“和而不同”的价值原则，唯有如此才有平等交往的可能性，否则相互之间的交往不是控制就是冲突。实际上，

"和而不同"不仅是一种交往策略，而且是一种交往得以实现的前提条件。这里有着深刻的存在论、认识论和价值论的根据。

一是从存在论的意义上，如果按照海德格尔的话说，每个人都是一个"Dasein"，那么每个彼此不同的社会文化传统也是具有特殊境遇的历史性存在。实际上，差异性是具有基础性和本质意义的状态，"不同"或差异是任何存在的命定状态，甚至在某种意义上说是自然而然或天赋的权利。习近平总书记指出，"人类文明多样性是世界的基本特征，也是人类进步的源泉。世界上有200多个国家和地区、2500多个民族、多种宗教。不同历史和国情，不同民族和习俗，孕育了不同文明，使世界更加丰富多彩"[①]。"每一种文明都扎根于自己的生存土壤，凝聚着一个国家、一个民族的非凡智慧和精神追求，都有自己的价值。"[②] 实际上，不仅人类文明如此，自然界之所以生机勃勃也在于多样性和差异性。这只是差异的实体性存在而已，没有什么高低之分。对于大洋洲的有袋类动物，其他地方的动物无权说它们"不文明"，反过来，有袋类动物也不能说其他地方的动物"缺少温情"。人们生活在不同的时空体系中，有不同的历史文化传统，面对不同的挑战，有着不同的利益诉求。自我是自我，他不能代替"我"，我也不能代替"他"。人是复数的人，民族是复数的民族，国家是复数的国家，政党是复数的政党。在世界上存在许多不同的语言、不同的文化、不同的价值观，承认差异性和多元性是民主价值的前提，也是自由价值的前提，更是人权价值的前

① 习近平．习近平谈治国理政：第2卷．北京：外文出版社，2017：543－544.
② 习近平．习近平谈治国理政：第3卷．北京：外文出版社，2020：468.

提。只有这样，才能让每个作为个体的人、每个有特殊文化传统的国家，都能够按照自己的意愿选择生活方式和文化模式。这实际上也与西方主流自由主义的理论旨趣有相通之处。某些西方国家打着自由主义旗号，要求其他国家必须按照自己的意愿行事，这反而是压制自由的行为。

二是从认识论的角度看，正如自由主义思想家哈耶克告诉我们的，每个人的认识都是特殊的，也是有限的，那么由人构成的任何社会的文化传统和价值观也都应该是特殊的、有限的。如果某个人、某个民族、某个国家非要认定自己的认识和自己的价值观就是"普世价值"，那么必定会走向对其他人的否定或奴役。如果不承认他者的特殊性，那就是在否定他者，也是否定他者存在的意义。人与人肯定有差异，应该相互尊重；国家与国家之间也有不同的利益，应该和谐共处。相互尊重差异和不同的利益就能够保持和谐的关系；相反地，如果非得要求每个人都普遍一致，或者不承认其他国家的特殊关切，那就会产生冲突。正像黑鸡、白鸡、花鸡都是鸡，黑鸡不能否定白鸡和花鸡也是鸡一样，再者即使花鸡也有不同的花色。或者说，山羊有白色的也有黑色的，如果黑山羊不承认白山羊是山羊，而白山羊也不承认黑山羊是山羊，那最终必定会引起价值冲突。

三是从价值论的角度看，"和而不同"也是有利于全人类未来福祉的价值原则。习近平总书记指出，"中国人早就懂得了'和而不同'的道理"。因为这可以"从不同文明中寻求智慧、汲取营养"[①]，从而相互

① 习近平．习近平谈治国理政．北京：外文出版社，2014：261，262.

借鉴、相互促进，推动共同发展。《国语·郑语》中说“和实生物，同则不继”。这就是说，不同的东西彼此建立和谐的关系，才能促进世界万物发展；如果都是同质性的东西，世界就很难发展了。由此，我们就不难理解，中华民族为什么能够创造绵延几千年而不绝的文明，正因为中国人讲究“和而不同”的价值原则，中华民族才能够融合为“多元一体”的命运共同体，历史上的匈奴、鲜卑等许多民族都融入其中，给中华民族注入许多生机活力，让中华民族能够战胜各种挑战而得以延续。另外，正因为遵循“和而不同”的价值原则，我们就不难理解为什么改革开放之后中国的发展如此迅猛。正因为中国打开了国门，广泛吸收世界文化的优秀成果，加以借鉴，大大激发了中华文化的创造活力。换言之，中国的发展能够比较成功，显然是在多样性参照之中，获得了“和实生物”的动力和优势。习近平总书记指出，“如果人类文明变得只有一个色调、一个模式了，那这个世界就太单调了，也太无趣了！”“交流互鉴是文明发展的本质要求。只有同其他文明交流互鉴、取长补短，才能保持旺盛生命活力。”①

毋庸讳言，中国人有自己特殊的价值理想、价值追求和价值观念，这与其他国家和民族没有多少不同。由于中国价值观是基于中华民族几千年历史演化而铸就的，反映着中华民族在中国大地上的生命体验、理性思考和精神追求，因此必然带有中华民族特有的形态、内涵和实质。从大禹治水的故事，就可以理解中国这个以农耕社会为主体的民族对集体与合作的重视。面对自然的挑战，个人只能在集体中才能获得生存的

① 习近平．习近平谈治国理政：第3卷．北京：外文出版社，2020：468，469.

机会和力量。因此，对于价值和价值观，中国人往往更多从整体优先于局部、集体优先于个人的角度去思考，目的是在存在差异的前提下获得和谐的秩序。譬如孔子说："君子和而不同，小人同而不和。"孔子的说法是非常有深意的，其思考为解决社会冲突提供了很好的启示。譬如，也许西方人更多从个人的角度去思考人权，而中国人更关注要尊重每个人的权利，而不是单纯从某个人的视角去看待这种"权利"，这就是中国人的"和谐价值观"。在中国人看来，如果以要求他者与自身保持一致的方法处理权利冲突，最终会进一步激化矛盾，造成更多、更大的冲突，那就是"同而不和"的价值原则；如果以尊重他者特殊性的方法处理权利冲突，各自遵守自身权利的边界，那就是"和而不同"的价值原则。

再次，国际交往应该遵循通过相互交往而实现视野融合的原则，每一方都应当不断超越自己的特殊性，从而形成更具共识的价值认识与价值理解。但是，达成共识的起点应该是和而不同，在此基础上求同存异，而不是消弭差异、压制他者。寻求共识的过程是一个历史进步的过程，各方应相互沟通、相互学习、相互借鉴，从而不断超越当下的有限性，逐渐扩大共识。作为人类，我们肯定有共同价值，但作为不同的人或人群，我们对这些共同价值可能会有不同的理解。我们可以通过相互沟通、相互理解，不断扩大价值共识的广度和深度。

因此，无论在世界观的层次上还是在方法论的层次上，都不能把中国的"和而不同"的价值原则视为无原则的相互忍耐，更不能把这个原则看作对不公正现象的妥协；相反地，主张"和而不同"的价值原则，恰恰是为了抑制某个人或特殊利益集团以自身权利的诉求侵害他人利益的冲动，从而达成一个相互尊重的状态。老子说："圣人之道，为而不争。"这就是说，人还是要做事，甚至要"竞"，但不能"争"，即不能通过强力损害他人、打击他人[①]。就国际关系而言，"和而不同"的价值原则有助于抑制欺凌他国的"霸权"行为，要求"万物并育而不相害，道并行而不相悖"。运用在国际关系中，"为而不争"就是公平的良性竞争，"利而不害"就是合作共赢。因此，"和而不同"的价值原则不仅是维持社会秩序的方法，也是维护国际公正和世界和平的路径。按照哲学的说法，就是在现实世界中，矛盾是普遍存在的，关键是如何处理和解决矛盾关系。那么在人类社会中，如何解决矛盾呢？宋代的张载指出："有象斯有对，对必反其为，有反斯有仇，仇必和而解。"这就是说，社会中的许多现象都是对立统一的，在社会中人们必然产生利益冲突，但是解决冲突的办法不应该是通过斗争消灭对方，而应该通过和解达到共生。是通过协商化解冲突，还是通过强迫对方甚至消灭对方化解冲突，此二者是有明显的价值取向的。譬如，公正、自由、民主都是全人类的共同价值，但不同国家的人们因为所处环境和传统的不同，对公正、自由、民主的理解却不一定完全一样。那么怎么解决最合适呢？显然是相互尊重特殊性，在交流互鉴之中逐渐达成共识。这种共识也不会是单色调的东西，而是不同文化传统和不同理解视野融合的结果。某些西方国家的解决方案是把自己的价值观看作"普世"的，也就是说，它们认定的"民主"才是民主，它们认定的"自由"才是自由。这就必须

① 罗安宪．道家哲学的现代意义．人文杂志，2021（7）.

让他者“削足适履”，或者用强力逼迫他者与自己保持一致，如果他者不同意，那么它们就通过各种手段来压制他者甚至消灭他者。在某种意义上，西方国家往往把自己的价值视为“普世价值”，把其他文化传统的价值统统视为异端，力图彻底消灭对方而后快；而中国的“和而不同”的价值原则更强调通过对话、协商达成“美美与共”的状态。譬如在“人权”价值观的理解上，中国人不仅把人权理解为个人权利或利益之间的自由竞争，而且希望在这种“万类霜天竞自由”的过程中，彼此之间能够达成和谐的状态，这就是中国人重视“和为贵”以及“和而不同”的深厚理论原因。正如习近平总书记指出的，“文明差异不应该成为世界冲突的根源，而应该成为人类文明进步的动力”①。在中国人看来，只有在“和而不同”的状态下社会保持基本的和谐安定，人民才能过上民主、自由、平等、公正的生活。只有在和而不同的价值原则基础上，通过不断的视野融合，推动构建人类命运共同体，才能实现“天下大同”的理想。

最后，国际交往中不应该搞双重标准，这是一个非常重要的价值原则。马克思主义承认，在当今世界，在仍然存在阶级的社会中，利益仍然是非常重要的现实。每个人都有自身的利益，每个民族、每个国家也都有自己的利益，这是当下无法超越的现实。但是，每个主体在追求自身利益的时候，都必须遵循基本的、共同的规范，才能保持正常的秩序。某些国家从自身的利益和霸权的角度去看问题，采取的方法是要求别人按照自己说的去做，而不是按照自身正在做的去做。这就是说，

① 习近平．习近平谈治国理政：第2卷．北京：外文出版社，2017：544.

“我可以这样做，你不能这样做，你必须按照我的要求去做”，这就是典型的“双重标准”。以美国为首的某些西方国家千方百计地维护自身的绝对安全，却处心积虑地破坏其他国家的安全态势。在其他国家发生混乱和动荡时，美西方则将其看作“某某之春”，或者是“美丽的风景线”，采取火上浇油的方式，以便趁火打劫。据报道，欧盟外交与安全政策高级代表博雷利在 2022 年 8 月接受西班牙《国家报》采访时承认西方往往采取双重标准。当时，采访记者提出的问题是：“与对待乌克兰不同，（为何）欧盟对于加沙地带冲突的态度要温和得多?”对此，博雷利首先形容加沙地带犹如一个“露天监狱”，但又立刻转而表示，解决当地人民的处境并不是欧盟的事。博雷利随后说：“我们经常被批评采取‘双重标准’，但国际政治在很大程度上就是一种‘双标管理’，我们不会以相同的标准面对所有的问题。”① 是的，美西方不能解决所有问题。实际上，它们自身存在许多问题都解决不了，可是它们却不认真解决自己的问题，而是不断指责别人。自己病了，而且病得不轻，非得逼着别人吃药。这种双重标准，不能成为国际交往的价值原则。否则，在维护正常合理的国际秩序中，就失去了基本的规范。当然，博雷利先生与美国前国务卿蓬佩奥相比要好多了，因为后者公开说：“我们撒谎、我们欺骗、我们偷窃。我们还有一门课程专门来教这些。这才是美国不断探索进取的荣耀。”②

---

① 欧盟外长博雷利：国际政治很大程度存在“双重标准”，离开美国就无法解决中东冲突．(2022-08-11)［2023-07-16］. http：//news. sohu. com/a/576058948_115479.

② 蓬佩奥：我们撒谎欺骗偷窃　这才是美国的荣耀．(2019-04-22)［2023-07-16］. https：//news. ifeng. gom/c/7m5jmpw6jhq.

在国际交往中不能搞双重标准，因为双重标准不是同情地理解，也不是和而不同，更不是超越自身有限性而达成共识。按照同情地理解的原则，国际交往中各方应该相互尊重，应该正人先正己，应该严于律己、宽以待人。西方在自己占优势地位的几百年间，形成了习惯性傲慢，在国际交往中往往以明显的双重标准去处理不同的国际事务。譬如，在人权问题上，西班牙学者胡里奥·里奥斯就尖锐地指出："在谈论中国时，西方国家既没有采取同一个人权标准，更没有关照到中西方不同文化背景下价值观的差异。"① 按照和而不同的原则，国际交往中相互尊重对方的特殊性是为了达成相互理解，实现和谐共处，而双重标准则必然造成相互指责，从而造成矛盾与冲突。按照超越自身有限性的原则，在国际交往中各方应该从共识的角度对所有利益攸关方一视同仁，而不能厚此薄彼，更不能通过双重标准把价值观作为打压抹黑他国的武器。

总之，在气候变化、生态危机以及大国竞争的背景下，我们更加需要"同情地理解"、"和而不同"和不断超越自身特殊性而达成共识的价值原则来处理国际关系。只有如此，我们才能和衷共济，而不是将人类推向万劫不复的自我毁灭境地。同情地理解、和而不同及天下大同作为一种价值原则，它为中华民族所珍视、为中国人民所推崇，同时也是对处理国际关系具有现实意义的价值原则，因而越来越成为对全人类都具有普遍意义的价值理念。

---

① 贺钦．新时代的中国与世界百年未有之大变局：西班牙中国问题专家胡里奥·里奥斯访谈．马克思主义与现实，2022（4）．

第四节

中国处理国际关系和外交事务的核心价值观

中国的外交工作服从和服务于实现第二个百年奋斗目标，实现中华民族伟大复兴，要全面发展国际友好关系，深化互利合作，利用好我国发展的重要战略机遇期，维护国家主权、安全、发展利益。国际政治是国内政治的延伸。但是，国际事务需要主权国家之间的互动，这就需要处理不同国家主体之间的协调关系。以什么样的价值观去处理国际关系，必然影响到国家处理国际关系路径、方式选择的基本取向。

一、和平发展

中华民族是爱好和平的民族。有着 5 000 多年历史的中华文明，始终崇尚和平，和平、和睦、和谐的追求深深植根于中华民族的精神世界，深深融入中国人民的血脉之中。《中庸》有言："中也者，天下之大本也；和也者，天下之达道也。"董仲舒认为，"成于和，生必和也；始于中，止必中也。中者，天地之所始终也；而和者，天地之所生成也"。2014 年，习近平主席在访问印度时指出："我们都把'和'视作天下之大道，希望万国安宁、和谐共处。"

和平就像阳光雨露，有了和平，世界就可以繁荣发展；没有和平，人类就可能生灵涂炭。正如习近平主席指出的："国家和，则世界安；国家斗，则世界乱。"[①] 中国创造了灿烂的古代文明，靠的不是穷兵黩武、以力服人，而是"以德服远"[②]、以德服人；中国摆脱积贫积弱的状态实现了重新振兴，靠的不是对外扩张或殖民掠夺，而是靠勤劳的人民、安定的社会和和平的环境。我们必须坚持实现共同、综合、合作、可持续的国际安全秩序，维护世界和平。中国处在发展进程之中，不追求称霸世界，即使未来实现了现代化，中国同样不追求霸权。穷兵黩武从不在中华文化的基因中占据主流。

国与国之间有利益差异、有不同的看法是可以理解的。但如何解决好这种差异呢？中国的方案是：和而不同。这是解决冲突、推动合作共赢的最好方式。正如古人所说，"万物并育而不相害，道并行而不相悖"。我们只有相互尊重，交流互鉴，才能实现和平共存，才能实现"各美其美，美人之美，美美与共，天下大同"。大国之间只有相互尊重，才能形成不冲突、不对抗的和平发展环境。大国对小国不是以力服人，而是平等对待，这样就会减少许多冲突。

我们不仅要坚持和谐共处的价值理念，而且应该阐释其普遍的世界意义。2014 年 3 月 27 日，在巴黎联合国教科文组织总部，习近平主席系统地阐释了中国的文明观：文明是多彩的，人类文明因多样才有交流互鉴的价值；文明是平等的，人类文明因平等才有交流互鉴的前提；文

① 习近平．习近平关于中国特色大国外交论述摘编．北京：中央文献出版社，2020：45.

② 《晋书·荀勖传》："明公以至公宰天下，宜杖正义以伐违贰。而名以刺客除贼，非所谓刑于四海，以德服远也。"

明是包容的，人类文明因包容才有交流互鉴的动力。我们应该推动不同文明相互尊重、和谐共处，让文明交流互鉴成为增进各国人民友谊的桥梁、推动人类社会进步的动力、维护世界和平的纽带。

二、合作共赢

尽管人类共同生活在地球上，但生活的具体环境差异极大，因而不同民族、不同国家也有着不同的文化传统。文明多样性不是我们相处的障碍，而是差异互补的条件，有利于相互借鉴、相互激励，推动文明的进步。我们要相互包容，通过交流互鉴，达成双赢。

习近平主席在世界经济论坛2017年年会开幕式上的主旨演讲中指出："人类已经成为你中有我、我中有你的命运共同体，利益高度融合，彼此相互依存。每个国家都有发展权利，同时都应该在更加广阔的层面考虑自身利益，不能以损害其他国家利益为代价。"① 我们不能搞"以邻为壑"，而应该以"亲、诚、惠、容"的真切态度，推动世界经济迈向包容普惠的新时代。

历史经验证明，只有包容性发展，自己才能够发展，排他性发展是没有出路的。中国这样说，也这样做。对于如何实现共同发展，习近平主席在"一带一路"国际合作高峰论坛圆桌峰会上的开幕辞中给出了中国方案："只有对接各国彼此政策，在全球更大范围整合经济要素和发展资源，才能形成合力，促进世界和平安宁和共同发展。"中国发起成

① 习近平．共担时代责任 共促全球发展：在世界经济论坛2017年年会开幕式上的主旨演讲．人民日报，2017－01－18．

立丝路基金、金砖国家开发银行、亚洲基础设施投资银行等，都是用自己的努力为国际合作提供平台，以开放的心胸创造国际合作的机遇，促进世界的繁荣发展。

三、公平正义

古人认为，“夫法者，天下之准绳也”。世界各国应互相尊重主权和领土完整、互不侵犯、互不干涉内政、平等互利、和平共处。应重塑公正合理的世界治理模式，反对搞双重标准。习近平主席在和平共处五项原则发表60周年纪念大会上讲：“不能一个国家安全而其他国家不安全，一部分国家安全而另一部分国家不安全，更不能牺牲别国安全谋求自身所谓绝对安全。”

我们积极推动国际关系民主化，主张世界上的事情由各国政府和人民共同商量着办；我们积极推动国家关系法治化，主张各国权利、义务、责任相统一的国际法治精神，希望各方遵守国际法和公认的国际关系基本准则；我们积极推动国际关系合理化，推进全球治理体系改革，主张义利兼顾。我们认为，经济全球化时代各国一荣俱荣、一损俱损，不能只追求“你少我多、损人利己”，更不能“你输我赢、一家通吃”。在国际关系中，我们要注重利，更要注重义。要妥善处理义和利的关系，秉持公道正义，坚持平等相待。既要让自己过得好，也要让别人过得好。

四、休戚与共

基于人类命运共同体理念，中国在谋求自身的发展与繁荣时，也愿意看到其他国家及整个世界的发展与繁荣；中国在谋求自身的国家安全时，也希望其他国家及整个世界共同安全。随着中国的发展，中国愿意提供更多的有利于全球发展与繁荣的公共产品，承担越来越多的国际责任。正如习近平主席在“一带一路”国际合作高峰论坛圆桌峰会上的闭幕辞中指出的，中国倡导“一带一路”国际合作，就是为了“让各国政策沟通更有力，设施联通更高效，贸易更畅通，资金更融通，民心更相通”。

在联系日益紧密的地球村里，大家只有抱着同舟共济的心态，才能做到天下太平。如果试图以自己的绝对安全牺牲别人的安全，到头来只能是“城门失火，殃及池鱼”。在中国人看来，四海之内皆兄弟，天下一家。我们只有和衷共济、相互协作，才能构建一个繁荣和平的和谐世界。面对动荡不安、战乱冲突频仍的国际形势，中国始终坚持走和平发展道路。面对质疑现有的国际秩序和国际体系的言行，中国始终主张在维护中加以改革完善。面对逆全球化和保护主义思潮抬头，中国始终高举多边主义和开放包容的旗帜。“中国外交的这种稳定性和确定性，是大国应有的担当，不仅对冲了各种不确定性，也充分展示了中国的定力和自信。”①

总之，在国际交往中，中国致力于做符合历史发展趋势的事，做符合时代潮流的事。“中国，将继续做国际形势的稳定锚，世界增长的发动机，和平发展的正能量，全球治理的新动力。”②同时，我们也应该努力传播基于新理念、新思想、新战略的社会主义核心价值观念，提高国

①② 就中国外交政策和对外关系答中外记者问．人民日报，2017－03－09.

家文化软实力。当代中国价值观念，就是中国特色社会主义价值观念，代表了中国先进文化的前进方向。我国成功走出了一条中国特色社会主义道路，实践证明，我们的道路、理论、制度是成功的。要加强提炼和阐释，并拓展对外传播平台和载体，把当代中国价值观念贯穿于国际交流和传播的方方面面。我们要尊重国家间的差异性，善于向他国学习，要以理服人、以文服人、以德服人，提高对外文化交流水平，完善人文交流机制。在国际传播中，我们应该塑造中国历史底蕴深厚、各民族多元一体、文化多样和谐的文明大国形象；政治清明、经济发展、文化繁荣、社会稳定、人民团结、山河秀美的东方大国形象；坚持和平发展、促进合作共赢、维护国际公平正义、为人类做出贡献的负责任大国形象；对外更加开放、更加具有亲和力，充满希望、充满活力的社会主义大国形象。

第五节

拓展公共外交的空间和功能

21世纪，全球化、信息化进程加快，资本、技术、人才、艺术、信息等要素活动空间不断得到释放，世界各个国家和地区之间的交流变得更加密切，我国外交工作的主体、对象及手段日趋多元，领域日益拓宽，内涵不断丰富。这既是机遇，也是挑战。中国过去的发展与全球化进程相伴随，中国未来的发展也与这一进程息息相关。在全球化的大背景下，如何提升我国的软实力，将理性、自信、包容、合作、负责、和平、发展的中国形象展现给世界，成为我们必须思考的问题。近年来，随着国际文化交流日益频繁、大众媒体和新媒体不断发展、普通民众的主体性不断凸显，作为一种新的外交形态，公共外交的观念也开始深入人心，公共外交的活动和研究也呈现出勃勃生机。这在本质上反映了世界人民对于和平发展、对于各个民族国家间的友好交流以及对于人与人之间的相互理解、相互信任的渴望和追求。

一、公共领域的形成

要谈公共外交，首先要理解“公共”。所谓“公共”（public），是近代社会的产物，它与封建社会帝王将相们的密室活动相反，公共的性质就在于公民可以开放地讨论。外交是主权国家之间联络、交流、妥协和谈判的过程。因此，公共外交是不同国籍的公民之间的活动，而一个国家公民之间的交往，是国民交往。国民交往发生在一个国家的公共领域之内，而公共外交则发生在更广泛的国际公共领域之内。所以，公共外交是不同国家的人民之间进行交往、沟通和相互理解的活动。国民交往是在公共领域内展开的，公共外交也是在公共领域展开的，只不过后一个公共领域是国际的。

“公共领域”（public sphere）一词的出现，与现代社会的组织方式发生转变有关。虽然汉娜·阿伦特在 20 世纪 50 年代提出了这一概念，但在现实历史中，“公共领域”早在作为概念被提出之前就已经形成和发展了。对问题的研究往往是在现实问题得到充分暴露的情况下才能展开，因此，只有当相对于私人领域的公共领域真正成为现实的情况下，人们才能从学理层面对它加以梳理。如果说“公共领域”的研究热潮在1989年才出现的话，那么恐怕是“冷战”的结束使被意识形态对立遮蔽的这个问题显现出来。同时也与学界对德国著名哲学家哈贝马斯的著作《公共领域的结构转型》的追捧有关，但这归根结底只是伴随社会历史转折的话语现象或表面原因，而公民意识的提升才是公共领域的真实基础。

公共领域也不是一天形成的。笔者认为，公共领域在历史上肯定早就存在，但是其广度和深度有一个历史发展过程。就典型意义的公共领域而言，应该是近几个世纪人类自由交往活动的产物。实际上，正如政治学家拉兹所说，所有的价值、权利和规范原则都是历史性的，自由的理念本身就是一个历史的产物，它并不是一直存在的。公共领域是与公民自由相联系的。自由是历史的产物，因而公共领域也就具有历史性。自由理念的关键点，就在于它是历史性的，政治自由和其他的政治理想是历史的产物。“这种理想存在于历史之中，它并不是从来就有的。”[①]理想的东西都是历史发展到一定程度的产物，其实现程度也是随着历史的发展而发展的。

首先，公共领域是现代社会的产物，具体来说，现代社会的生产方

① 拉兹．政治中的自由：在自主性与传统之间//李建华．伦理学与公共事务：第3卷．长沙：湖南人民出版社，2009：18.

式和生活方式为公共领域的形成提供了前提。公共领域不可能在自然经济或封建制度下形成，换言之，公共领域是市场经济的产物。在自然经济状态下，人们是遵循着自然规律而生活的，由于生产力低下，经济单位往往以分散的家庭为主。在现代工业社会，许多人聚集在一起工作，这为公共领域的孕育创造了条件，而平等地进行等价交换，也为公共生活的平等交往提供了可能性。后工业社会或知识经济所创造的超权威的差异和自由的文化，进一步拓展了公共交往和话语交流的空间，从而推进了公共领域的扩展。

其次，公共领域是民主社会或公民有了自由、平等权利之后的产物，具体而言，人们之间平等、自由的讨论是公共领域形成的条件。在封建制度下，私人性质的事务用不着在公共领域讨论；即使是那些非私人性质的事务，也无法在公共领域内讨论，而是通过如密室政治、国家外交活动等方式进行讨论。封建制度下的国家事务不属于公共领域内讨论的话题，那时，人们保全自身的做法是“莫谈国事”。在这个意义上，公共领域是具有平等权利的公民自由行使话语权的地方，在这个领域中形成公共舆论和文化认同。

最后，现代通信手段以及媒体（如报纸、杂志、广播、电视、网络等）是公共领域的重要载体。公共领域最初只有沙龙、会议室、广场等地方，在这些地方人们可以面对面地交流，但是这种公共领域是有限的，并且往往成为某些精英操纵话语权的领域。虽然广播、报纸和电视等扩大了公共领域，但是主体互动大受限制，在某种意义上仍然无法真正体现公共领域自由、平等对话的性质。而现今的微博、微信等新媒体则进一步扩大了互动的空间，从而也拓展了公共领域。

可见，公共领域伴随着现代社会的发展进步而不断拓展。笔者认为，对这个问题的研究和探索本身也促使公共领域进一步得到拓展。公共领域有自己的功能：形成舆论，监督权力；达成共识，强化认同；话语交流，视野融合；讨论话题，文化创新；等等。公共领域是一个富有创造力的领域，构建自由、平等、公正、法治的社会，必须促进公共领域的拓展，形成公民自由表达话语的空间。拉兹认为，“自由的理念是以具有说服力的理由（cogent reason）为基础的，而这些理由是人们不得不承认的”①。笔者不同意拉兹的这种观点，自由的理念也好，其他价值观念也好，它们的说服力均来源于人们依据它们产生历史活动和社会实践而促成的历史进步。正是基于人们的社会斗争，才可能如拉兹所说，“通过转变为真实的历史存在物，自由就在传统中获得了自己的身份（identity）”②。正是通过人们的社会实践，人的自由才能转化为历史存在物，人才获得了自己的法定权利。有了自由权利和自由自主的实践活动，才能形成和拓展真正的公共领域。

二、公共外交的意义

如果说一个国家内部的公共领域是整个国家版图内公民活动的空间，那么公共外交的舞台则是整个世界！如果说一个国家的公民有平等、自由的话语权才能有真正的公共领域，那么不同国家公民之间的平

① 拉兹．政治中的自由：在自主性与传统之间//李建华．伦理学与公共事务：第3卷．长沙：湖南人民出版社，2009：9.

② 同①13.

等对话才能算得上是真正的公共外交。

我国很早就开展了公共外交活动，如中日建交之前的民间往来，中美之间的“乒乓外交”，都可以纳入公共外交的范畴。但是，在冷战背景下，意识形态的隔绝、民间国际往来机会的缺乏和信息交流的不畅通，使公共外交不可能成为一种“现象”。公共外交的凸显是冷战之后经济全球化的产物之一，是美苏两个超级大国控制世界秩序崩溃之后的结果。经济全球化带动了人员的全球流动，信息技术的革命促进了不同国家之间公民的相互交流和对话，这些为不同国家的公民之间进行平等交往和对话创造了空间、提供了话题。

不同国家之间人与人交流的成功与否很大程度地决定着外交政策的成败[①]。公共外交作为一种现象，既有以往外交范畴所具备的国际交往、相互理解和利益妥协的内容，也具备某些新的功能。

首先，公共外交拓展了外交的主体。以往外交往往是政治家的对外交往活动，而公共外交使外交主体拓展到不同国家的公民。这就有利于增进不同国家公民之间的相互理解，增加不同国家公民之间的相互尊重，而且在交往过程中不同国家的公民都有通过视野融合而拓宽视野的可能性。国民性和世界视野的结合所形成的新思维，有利于国家间问题的思考和解决。

其次，公共外交拓展了外交的领域，使政治交往向经济生活交往、文化交往延展。外交行为建立在不同国家公民之间相互理解、相互尊重的基础上才可能获得更加坚实的成果。因此，社会组织甚至普通百姓作

---

① 马勒茨克．跨文化交流．北京：北京大学出版社，2001：1.

为“中国故事”的讲述者无疑更加具有说服力[①]。另外，人类往往以自己的文化范式作为标准去评价其他文化的优劣，这就会产生误解甚至冲突。只有通过交往才能消除误解，增进理解。按照文特的说法，“人类在共同体中的交往意味着，重复的互动能使互相依赖的结局改变成有效用的互相依赖”[②]。公共外交为外交奠定了更广泛而深厚的生活和文化基础，有利于不同国家公民之间建立相互理解和相互尊重的关系，形成“各美其美，美人之美，美美与共，天下大同”的和谐世界新文化范式。

最后，公共外交也扩展了外交的途径和方法。尽管公共外交使原本在密室中谈论的事情“摆在桌面上”，政治家们因此惧怕公众舆论而畏首畏尾，使外交妥协失去灵活性，但是，有的时候，公共外交也可以打破僵硬的政治运转机制，创造许多微妙的交流对话机会，从而为外交活动营造氛围，打破许多僵局。

在经济全球化步伐日益加快和资源匮乏、环境恶化等问题日益凸显的情况下，公共外交可以扮演越来越重要的角色。党的十八大报告在“同舟共济，权责共担”的理念基础上，进一步提出“增进人类共同利益”，“倡导人类命运共同体意识”，这给公共外交的发展提出了新的使命，要求我们不仅自己要团结起来，实现中华民族的伟大复兴，而且还要承担国际责任。在这个过程中，我们需要包容他者、理解他者、尊重他者。共同的命运需要我们同舟共济，这就要求全人类都能够认识到在

① 北京外国语大学公共外交研究中心．中国公共外交研究报告．北京：时事出版社，2012：213.

② 文特．国际政治中认同和结构变化//拉彼德，克拉赫托维尔．文化和认同：国际关系回归理论．杭州：浙江人民出版社，2003：84.

“风险共同体”[1] 背景下必须相互尊重、相互理解，携手共克时艰，而达成这一点就需要扩大公共外交。

显然，公共外交的价值和意义值得大家期待。当前，我国经济稳定发展、国际影响力不断提升，公共外交也不断发展。中国高举和平、发展、合作、共赢的旗帜，在外交思想领域勇于探索、积极创新，先后提出了构建和谐世界、始终不渝地走和平发展道路、外交“以民为本”、构建人类命运共同体等重要思想。公共外交有“尊重人民、依靠人民”的特色，也成为我国“以民为本”的外交传统的重要延伸。而党的十八大报告也第一次明确提出中国“将扎实推进公共外交和人文交流”，公共外交的发展要使我国“在政治上更有影响力、经济上更有竞争力、形象上更有亲和力、道义上更有感召力”，中国公共外交迎来新的历史机遇，将肩负新的时代使命，步入新的发展阶段。

三、通过公共交往构建共同的价值观

公共外交的实践会增进不同国家公民之间的交往。在日益增进的交往之中，不同国家的公民会有共同推进的活动和共同关心的话题，并在这些活动和话题的基础上，形成一些共同的行为规范和共同的价值观。例如，我们可以首先尝试推进亚洲价值观的形成。

亚洲是一个地理概念，同时也是一个文化概念。这种文化概念往往是相对于其他地区性文化而言的，如欧洲文化、非洲文化、北美文化、拉美文化等。实际上，正像欧洲文化是一个复数文化的集合体，亚洲文

---

① 哈贝马斯．包容他者．上海：上海人民出版社，2002：前言 1.

化也不是单一的文化，而是复合的。在亚洲历史演进的时空体系之中，人类因为应对不同自然环境的挑战而形成了不同的生产方式和生活样式，在各自的生产方式和生活样式基础上，经过历史的积累和沉淀形成了不同的文化。如在冲积平原往往形成农耕文化，在高原地带往往形成游牧文化，在滨海地区往往形成海洋文化等。

大体上，亚洲可以分为三个大的文化圈。一是汉字文化圈，大致包括中国、韩国、日本和东南亚部分国家；二是印度文化圈，其影响大致在南亚和东南亚部分国家；三是西亚伊斯兰文化圈。即使在同一个文化圈中，也有复杂的差异，如在汉字文化圈中，中国文化与日本文化就有很多差异。显然，在这样一个复合文化的形态上谈亚洲价值观是非常困难的。我们很难在如此复杂的多样文化中抽象出一个大家都能够认可或接受的文化符号来标识所有亚洲国家和民族都认同的基本的价值取向。但是，我们可以借助亚洲文化历史上的交流互鉴的交叠共识，基于当前亚洲各国人民追求社会发展与生活幸福的共同愿望，构建引领亚洲文明进一步升华的共同价值观。笔者认为，亚洲各国人民肯定有“交叠共识”或“家族类似”形态的共同价值观，我们可以基于这些交叠共识构建引领社会发展、文明进步的共同价值观。

实际上，西方所谓自由、民主、人权的价值观也不是古代欧洲普遍的共识，而是随着资本主义生产方式和现代化进程而逐渐构建的。事实上，“亚洲价值观”连同亚洲概念本身早已经被重新构建了，只是我们一直不是自觉自主的构建者，而是被他者所构建。欧洲把亚洲或西方把东方作为参照来构建自己的价值观时，顺便构建了亚洲的价值观和形象。借用爱德华·萨义德的话说，亚洲“是欧洲文化的竞争者，是欧洲最深奥、最常出现的他者（the other）形象之一”。此外，作为东方的亚洲“有助于欧洲（或西方）将自己界定为与东方相对照的形象、观念、人性和经验”[①]。当欧洲开始从中世纪走出来时，它不仅将自己的理性启蒙与自身的过去对立起来，而且也顺便把理性启蒙与仍然未发展的亚洲对立起来，把亚洲的阶段性特征固化为地域性、民族性特征。欧洲忘记了自己粗俗的“黑暗”过去，以自己文化的阶段性兴起作为其价值观优越的根据，以亚洲的阶段性衰落作为其价值观低劣的依据。从此，在欧美学术界和文献之中就出现这样的对照：欧洲是科学的，亚洲是不科学的；欧洲是理性的，亚洲是不理性的；欧洲是自由的，亚洲是专制的；欧洲是先进的，亚洲是落后的；甚至欧洲是正常的，亚洲则是匪夷所思的；等等，不一而足。欧洲或西方人从这种价值观对照之中，不仅获得了优越感，而且还把历史性的价值特征扣在了作为绝对“他者”的亚洲身上，这种话语方式又作为文化的力量打击和压制着亚洲人的自信心。西方人的这种构建显然是不符合人类文明发展规律的。想象一下，如果巴比伦文明鼎盛时期的哲人，或者古埃及的法老，或者古代中国周朝的周公，对照当时处于非常蒙昧状态的欧洲人来进行文化上的构建，结果会是什么样子呢?

对于漫长的人类历史而言，欧洲崛起的几百年，仅仅是历史的瞬间，但欧洲人忘记了自己的过去，也忘记了他们从东方的文化中获得的前提性资源。很有历史感的黑格尔，在文化演进的历史哲学表达中就变

① 萨义德．东方学．北京：生活·读书·新知三联书店，2007：2.

得没有一点历史感了。他说，人类文明就像太阳一样从东方升起，逐渐经过波斯、埃及等进入欧洲，最后在日耳曼文化中达到鼎盛，但是来到此地——黑格尔生于斯长于斯的地方——文明的太阳就要永远普照在普鲁士王国的大地上了。这显然是西方人把自己的价值观作为“普世”价值观的黑格尔式的表达。

好在历史的兴衰进程并不是以某些欧洲人的意志为转移的。欧洲人通过血与火的殖民统治，扩张着自己的势力范围，但同时也耗散着自己的文化力量，腐蚀了自己自由、个性价值观的道德品质。先是美洲殖民地人民的独立，后是殖民地半殖民地人民的独立与解放，最后是亚洲人自己的价值观和生活逻辑的重新崛起。最激动人心的还是作为文明古国和世界人口大国——中国的迅猛发展。当然，近年来世界也看到，同样是文明古国的印度也加快了复兴的步伐。

笔者认为，在当前条件下，寻找或抽象出某种得到亚洲各国完全一致同意的亚洲价值观也许是非常困难的，但是，在亚洲人民日益密切交往的基础上构建一种引领亚洲发展的共同价值观却是有可能的。当然，这种构建不是凭空而来的，其构建本身需有历史传统的根基、类似的发展经历。首先，这种构建有历史上文化交流的共同经验。由于地缘关系，亚洲各文明体之间的交流互鉴是非常频繁的，如丝绸之路、日本遣唐使、佛教的传播、郑和下西洋等，交流必然增进“交叠共识”的共识度。其次，亚洲各国几乎都有被侵略被殖民的遭遇，这种苦难的经历也成为一种共同的或感同身受的体验，构成共同的文化经历和价值体验。最后，当下亚洲新兴市场经济体奋起直追的发展经验，也构成了共同的发展经验和近似的文化体验。另外，欧美的相对衰落，如国际金融危机、欧债危机以及英国的“脱欧”公投等，也给亚洲人民重拾文化自信提供了契机。再加上亚洲社会的迅猛发展，使得亚洲人民普遍意识到自己的力量。正如秘鲁前总统佩雷斯所说：“人们意识到，西方不是‘世界的全部’，也不是‘世界未来’理所当然的范式。”[①] 随着亚洲的崛起，亚洲人的自信心也随之觉醒了。亚洲也不再满足于被别人构建，而越来越趋向自我自主的构建。中国不仅一直强调走独立自主的发展道路，而且成功地走出一条中国特色社会主义道路。新加坡前总理李光耀也明确提出亚洲价值观的命题。亚洲人民开始相信，每个国家和区域都可以根据不同时空体系下的社会发展进程和文化传统的生成与积淀提供自己的发展方案。中国国家主席习近平就指出，亚洲人民自己可以为“人类对更好制度的探索”提供亚洲方案。

应该构建什么样的亚洲价值观呢？笔者认为，有类似历史经验和共同发展体验的国家构建的亚洲价值观，可以有以下几个方面的内容：

一是社会秩序的优先性。人类的历史证明，坏的秩序也比没有秩序好，甚至不好的政府也比无政府好，这也是霍布斯《利维坦》一书的结论。如果没有秩序，人们就会陷入人人自危的普遍战争境地。我们可以看到，西方国家经常指责亚洲缺乏充分的自由，但实际上许多亚洲国家是缺乏必要的、合理的秩序。更可怕的是，亚洲本身的秩序在西方国家的干涉下反而出现了混乱，陷入了更大的困境。伊拉克、叙利亚等国的情况就是如此。没有了秩序，别说自由，连基本的民生甚至人民的生命

---

① 佩雷斯．儒学与全球化．北京：人民出版社，2014：6.

安全都会成为问题。欧美干预伊拉克、叙利亚等国的内部事务，并没有使其向好的方向发展，反而引发更多的混乱，人民处在颠沛流离、朝不保夕的境地。邓小平告诫我们，稳定压倒一切，只有安定团结的环境，才能保证国家的发展与繁荣。李光耀在《李光耀观天下》一书中将新加坡的成功经验总结为三点：确保这是个让人们生活与工作的最安全国家，平等对待每一个公民，以及确保每一代新加坡人能持续成功[①]。李光耀坚持符合新加坡历史发展阶段和文化传统的基本价值观，维护了社会的安定和谐，把一个城市国家变成世界上最富裕的经济体之一。中国的发展和新加坡的经验告诉我们，没有社会秩序，就没有个人的自由，就没有人民的安定富裕生活。只有在秩序的基础上，人们才能追求更多的自由权利、民主参与和民生福祉。

二是整体利益的优先性。西方自由主义的意识形态特别强调个人自由权利的至上性。这在反对封建主义等级制、鼓励个人首创精神的发挥和自主性方面的确有积极的作用。但从更广的视角考虑人们整体利益的时候，单纯地局限于个人利益是狭隘的。要促进一个经济体摆脱依附他人的状态，应该把全社会的利益放在更重要的位置上思考。例如，新加坡官方版本的价值观是“国家至上，社会为先；家庭为根，社会为本；社会关怀，尊重个人；协商共识，避免冲突；种族宽容，宗教和谐”，从中就可以看到其整体优先于部分的价值取向。中国社会实际上也一直强调集体利益高于个人利益。亚洲的崛起与这种价值取向也有内在的关联。我们应当倡导社会整体利益优先于个人权利的生活价值观。但强调

① 李光耀．李光耀观天下．北京：北京大学出版社，2013.

整体利益不是忽视个人权利，而是从所有人的根本利益出发，不能忘记社会的整体利益。每个人都要跳出自己有限的利益视角，才能思考更加广阔和长远的目标。

三是社会和谐的优先性。中国人一直主张“和”“合”。早在《尚书》中就有这样的说法：“克明俊德，以亲九族。九族既睦，平章百姓。”《左传》也记载：霸主晋侯“八年之中，九合诸侯。如乐之和，无所不谐”。在中国人的日常生活语言中，经常听到“和为贵”“和气生财”“家和万事兴”等。在政治话语中，我们也常常说“将相和”“和衷共济”“政通人和”等。另外，亚洲各国都比较重视和谐。新加坡所倡导的价值观中，非常突出和谐共生的意义，如“协商共识，避免冲突；种族宽容，宗教和谐”的价值观，都是推崇和谐共生的理念。当然，亚洲也有利益冲突，也有矛盾和争端，但在解决矛盾与冲突时，亚洲人似乎更青睐和谐优先于冲突的社会价值观。就此，秘鲁前总统佩雷斯指出：“希腊思维引向矛盾性，中国思维引向一致性。”[①] 作为其他文化圈一分子的佩雷斯对亚洲的思考显然具有对照的意义。

四是和平解决国际冲突的优先性，也就是“协和万邦”的国际价值观。与注重和谐的价值观相一致，在协调国际关系的过程中，亚洲也更加重视和谐的力量。1954 年，周恩来在访问印度和缅甸时，提出“互相尊重领土主权、互不侵犯、互不干涉内政、平等互利、和平共处”五项原则，得到印度和缅甸的共同倡导，随后为 1955 年 4 月召开的亚非万隆会议所接受（其中，“互相尊重领土主权”改为“互相尊重主权和

---

① 佩雷斯．儒学与全球化．北京：人民出版社，2014：57.

领土完整”)，成为规范国家关系的重要准则。可以说，万隆会议精神就是亚洲价值观的明确宣示。就“协和万邦”的价值观而言，处理国际关系应该遵循和而不同、和平共处的原则。在现实世界中，每个民族、每个国家由于生存在不同的时空系统之中，因此有着不同的利益和认识，矛盾是普遍存在的。如何解决不同民族国家之间的矛盾呢？是“仇必和而解”（通过对话协商、妥协加以化解），还是通过消灭对方的方式加以解决，这是有明显不同的价值取向的。在某种意义上，西方国家往往采取“仇必仇到底”的方式，把自己的价值视为绝对的、“普世”的价值观，把其他文化传统视为异端，力图以彻底消灭对方而后快。而中国和亚洲的和谐价值观更强调“仇必和而解”，通过对话、协商、妥协达成共享共赢的状态，达到“美美与共”的境界。

总之，亚洲的崛起必然伴随着亚洲新价值观的崛起，即使过去我们没有相同的价值观，但我们可以构建面向未来发展的亚洲价值观。

第六节

坚守全人类共同价值，坚定不移走和平发展道路

2015 年，习近平主席在出席第七十届联合国大会一般性辩论时指出：“和平、发展、公平、正义、民主、自由，是全人类的共同价值，

也是联合国的崇高目标。”此后，他在多个场合提及全人类共同价值。全人类共同价值的提出，是习近平在马克思主义的历史唯物主义立场上，对当代百年未有之大变局的世界价值趋势的深刻把握，深刻反映了当代世界各国的价值共识，是马克思主义价值论的重大创新，是人类命运共同体的价值基石，充分反映了共产党人的天下情怀和全人类胸怀，彰显了中国负责任大国的担当，具有强大的价值引领力。

国家有大小、发展阶段有差异、生活方式和文化样态不同，但是过更加美好的生活是各国人民的共同愿望和追求，每个国家都希望在经济竞争中不断提升自己的综合国力，保障人民安居乐业。习近平主席在2022年世界经济论坛视频会议的演讲中指出：“‘天下之势不盛则衰，天下之治不进则退。’世界总是在矛盾运动中发展的，没有矛盾就没有世界。纵观历史，人类正是在战胜一次次考验中成长、在克服一场场危机中发展。我们要在历史前进的逻辑中前进、在时代发展的潮流中发展。”[①] 世界在矛盾运动中前进，就应该有价值规范的方向引领。

从大历史观的角度看，历史是有节奏的，而事关人类文明的历史节奏是由人们的活动所决定的。在此，笔者试图阐述处于动荡变革期的世界面临的可能趋势，面对这些趋势中国应该如何应对。

国外研究国际关系，观点各异，但归根结底无非“现实主义”与“理想主义”之争。笔者所说的“理想主义”有时打着“自由主义”的旗号，有时则标识为“建构主义”。这些研究各有各的道理，但是我们

---

① 习近平．坚定信心 勇毅前行 共创后疫情时代美好世界：在2022年世界经济论坛视频会议的演讲．北京：人民出版社，2022：2.

认为，唯物史观仍然是观察人类社会、把握社会发展客观规律、对社会发展趋势做出科学认识的最为深刻的方法论。在某种意义上，唯物史观就是要把现实主义和理想主义辩证地综合起来。我们立足于错综复杂的世界形势，但是我们强调全人类共同价值的规范和引领作用。

唯物史观对世界历史的考察是从本质上把握、从结构上理解。古人云："先立乎其大者，则其小不能夺也。"理解了人类社会最基本的矛盾运动过程，就不难对各自社会现象做出科学的分析与解释。正可谓"秉纲而目自张，执本而末自从"。

唯物史观认为，生产力决定生产关系、经济基础决定上层建筑，但是生产力与生产关系、经济基础与上层建筑之间的关系不是机械的关系，而是矛盾对立和辩证互动的关系。有时候，生产关系对生产力的发展有极大的促进作用，如中国的改革开放极大地促进了生产力的发展；上层建筑对经济基础有巨大的推动作用，如在当代社会一个国家政局不稳、发生内乱或者战争，往往对经济基础有极大的破坏作用。

要理解当今这个错综复杂的世界，我们就应该探究一下支配世界样态的几种力量对比的变化及其效应。显然，国家之间的竞争，归根结底是经济利益的竞争，是哪个或哪些国家能够支配国家间生产、流通、消费的链条。哪个国家或国家集团处于这个链条的顶端居主导地位，就可以获取更多的利益，过相对富裕的生活；而处于这个链条末端的国家，则处于被动的被剥削、被支配的地位。这就是当今世界的资本主义"世界体系"。在这个体系中有边缘，才能拱卫中心；有大量人民生活缺乏保障的贫困国家，才能支撑那些富裕国家的"浪费型"消费。富裕国家为了维护这种地位，还制造了许多“理论”和“话术”，将其强势归结为文化、制度的优越性，从而产生了国家间的文化之争、制度之争。

笔者认为，在当今世界历史演进的棋盘上，各种力量进行较量，上演着纷纭复杂的历史剧，让人眼花缭乱。但是，透过现象看本质，存在几种主要的力量对比影响着人类文明的未来形态：一是以中国为代表的发展中国家的兴起改变着“南北关系”的力量对比，发展中国家要求建立更加公正合理的世界秩序，而发达国家则试图阻碍这个历史进程，以便维持它们的所谓支配权或“领导力”；二是伴随着经济实力上升而重新复兴的东方文明改变着“世界文化”影响力的格局，亚非国家希望获得文化上的自主权利，改变被歧视、被贬低的屈从地位，西方则不甘于所谓“西方的缺失”（West-less），竭力维持西方凌驾于其他文明之上的优势地位；三是以中国为代表的社会主义市场经济探索的成功，破除了“历史的终结”和“华盛顿共识”的迷蒙，世界资本主义势力必然加剧意识形态和价值观领域的运筹，对社会主义、中国共产党、中国治理体制的抹黑、曲解、贬低、妖魔化是资本的必然逻辑；四是许许多多的地缘竞争和潜在冲突仍然存在，如伊朗与沙特阿拉伯、以色列与巴勒斯坦、土耳其与希腊、阿塞拜疆与亚美尼亚，当然在中国的周边有朝鲜与韩国、印度与巴基斯坦，还有越南、菲律宾等国在南海与我国的争端；等等。

另外，从综合国力的变化来看，新一轮产业竞争中发展最快的发展中国家是中国。在美国人看来，中国综合国力的迅速提升威胁了美国的霸权，美国人已经把“与中国的战略竞争”看作“21 世纪的标志性特征”，击败中国成为美国两党“少有的共识”。美国国务卿布林肯就表示，中美关系无疑是影响未来世界最重要的双边关系，中美博弈将形塑将来世界的样貌。正因如此，美国才念念不忘遏制、削弱和击败中国，把中国放在其国际竞争中的第一要务上。譬如，2022 年 2 月，在美国炒作的“乌克兰危机”甚嚣尘上之际，布林肯仍然风尘仆仆赶到澳大利亚，与日本、印度、澳大利亚四方外交部长会谈，拼凑围堵中国的小集团。“美国希望强调即使欧洲发生战争，华府要把政策重心移向亚洲的努力也不会受影响。”① 布林肯说，尽管俄罗斯对乌克兰的“威胁”成为目前美国最关注的问题，但是更长期的挑战是中国日益增长的实力。这就叫霸道，为了美国的利益、安全、特权，中国不能发展，中国不应该进一步发展。中国有远多于美国的人口，中国人民同样有过美好生活的要求和权利，我们不能为了某些人的“感受”，就放弃我们民族复兴的目标。特朗普政府时期，蓬佩奥公开鼓吹对中国进行新的“冷战”。当然，许多学者不同意中美之间的竞争是“冷战”。中美之间的博弈已经开始，这是不以人们的意志为转移的客观世界历史进程。如果幻想美国人发善心，与中国一起合作、共同发展，那美国就不是美国了，那也是对美国政治背后“军工综合体”所代表的垄断资本的错误认知。因此，我们必须丢掉幻想，准备斗争。缴械投降肯定是死路一条，苏联解体之后美国对俄罗斯的压制就是活生生的教训。无论有什么阻力，实现中华民族伟大复兴是当代中国人的使命，我们要敢于对美国遏制中国发

① 美国认为中国以乌克兰危机判断美将如何回应台海问题．(2022－02－13)［2023－07－16］. https：//www.zaobao.com/news/world/story20220213－1242113.

展的霸凌主义进行有理有利有节的斗争。

美国当下的疯狂举动源自美国的焦虑。正如基辛格所说，“在逐渐显现的世界秩序中不同于以往的是，这是美国有史以来首次面临的既不能退出又不能主宰世界舞台的困境”①。世界历史从来不是按照善良愿望发展的，而是社会矛盾运动过程的产物。在中美博弈方面有不切实际的幻想，寄希望于美国幡然醒悟过来，根本就不符合唯物史观。在战略上，我们必须以坚定的历史自信正视美国遏制中国发展的现实，但又要善于掌握斗争的策略。在核战争可能摧毁整个人类文明的阴影下，我们既要敢于斗争，更要善于斗争；既要掌握斗争的节奏和烈度，更要使斗争的结果向有利于中国发展、世界和平的方向转化。

中美合则两利、斗则俱伤。中美两个大国的对抗，“对两国和世界肯定是一场灾难”②。由此，在新的历史条件下，我们必须慎重对待中美之间的大国博弈。

最近几年，地缘政治较量伴随环境气候问题，国际形势走向越来越具有不确定性，人类文明走到一个新的十字路口。是按照全人类共同价值，求得公正的世界秩序与和平发展的机遇，还是反其道而行之，任由世界循着资本逻辑的私利，走向霸权和对抗的前景？这是一个必须予以思考的抉择。越是在这样的历史关头，越是需要保持历史清醒、坚定历史自信、增强历史自觉、把握历史主动。

2022 年 2 月 4 日开幕的北京冬奥会的口号能够给我们以某种启迪。

---

① 基辛格．大外交．海口：海南出版社，1998：3.

② 习近平同美国总统拜登通电话．人民日报，2021－02－12.

众所周知，国际奥委会第138次全会正式通过决议，将“更团结”加到奥林匹克格言中，原本世人耳熟能详的奥运口号有了新内容：更快（faster）、更高（higher）、更强（stronger）、更团结（together）。国际奥委会主席巴赫解释说：“当前，我们更加需要团结一致，这不仅是为了应对新冠疫情，更是为了应对我们面临的巨大挑战。当今世界彼此依靠，单靠个体已经无法解决这些挑战。因此，我发起提议，为了实现更快、更高、更强，我们需要在一起共同应对，我们需要更团结。”北京冬奥会的主题口号确定为“一起向未来”，不仅很好地诠释了奥林匹克精神，而且也为正确处理国际关系提供了某种启示。

习近平总书记指出，前进道路上，我们必须高举和平、发展、合作、共赢的旗帜，恪守维护世界和平、促进共同发展的外交政策宗旨，推动建设相互尊重、公平正义、合作共赢的新型国际关系。

图书在版编目（CIP）数据

中国价值：话语建构与国际传播/韩震著. -- 北京：中国人民大学出版社，2024.6
（新时代社会主义核心价值体系研究丛书/韩震总主编）
ISBN 978-7-300-32203-2

Ⅰ.①中… Ⅱ.①韩… Ⅲ.①社会主义核心价值观-研究-中国 Ⅳ.①D616

中国国家版本馆 CIP 数据核字（2023）第 178485 号

国家出版基金项目
新时代社会主义核心价值体系研究丛书
总主编 韩 震
中国价值：话语建构与国际传播
韩 震 著
Zhongguo Jiazhi：Huayu Jiangou yu Guoji Chuanbo

出版发行	中国人民大学出版社		
社 址	北京中关村大街 31 号	**邮政编码**	100080
电 话	010－62511242（总编室）		010－62511770（质管部）
	010－82501766（邮购部）		010－62514148（门市部）
	010－62515195（发行公司）		010－62515275（盗版举报）
网 址	http://www.crup.com.cn		
经 销	新华书店		
印 刷	涿州市星河印刷有限公司		
开 本	720 mm×1000 mm 1/16	**版 次**	2024 年 6 月第 1 版
印 张	19.25 插页 1	**印 次**	2025 年 4 月第 2 次印刷
字 数	202 000	**定 价**	78.00 元